高等院校商学研究生系列教材
Business Postgraduate Textbook Series

低碳经济学

Low Carbon Economics

李忠民　姚　宇　主　编
庆东瑞　副主编

中国财经出版传媒集团
经济科学出版社
Economic Science Press

图书在版编目（CIP）数据

低碳经济学/李忠民，姚宇主编．—北京：经济科学出版社，2018.11
现代金融学研究生系列教材
ISBN 978-7-5141-9872-0

Ⅰ.①低… Ⅱ.①李… ②姚… Ⅲ.①低碳经济-研究生-教材 Ⅳ.①F062.2

中国版本图书馆 CIP 数据核字（2018）第 243891 号

责任编辑：范　莹
责任校对：杨　海
责任印制：李　鹏

低碳经济学
李忠民　姚　宇　主编
庆东瑞　副主编
经济科学出版社出版、发行　新华书店经销
社址：北京市海淀区阜成路甲 28 号　邮编：100142
总编部电话：010-88191217　发行部电话：010-88191522
网址：www.esp.com.cn
电子邮箱：esp@esp.com.cn
天猫网店：经济科学出版社旗舰店
网址：http://jjkxcbs.tmall.com
北京季蜂印刷有限公司印装
710×1000　16 开　18 印张　280000 字
2018 年 12 月第 1 版　2018 年 12 月第 1 次印刷
ISBN 978-7-5141-9872-0　定价：58.00 元

前　言

低碳经济概念在21世纪初逐步形成，并被越来越多的人认可和应用。低碳经济学是系统研究低碳经济理论和政策的学科体系，是可持续发展经济学的重要组成部分，在中国学科分类中，属于人口、资源与环境经济学的二级学科。低碳经济学既是可持续发展一般经济理论在减碳领域的深化和延伸，也是对国内外发展低碳经济实践经验的总结和提升。

本书作为专门教材，力求通过对目前国内外有关低碳经济的理论和实践进行梳理和提炼，以期实现四个目标：第一，为研究生教育提供教材，形成系统的低碳经济理论体系。第二，为低碳经济学的学科建设提供支撑和分析框架。第三，为低碳经济领域研究者提供可供参考的研究方法和背景资料。第四，为相关部门政策制定提供可资借鉴的理论依据和参考案例。本书兼顾课堂教学与学术研究，既是一部教材，也是一本研究专著。

本书基于中国视角，展开对低碳经济理论与绿色发展实践的论述，强调在中国这样一个发展中的大国，如何实现碳排放减少与经济的持续发展，实现环境保护与经济发展的耦合。围绕这一主题，以马克思主义理论和方法论为指导，制定了总体框架。全书共分五篇十三章：第一篇，概论，包括导论、低碳经济学基本理论和低碳经济测度与评价。第二篇，低碳经济生产维度，包括能源低碳化、产业低碳化发展、消费低碳化发展和碳汇产业发展。第三篇，低碳经济生产要素维度，介绍了低碳金融的相关内容。第四篇，低碳经济发展维度，包括低碳城市发展、低碳农村发展和低碳区域发展。第五篇，低碳经济发展国际化，包括国外低碳经济发展模式、低碳经济国际合作与低碳贸易。

学无止境，本书只为抛砖引玉，真诚期望读者的批评指正，共同推动中国低碳经济的发展。

2018 年 11 月

目　录

第一部分　概论

第二部分　低碳经济生产维度

第三部分　低碳经济生产要素维度

第四部分　低碳经济发展维度

第五部分　低碳经济发展国际化

第一部分

概　论

第一章

导　论

第一节　低碳经济的提出和意义

一、低碳经济的提出

工业革命奏响了人类经济快速发展的序曲，也开启了人类活动推动气候变暖的序幕，化石能源使用、经济增长与气候变暖成为瓦特蒸汽机时代后难以拆解的逻辑因果链。气候变化与人类活动的关系最早由瑞典科学家斯凡特·阿列纽斯 1896 年提出，他指出由于人类使用化石燃料，向大气排放二氧化碳，使地球温度不断升高。1988 年，联合国政府间气候变化专门委员会（IPCC）成立，主要负责收集、整理和汇总世界各国在气候变化领域的研究工作和成果，提出科学评价和政策建议。1990 年，IPCC 第一次科学评估报告发表，认为持续的人为温室气体排放在大气中累积将导致气候变化，变化的速率和大小很可能对社会经济和自然系统产生重要影响。1992 年 6 月在巴黎里约热内卢召开了联合国环境与发展会议，153 个国家和欧共体签署了《联合国气候变化公约》，明确了“共同但有区别责任”的原则，大会决议声明：为了实现人类的可持续发展，要彻底改变工业革命以来的那种“高生产、高消费、高污染”的传统模式，以应对全球气候变暖给人类经济和社会带来不利影响，建立人与自然和谐发展新观念。1995 年，IPCC 第二次科学评估报告发表，证实第一次评估报告的结论，并进一步指出人类活动对全球气候变化具有可辨识的影响。1991 年，IPCC 成立，气候谈判开始。2001 年，IPCC 第三次科学评估报告，进一步证实气候变化不可避免，并检验了气候变化与可持续发展之间的联系。

2007年，IPCC第四次评估报告更为全面地分析了全球气候变暖的原因和危害。报告指出：全球暖化已是不争的事实，近百年全球地表平均温度上升了0.74℃，最近50年的升温速率几乎是过去100年的2倍，最近10年是有记录以来最热的10年。报告基本认定，最近50年的气候变暖是由于工业革命以来人类化石燃料和毁林等活动引起的。报告预测，如不采取进一步的温室气体减排措施，21世纪全球气候仍将持续变暖；到20世纪末全球地表平均温度相对于20世纪头20年大约升高1.1～6.4℃，其中以陆地和北半球高纬地区的增暖最为显著；到2100年，全球海平面将上升0.2～0.6米，大部分多年冻土的融化深度增加，北极海冰融化明显。报告认为：未来全球气候的持续变暖，将直接导致某些极端气候事件增多增强，影响范围扩大。高温、热浪和强降水事件的发生频率很可能会持续上升，百年一遇洪水的发生频率可能变为50年一遇甚至更短，而在大部分地区、可能会发生从未发生过的极端事件。报告进一步指出，全球暖化将对生态系统和人类社会造成重大影响，未来全球气候持续变暖造成的影响主要包括：一是水资源时空分布失衡的矛盾更加突出，部分地区旱者愈旱、涝者愈涝，将可能影响世界上1/6以上的人口可用水量；二是全球生态系统将可能遭到难以恢复的影响，生物多样性等会受到严重不利影响，目前所评估到物种的20%可能会灭绝；三是农业和林业生产自然风险加大，大范围严重饥荒的可能性增大，大多数发展中国家将更加依赖粮食进口；四是直接影响到沿海低洼地区的生存和发展；五是疟疾和登革热等低纬度常见流行病，发生范围向更高维度地区扩展，并将波及世界40%的人口。①

“低碳经济”一词，最早见诸政府文件是在2003年的英国能源白皮书《我们能源的未来：创建低碳经济》。作为第一次工业革命的先驱和资源并不丰富的岛国，英国充分意识到能源安全和气候变化的威胁，它正从自给自足的能源供应走向主要依靠进口的时代，按目前的消费模式，预计2020年英国80%的能源都必须进口。低碳经济的出现是气候变化的必然结果，更具体说是全球变暖的必然结果。全球气温的急速变暖所导

① IPCC报告内容转引自《2050中国能源和碳排放报告》，科学出版社2009年版。

致的负面影响大于正面影响，全球有必要降低温室气体排放量，发展低碳经济模式。事实上，全球暖化（global worming）已成为21世纪各国首要共同对抗的环境问题，在2007年达沃斯世界经济论坛年会上，气候变化问题超过恐怖主义、阿以冲突、伊拉克问题，成为压倒一切的首要问题。2009年12月，全世界目光集聚丹麦哥本哈根，《联合国气候变化框架公约》第15次缔约方会议暨《京都议定书》第5次缔约方会议在此举行，超过85个国家元首或政府首脑、192个国家的环境部长出席，前美国总统奥巴马、时任中国国家主席胡锦涛均出席了这次峰会。经济的低碳化发展已成为21世纪人类经济发展模式的必然走向。

二、低碳经济的意义

首先，发展低碳经济是应对全球气候变暖的根本方法。IPCC报告不断论证了全球暖化对地球生态危机的影响，2006年10月英国政府发表了《气候变化的经济学：斯特恩报告》（以下简称《报告》），对全球变暖的经济影响做了定量评估。《报告》断言，气候变化的经济代价堪比一场世界大战的经济损失。《报告》认为，应对这场挑战，目前在技术上是可行的，在经济负担上也是比较合理的。行动越及时，花费越少。如果现在全球以每年GDP的1%投入，即可避免将来每年GDP的5%～20%损失。《报告》呼吁，全球向低碳经济转型，主要措施有：提高能源效率；对电力等能源部门“去碳”；建立强有力的价格机制，如对碳排放征税和进行碳排放交易，以及全球共同对去碳高新技术进行研发和部署等。《报告》指出，走向低碳经济可以有各种发展方向，如开发风能、太阳能、核能和潮汐能等，或者发展碳捕获与封存（carbon capture and storage，CCS）技术，具体选择由各国根据国情做出。

其次，化解化石能源危机也是发展低碳经济的重要原因。化石燃料有煤炭、石油与天然气，合计占全球现在使用能源总量的85%以上。据资料显示，在技术与成本的限制下，估计世界石油蕴藏量只能再开采40年，天然气可开采62年，煤炭可开采227年。可看出现在全世界最依赖的主要能源——石油和天然气，在21世纪的前半叶，就将日趋枯竭。目前全球因为石油、天然气等能源生产设备过度投资，造成能源市场供过于求，因而油价看似相当稳定，但随着更多产地蕴藏量降低甚至枯竭，全球将面临能源价格剧烈波动，将冲击全球经济发展。同时，化石能源消费也呈持续增加，依据美国能源部能源资讯署“International Energy Outlook 2002”报告，1999～2020年全球能源消费情势为：全球能源总消费量将上升60%，其中开发中亚洲及中南美洲国家将上升1倍（每年上升4%；相对已开发国家每年上升1.3%）。石油消费量占能源总消费量40%；天然气将成为上升最快的能源，预计将上升1倍，天然气占全球能源总消费量比重也将由23%上升到28%。由于空气污染及二氧化碳排放等问题，煤炭占全球能源总消费量的比重将由22%下降到20%。1970年以来全球已出现两次化石能源危机，为避免能源对经济发展的制约“瓶颈”，发展低碳经济成为大势所趋。

三、低碳经济对中国影响

首先，中国受全球暖化影响，生态环境同样面临巨大威胁。近100年中国地表平均气温升幅0.5～0.8℃；近50年中国极端天气、气候事件的频率和强度明显变化；未来20～100年，中国可能面临极端天气变化；农业生产不稳定，江河径流量下降，海平面上升，疾病发生与传播增加，西北降水增加但仍缺水，华东洪涝风险加大。全球气候异常，中国也不例外。2008年1、2月份，人们记忆中最严重的一次冬季暴风雪袭击了华中、华东和华南，严寒、暴雪、冰冻至少影响了中国的19个省份。从2009年7月起，贵州全省88个县中有86个县连续旱情，旱情严重程度百年难遇。耕作品种与方法如不改变，到2050年，中国除西北少数地区外，将出现大面积粮食减产，华南各省份减产程度可能会达到30%～50%。

其次，中国的能源危机较之世界平均水平更为严重。从静态上，能源禀赋约束已日益成为中国经济发展的“瓶颈”，据统计中国人均能源资源探明量仅135吨标准煤，为世界人均量的51%，其中，煤、石油和天然气分别为世界人均的70%、11%和4%；即使水能源，按人均量也低于世界人均量。据金涌（2009）研究，中国探明化石能源可采储量的保证程度大约是煤炭80年、石油15年、天然气30年，分别为世界平均水平的1/2、1/3和1/2。从动态上，中国能源消耗量日益增长，2009年煤炭、石油等主要能源消耗量约为2000年的两倍，预计2020年的能源消耗量比2010年还要高出50%。中国已经成为能源进口大国，主要能源进口量逐年递增。按照目前能源储量和消耗量计算，能源危机将在未来

30年凸显。

最后，低碳经济背景下的国际贸易新秩序对中国经济发展形成威胁。中国处于工业化高速发展期，以二氧化碳为代表的温室气体排放量增长量显著提高，二氧化碳排放量已跃居世界第二并在可预见的几年后超过美国跃居世界第一。2007年12月3～15日，世界瞩目的联合国气候变化大会在印尼巴厘岛召开，会议通过的“巴厘岛路线图”要求发展中国家采取可测量、可报告和可核实的行动，努力控制温室气体排放增长。“巴厘岛路线图”对发展中国家，特别是对中国带来了温室气体减排的极大压力。后京都议定书时代包括中国在内的发展中国家难以独善其身应付日益严重的全球气候变暖问题，“伞形”国家集团对发展中国家的减排压力不断加大，如果中国政府仍然坚持不予以减排承诺的态度，发达国家势必以边境税调整等策略对来自中国的产品实施报复性关税或减少进口等贸易壁垒。①

在2009年12月18日闭幕的哥本哈根气候会议上，时任国家主席胡锦涛向100多位领导人表示：“中国将争取到2020年单位国内生产总值（GDP）二氧化碳排放比2005年有显著下降”。降低中国“碳排放强度”的政策，即要求中国政府在5年计划中给出承诺（到2010年将每单位经济产出的能耗降低20%），从而达到承诺到2020年把碳排放强度（在2005年的基础上）降低45%。这既是中国作为一个负责任大国的庄严承诺，也是中国应对低碳经济时代到来的正确选择。

第二节　低碳经济学研究对象和低碳经济学的学科定位

一、低碳经济学研究对象

低碳经济学研究对象的文字描述有多种，总体来说可分为三类：一是研究社会再生产过程中碳排放下降的实现路径；二是研究碳排放与经济发展之间的关系，即在保证经济发展的前提下实现碳排放的减少，或

① 部分内容转引自《2050中国能源和碳排放报告》，科学出版社2009年版。

者说在经济增长过程中实现经济增长与碳排放增长的脱钩；三是研究如何发展能够给本国经济带来新的发展动力并形成全球竞争力的低碳产业。以上三个方面反映的是经济体处于经济发展不同阶段、不同国际地位下对环境系统和经济系统权衡取舍的不同结果，反映的是对低碳经济的不同的三种认识。

持低碳经济的第一重含义的主要是发展中国家，工业化是这些国家经济发展的主要阶段，摆脱贫困和实现经济发展是这些国家的首要目标，实现经济增长与碳排放的脱钩是基于现实的必然选择。与发达国家加工型企业的日渐衰落不同，工业是发展中国家经济的主导，是经济增长的主要动力，产业低碳化是第一重低碳经济含义对低碳经济学所设定的首要研究对象。

将产业 GDP 与碳排放联系起来，实现产业发展与碳排放的脱钩是产业低碳化的首要目的。经济合作与发展组织（OECD，2002）建立了基于驱动力（driver）—压力（pressure）—状态（state）—影响（influence）—反映（response）框架而设计的 DPSIR 结构的 OECD 脱钩指标，能够很好地衡量经济增长与环境压力之间的关系；哈里·赫里（Herry Consult GmbH，2003）和塔皮奥（Tapio，2005）发展了 OECD 的脱钩模型，并对 1970～2001 年欧洲的交通业经济增长与运输量、温室气体之间的脱钩情况和芬兰的交通业脱钩情况进行了研究；大卫·格里、朱利安·安布内、劳拉·伊林沃思和温迪·格雷厄姆（David Gray，Jillian Anable，Laura Illingworth and Wendy Graham，2006）对苏格兰地区经济增长与交通运输量及二氧化碳排放之间脱钩情况做了研究，对如何评价产业的低碳高碳给出了一个标准。中国台湾学者李坚明等（2005）对台湾地区产业的二氧化碳排放与经济增长的脱钩指标进行了研究，李忠民、姚宇和庆东瑞的研究（2010）将低碳产业脱钩测评和产业如何低碳化两个方面联系在了一起提出了构造产业低碳化因果链思路和弹性脱钩分析框架（简称 LYQ 分析框架）。

持低碳经济第二重含义的主要是发达国家，经济上需求拉动和以第三产业为主导的经济发展是这些国家的基本特点，同时在经历高速发展之后，经济快速增长也不再是这些国家的主要目标，消费低碳化是低碳经济第二重含义对低碳经济学所设定的必然研究对象。

韦伯（Weber. C，2000）、帕乔尔和斯本（Pachaur. S and D. speng，

2002）利用投入—产出模型分析了人们行为方式对能源消费及对二氧化碳排放量的直接影响和间接影响。穆海林和宁亚东等（2002）建立了各地区人口及 GDP 预测模型，其根据各地区人口和 GDP 增长率及由可计算的一般均衡（comp-table general equilibrium，CGE）模型预测的两种计算方案下的各部门各燃料类别的能源消费量估算了现况及到 2030 年的二氧化硫、氧化亚氮和二氧化碳的排放情况。赵敏和张卫国等（2009）根据联合国政府间气候变化专门委员会 2006 年版碳排放计算指南中的计算公式和碳排放系数缺省值，计算了上海市 1994～2006 年能源消费碳排放量。陈滨和孟世荣（2006）等人利用生命周期评价方法计算出了 1999 年中国家用电器的使用、冬季集中供暖及农村生活能源消费所造成的温室气体排放量。通过数据分析得出住宅中主要能源消耗所产生的二氧化碳排放量约占全国总排放量的 34.3%。在低碳经济的发展过程中，微观消费主体的行为模式是否能有效转变无疑起着决定性的作用。

以美、英、日、法、德为首的所谓全球“领导”国家主要持低碳经济的第三重含义，即通过推行低碳技术、明晰低碳产权，实现对全球经济领导权的长期掌控，实现这一意图的首要前提就是建立包含低碳标准的国际经济新秩序，低碳国际配额、低碳国际贸易制度和低碳金融是低碳经济第三重含义对低碳经济学所设定的必然研究对象。

以国家政治实体为单元，围绕以低碳为标准下利益实现问题的争论，从联合国气候变化框架公约到哥本哈根会议的整个过程中，核心的争论就是各国责任以及未来排放权的分配。发达国家采用《京都议定书》①的就是国家碳排放总量的指标，但这一指标忽略了人口众多的正处于工业发展阶段的发展中国家的利益，而且对个体上的公平性未予考虑。发达国家在发展中国家学者提出了人均温室气体排放的概念之后，又通过

① 《京都议定书》规定，在特殊情况下，少数国家允许选择其他基准年。《京都议定书》主要缔约方达成的减排目标为：欧盟减排 8%，日本 6%，美国 7%。其中，欧盟作为整体承诺的减排目标通过内部谈判进一步分解到各国，如英国减排 12.5%，德国 21.7% 等。2001 年，美国宣布退出该议定书，因此其在议定书下的减排义务不具有法律效力。详细情况参见《京都议定书》文本，http：//unfccc.int/。

提出"紧缩与趋同"（contraction and convergence）① 方案来维护自己利益。巴西政府最早提出累积排放概念，称作"巴西文案"②，这一概念考虑了气候变化的历史责任，"巴西文案"针对发达国家完成自己工业进程，导致的温室气体累积，产生温室效应的历史责任予以追究，更好地体现了公平。但累积排放只考虑国家的排放总量同样忽略了个体在体现国际公平方面存在的不足。后来，中国气候科学领域的学者刘世锦（2009）等在"巴西文案"的基础上提出"人均历史累积排放"概念。对上述方案进行了综合，兼顾历史排放责任、现实发展阶段差异、未来发展需求等因素，更具公正、公平含义。一些研究机构也提出了相应的方案，如温室气体排放权（GDR）方法③，强调只有富人才有责任和能力减排等。

低碳经济三重含义在确定空间的结合即是低碳区域的构建。尽管不同国家和地区所处的经济发展阶段不同，所持低碳经济的观点也并不相同，但作为整体的碳排放测评和原因分析仍有意义，其对评价区域碳排放和发现减排着力点具有重要意义，也应当成为低碳经济学的研究对象。

茅阳一（Yoichi Kaya，1989）在 IPCC 研讨会上提出通过一种简单的数学公式将经济、政策和人口等因子与人类活动产生的二氧化碳联系起来，从而发现不同影响因素对碳排放的不同影响力，这就是后来著名的"Kaya 恒等式"。杜罗和奥帕迪拉（Juan Antonio Duro and Emilio Padilla，

---

① "紧缩与趋同"是一种基于人均碳排放的减排思路，具有一定影响，国内外学者有多种不同的设计。包括：1990 年，全球公共研究所（GCI）提出的"紧缩与趋同方案"；2005 年，陈文颖等提出的"一个标准，两个趋同"方案；2006 年，霍恩等提出的"共同而有区别的紧缩方案"。2008 年 4 月，斯特恩新报告《打破气候变化僵局：低碳未来的全球协议》中的方案也是基于此原则，主张 2050 年各国人均排放上限 2 吨，发达国家先行减排，发展中国家 2020 年开始制定减排目标。

② "巴西文案"是巴西政府在京都会议前夕向公约秘书处提交的一份有关减排义务分担方法的建议。Brazil，"Proposed Elements of a Protocol to the UNFCCC，" presented by Brazil in response to the Berlinmandate，1997（FCCC/AGBM/1997/MISC. 1/Add. 3），Bonn：UNFCCC. http：//unfccc. int/cop4/resource/docs/1997/agbm/misc01a3. htm. Accessed on July 2，2009.

③ P. Baer，T. Athanasiou，S. Kartha and E. Kemp－Benedict. "The Greenhouse Development Rights Framework：The Right to Development in a Climate Constrained World，" 2008（revised second version）. http：//www.ecoequity.org/docs/TheGDRs-Framework.pdf. Accessed on July 2，2009.

2006）运用 Kaya 公式分解方法，分析各国间与一国内的人均二氧化碳排放的不平衡性，并且得出人均二氧化碳排放的不平衡主要是由收入水平决定的结论。泰斯特（J. W. Tester，2005）等运用碳排放 Kaya 公式分析了碳排放的各个因素状况，提出可持续发展的发展方式。除 Kaya 公式外，不同学者也采用其他方法研究区域低碳化问题。魏一鸣（2005）等通过用“SPRIPAT”模型对世界发达、中等发达、发展中等五个层面的国家碳排放进行了测度，分析了财富、技术、人口等因素对不同国家碳排放驱动力的影响强弱，研究也在一定程度上符合人均财富与碳排放之间的 EKC 假设。沙菲克和奥帕德海伊（Shafik and Bandy opadhyay，1992）通过对 149 个国家 1960～1990 年相关数据的研究，认为二氧化碳的排放与人均收入之间呈正向的线性关系。徐国泉等人（2006）基于碳排放量的基本等式，采用对数平均权重 Disvisia 分解法，建立中国人均碳排放的因素分解模型，定量分析了 1995～2004 年，能源结构、能源效率和经济发展等因素变化对中国人均碳排放的影响。吴等（Wu et al.，2006）利用 LMDI 方法研究了中国 1980～2002 年碳排放变化，认为 1996 年以前主要是经济发展规模和能源强度推动了碳排放变化，1996～2000 年能源终端利用和能源转化效率是碳排放下降的主要原因。

二、低碳经济学的主要内容

低碳经济学作为新兴交叉学科，研究内容十分丰富，并且已形成了研究的基本框架。目前的主要研究内容如下。

（一）低碳经济学的基本理论

低碳经济学的基本理论是低碳经济学发展和完善的基础，低碳经济学主要基本理论研究有以下三个方面：一是包括马克思主义政治经济学、新古典经济学、凯恩斯主义经济学、新制度经济学在内主流经济理论对环境与经济发展关系分析的相关内容；二是对经济与环境相互关系的分析方法和测评理论，著名的内容包括脱钩评价体系、Kaya 分解公式和 EKC 曲线等；三是关于社会再生产中碳排放和碳吸收具体的核算方法。

（二）低碳经济发展的具体路径和内容

从社会再生产维度、社会生产关系维度、区域经济发展维度分别对能源低碳化、产业低碳化、消费低碳化、碳汇产业发展、碳金融发展、低碳城市发展、低碳农村发展等具体问题进行总体的介绍和分析。

（三）低碳经济发展的国际经验和政策设计

对世界上其他国家的在低碳经济发展成功模式进行介绍，结合中国基本国情应用经济理论在具体分析基础上对中国低碳经济发展政策进行设计。

三、低碳经济学的性质

从低碳经济学的形成、发展、研究对象和内容及其理论基础可知，低碳经济学是经济学和资源环境科学交叉的分支学科，其目标较资源环境经济学又有不同，它的唯一指向是减碳，是以碳为中心的能源节省和环境保护，是以减碳为约束的经济增长。资源环境科学和经济学都是综合性学科，低碳经济学既是经济学的分支学科，又是资源环境科学的分支学科。低碳经济学具有以下显著性质。

（一）边缘性

低碳经济问题研究要涉及自然、经济、技术和管理等各方面因素，不仅与经济学、资源环境科学有直接关系，而且与地学、生物学、技术科学、管理科学甚至法学等许多学科在内容和研究领域上有很大的交叉。由于这样的性质，在研究低碳经济问题时，既要重视经济规律的作用，又要受到自然规律的制约，还要强调历史文化和国际关系在其中的重要影响。

（二）应用性

低碳经济学主要运用经济学科的理论与方法、资源环境科学的理论和方法研究正确协调经济发展与资源消耗和环境保护之间的关系，为制定科学的社会经济发展政策、资源利用政策和环境保护政策提供依据，为各种经济低碳化问题提供技术、方案和依据。所以说，低碳经济学是一门应用性、实践性都很强的学科。

（三）整体性

低碳经济学的整体性，是由资源环境经济系统的整体性决定的。资源环境经济系统是资源系统、环境系统与经济系统相结合的统一整体，低碳经济学就是从这个统一整体，即资源环境经济系统的整体性出发，从资源、环境与经济的全局出发，揭示资源、环境与经济问题的本质，寻求解决资源环境和经济对立统一问题的有效途径。

四、低碳经济学的理论基础

任何一门学科的产生和发展，均有支持它的理论基础。低碳经济学的主要理论基础是经济学理论、环境科学理论和可持续发展理论。

（一）经济学理论

经济学理论是低碳经济学的重要理论基础。关于经济学的定义，经济学家从不同的角度做过多种论述。如经济学是研究社会再生产中生产、交换、消费和分配的科学。又如经济学是研究如何对稀缺资源进行有效配置，以便最大限度地满足人类需要一门社会科学。还比如经济学是应用投入—产出法提升投入产出效率的分析方法。实际上，给出经济学的定义关键在于界定经济学的研究对象。

不同经济学差异化的研究对象赋予了经济学理论广泛的社会问题解决能力。新古典经济学认为社会普遍存在需求的无限性和资源的稀缺性矛盾，并将这个矛盾称为稀缺规律，认为这一规律是经济分析的唯一前提。新古典经济学关于市场有效性的论证正是来自这一判断，新古典经济学也被称为选择理论，其内涵正在于个人如何依靠市场供求实现自身稀缺资源的最优配置。马克思主义政治经济学认为社会再生产的效率关键是社会生产关系，“货币转化为资本”是市场经济生产关系形成的前提，是市场经济效率发挥的基础。凯恩斯主义经济学强调宏观调控对于市场自发低效率消除的关键性作用。新制度经济学则要求改变新古典经济学选择理论的分析范式，科斯定理所表述的交换分析范式所强调的是自由主义伦理在经济发展中的决定性意义。以上经济理论虽然层面不同，但各有其适用范围，可以分别在不同领域成为低碳经济学的理论基础。

（二）环境科学理论①

环境科学作为一门学科产生于20世纪中叶。在几十年的发展中，环境科学直接运用化学、屋里、地理、生物、医学和工程技术学科的理论分析环境问题，探索相应的智力措施和方法，在人类认识到环境保护必须与人类的活动紧密结合，科学认识与合理调节两者关系的过程中，产生了一系列的边缘分支学科，主要分支学科有：（1）环境化学。环境化

① 本部分和下一部分引用了董小林主编《环境经济学》（2005）的相关表述。

学是化学与环境学科的一个交叉分支学科。它主要是运用化学的理论和方法，鉴定和测量化学成分在大气圈、水泉、土壤岩石圈和生物圈中的含量，研究它们在环境中的存在形态，及其迁移、转化、归宿和影响的规律。(2) 环境物理学。环境物理学是物理学与环境科学的一个交叉学科。它主要研究物理环境与人类的相互作用，如声、光、热、振动、电磁物和射线等对人类的影响，对这些物理影响进行评价，分析消除这些影响的技术途径和控制措施。(3) 环境地学。环境地理学是地理学与环境科学的一个交叉分支学科。它主要研究人类地球环境系统的组成、结构及其演化和发展，人类活动对地球环境系统的影响及其反馈作用，探讨人类地球环境系统的优化调控及其利用和改造的途径和措施。(4) 环境生态学。环境生态学是生态学与环境科学的一个交叉分支学科。它主要研究人类干扰的条件下，生态系统内在的变化机制、规律和人类的反效应，寻求受损生态系统的恢复、重建和保护的对策和措施。(5) 环境工程学。环境工程学是运用工程技术和有关学科原理、方法，研究如何保护和合理利用自然资源，防治环境污染和生态破坏，用工程技术保护和改善环境质量。(6) 环境管理学。环境管理学是管理学和环境科学的一个交叉分支学科。它是以人类社会的行为为主要研究对象，研究环境管理规律、特点和方法，以调整人类社会的行为。(7) 环境法学。环境法学是法学与环境科学的一个交叉分支学科。它是环境立法和环境保护执法的理论与实践的概括与总结，其研究对象是环境法的发展规律及其方法。(8) 环境社会学。环境社会学是社会学与环境科学的一个交叉分支学科。它的主要研究对象是环境问题产生、发展和解决的社会因素和社会过程，社会对环境状况及其变化的适应和反应，社会结构和行为对环境的作用。

环境科学是一门综合性很强的学科，也是一门应用性很强的学科。由于涉及范围十分广泛，所以形成了特色鲜明、针对性强的系列分支学科。除上述的分支学科外，还有环境地理学、环境海洋学、环境气候学、环境美学、环境哲学、环境伦理学等。

（三）可持续发展理论

可持续发展是一种科学的关于发展的战略思想。可持续发展的思想产生于20世纪60年代。这段时期是世界经济快速发展的时期，但同时人类的经济活动已经对环境构成了威胁，环境也愈来愈明显地对人类生存产生了威胁。一些有识之士向人类发出了警告，呼吁人类要走与自然相互协调的道路。1962 年美国海洋生物学家雷希尔·卡逊（Rachel Carson）出版专著《寂静的春天》，她用了 4 年时间调查研究美国使用 DDT 农药的危害，警告人类自身的活动要导致严重的后果。1966 年美国人鲍尔丁（Bouldind）提出了"宇宙飞船经济理论"，这种理论认为人类生存的地球，就像茫茫太空中的"小宇宙飞船"，要存在下去，就必须使这个"飞船"上的资源可持续利用，环境可持续生存。1972 年罗马俱乐部发表了《增长的极限》，该报告第一次提出了全球陷入了生态危机、资源危机、人口危机的警告。《增长的极限》的内容虽然悲观，但它开创了可持续发展的新纪元。1972 年 6 月在瑞典斯德哥尔摩召开了联合国人类环境会议，会议讨论了日益恶化的环境问题，发出了人类可能面临生态危机的警告，发表了《人类环境宣言》。

1980 年 3 月联合国环境规划署（UNEP）、世界自然保护基金会（WWF）、国际自然保护联盟（IUCN）共同发布的世界自然保护大纲首次正式使用可持续发展概念，并将其定义为：改进人类生活质量，同时不要超过支持发展的生态系统的能力。此后可持续发展问题受到全球的关注，展开了热烈的讨论。20 世纪 80 年代中期，挪威首相、世界环境与发展委员会主席布伦特兰（Gro Harlem Brundland）组织了世界最优秀的环境与发展问题著名专家，用了 900 天的时间到世界各地考察，完成了著名的报告《我们共同的未来》。该报告提交给第 42 届联合国大会辩论，并通过了这个报告。《我们共同的未来》将可持续发展定义为：既满足当代人的需要，又不对后代人满足其需要的能力构成危害的发展。《我们共同的未来》标志着可持续发展理论的形成。

可持续发展理论的核心是发展，即要保证人类的生存和发展。资源与环境保护是可持续发展的重要组成部分，可持续发展要求经济发展与环境保护处于一种动态平衡状态。可持续发展理论强调公平性，使后代人的经济福利至少不低于现代。可持续发展史一个广义的概念，不但有经济发展的含义、环境保护的含义，还有社会、政治等多方面的意义。可持续发展理论是低碳经济学研究的重要基础理论，低碳经济学主要研究如何正确处理控制和调节环境经济系统，在经济发展和环境保护之间寻求相对平衡，实现经济发展与环境保护相互促进、协调发展，这也正是可持续发展理论的核心要求。

第三节　低碳经济学理论体系

基于对低碳经济学研究对象和学科定位的认识，低碳经济学的理论体系可以分别表示为以下四个维度：

一是低碳经济的产业维度，即通过对碳循环在产业链上的分解形成低碳经济学研究领域，这一维度下低碳经济主要包括能源低碳化、产业低碳化、消费低碳化和碳汇产业发展等四个方向。其中前三个方向可以概括为社会再生产的碳排放方面（也称“碳源”方面），后一个方向为社会再生产的碳吸收方面（也称“碳汇”方面）。

二是低碳经济的发展维度，即从经济发展的空间组织形式出发划分低碳经济的研究领域，主要包括经济二元转化中的低碳城市发展和低碳农村发展两个方向。

三是低碳经济的生产关系维度，即从社会再生产中人与人之间存在的形式出发划分低碳经济的研究领域，对于市场资源配置主体而言主要研究低碳经济市场化的生产关系形成的关键支撑，即碳排放产权界定、碳交易、碳金融和碳法律等方面。

四是低碳经济的国际维度，即从国际低碳贸易、低碳竞争和低碳合作出发，研究国际背景下的低碳经济发展。

基于这一体系，本书的篇章结构如下：

第一部分概论，分三章。第一章导论。介绍低碳经济的提出意义、低碳经济学的研究对象、学科定位和低碳经济学理论体系。第二章低碳经济基本理论。介绍低碳经济学所涉及的主要经济理论。第三章低碳经济的测度与评价。对低碳经济发展的一般性评价方法和评价指标予以介绍，为不同视角研究低碳经济问题奠定基础。

第二部分低碳经济生产维度，分四章。第四章能源低碳化。对清洁能源和可再生能源的开发前景、低碳化改造能力和经济效益进行介绍和评述。第五章产业低碳化发展。对产业结构的低碳转型路径和高耗能产业低碳技术推广进行介绍和评述。第六章消费低碳化发展。对通过规制微观个体消费行为实现低碳经济发展路径进行分析。第七章碳汇产业发展。对森林碳汇等碳汇产业发展现状和前景进行分析和介绍。

第三部分低碳经济生产要素维度，共一章。第八章低碳金融。对碳排放产权界定、碳交易、碳金融和碳法律的理论与实务进行介绍。

第四部分低碳经济发展维度，分三章。第九章低碳城市发展。介绍低碳城市构建的经验、理论、技术和方法。第十章低碳农村发展。介绍低碳农村发展的经验、理论、技术和方法。第十一章低碳区域发展。介绍低碳区域分析的基本理论和具体运用。

第五部分低碳经济发展国际化，分两章。第十二章国外低碳发展模式。介绍主要发达国家发展低碳经济的模式、机制和成果经验。第十三章低碳经济国际合作与低碳贸易。介绍低碳经济背景下的国际合作和低碳贸易发展。

第二章

低碳经济学基本理论

第一节 马克思主义政治经济学的部类平衡理论

一、马克思主义政治经济学的部类平衡理论的地位和现实意义

马克思主义政治经济学的部类平衡理论也被称为马克思社会总资本再生产理论，它是马克思主义政治经济学的最重要组成部分之一，其深刻揭示了在社会化大生产条件下国民经济运行的基本规律，对当今时代经济发展仍有着很强的指导意义。马克思指出："各个单个资本的循环是互相交错的，是互为前提、互为条件的，而且正是在这种交错中形成社会总资本的运动。……虽然简单商品流通决没有必要包括资本的流通，——因为它可以在非资本主义生产的基础上进行，——但如上所述，社会总资本的循环却包括那种不属于单个资本循环范围内的商品流通，即包括那些不形成资本的商品的流通。"① 马克思社会总资本再生产理论不但受到马克思主义学者的重视，也得到了包括罗宾逊夫人和萨缪尔森等许多非马克思主义学者的高度评价，如罗宾逊夫人认为，凯恩斯所研究的储蓄和投资关系，在马克思扩大再生产模型中已经得到了精辟的论述；萨缪尔森则认为，马克思很早就察觉到哈罗德在今天所证明的事情。

① 《马克思恩格斯全集》（第24卷），人民出版社1972年版，第392页。

在《资本论》第二卷第三篇中，马克思修正了法国重农学派创始人弗朗斯瓦·魁奈医生对社会总资本再生产和流通的研究，马克思说："魁奈的《经济表》用几根粗线条表明，国民生产的具有一定价值的年产品怎样通过流通进行分配，才能在其他条件不变的情况下，使它的简单再生产即原有规模的再生产进行下去"。① 马克思按照社会总产品的最终用途，把它从实物形式上或使用价值形式上分为生产资料和消费资料两大类，同时引入劳动价值论关于社会总产品的价值构成，即社会总产品包括不变资本价值（C）、可变资本价值（V）和剩余价值（M）三个组成部分，从而形成了价值与使用价值辩证统一的马克思社会总资本再生产理论，为建立科学分析社会总资本再生产和流通中的问题奠定了坚实的理论基础。

二、社会总产品的补偿：马克思部类平衡理论的核心内容

社会总产品的补偿（或实现）问题是马克思社会总资本再生产理论的核心内容。列宁说："实现问题也就是分析社会产品的各部分如何按价值和物质形式补偿的问题。"② 马克思社会总资本再生产理论，是在研究社会资本再生产的过程中提出来的。研究个别资本再生产，揭示个别企业内部的资本价值增殖运动，只需考察价值补偿而不必考察实物补偿。但是，研究社会资本的再生产，则要揭示整个社会个别资本互相交错、互为条件的循环运动规律，不仅要考察价值补偿，还必须考察实物补偿。社会总产品的各个部分只有在价值上和实物上都得到补偿，社会资本再生产才能够顺利地实现。可见，马克思社会总资本再生产理论的核心内涵是价值补偿和实物补偿的辩证统一，是价值和使用价值的辩证统一。社会总产品的补偿（或实现）问题，就是指社会总产品的生产过程中消耗掉的生产资料和消费资料如何从社会总产品中得到补偿，社会总产品的补偿包括价值补偿和实物价值补偿两个方面；价值补偿是指社会总产品各个组成部分的价值如何通过商品的出售而转化为货币，从而补偿预付的不变资本和可变资本，并取得剩余价值；实物补偿是指社会总产品各个组成部分转化为货币以后，如何进一步转化为所需要的物

---

① 《资本论》（第二卷），人民出版社 1975 年版，第 398 页。

② 《列宁全集》（第 4 卷），人民出版社 1958 年版，第 67 页。

质产品。

关于社会总产品的实物构成和价值构成以及社会生产划分为两大部类的原理，是马克思研究社会资本再生产运动的两个基本原理，它是进一步分析社会资本再生产运动的理论前提。马克思按照社会总产品的最终用途，把它从实物形式上或使用价值形式上分为生产资料和消费资料两大类。其中，生产资料用于补偿生产中已经消耗的生产资料以及用于扩大再生产的追加生产资料，消费资料用于满足投资者和工人的个人生活需要。从价值方面来看，社会总产品包括了不变资本价值、可变资本价值和剩余价值三个组成部分，即 C + V + M。其中，不变资本价值是价值的转移，用于补偿生产中消耗的生产资料价值，可变资本价值和剩余价值或资本增值是工人活劳动所创造的新价值，前者用于补偿生产中已消耗的预付可变资本价值，后者用于投资者的个人消费以及扩大再生产的资本积累。与社会总产品的实物分类相适应，社会生产分为两大部类，即生产生产资料的第一部类（用符号Ⅰ表示），生产消费资料的第二部类（用符号Ⅱ表示）。社会总产品的补偿（或实现）问题，就是指社会总产品的生产过程中消耗掉的生产资料和消费资料如何从社会总产品中得到补偿。社会总产品的补偿包括价值补偿和实物价值补偿两个方面。价值补偿是指社会总产品各个组成部分的价值如何通过商品的出售而转化为货币，从而补偿预付的不变资本和可变资本，并取得剩余价值。实物补偿是指社会总产品各个组成部分转化为货币以后，如何进一步转化为所需要的物质产品。正是因为根据社会总产品的实物或使用价值的构成把社会生产分为生产生产资料和生产消费资料两大部类，才指明了社会总产品实现的基本途径，即两大部类内部以及两大部类之间的交换；也正是因为把社会总产品的价值分为三个组成部分，才有可能依据它们各自的性质和用途去发现它们实现的途径和补偿的来源。同时，这两个方面的划分还指明了社会总产品实物替换和价值补偿的相互联系及其制约关系。

社会再生产的本质在于作为预付资本和剩余价值的价值补偿和作为生产要素和资本家消费的实物补偿的辩证统一，预付货币资本与实物生产要素既在供求关系上表现为一种对立关系，又在社会再生产循环中表现为一种相互依存的统一关系。但这种辩证统一关系又不能在单个资本或者某一类产业资本循环中表现出来，其必须建立在对整个社会生产进行部类分类的基础之上，即只有在实物上、在使用价值上的区分，只有部类间的交换得以实现，社会再生产循环才具有现实意义。胡世祯基于恩格斯未采用的《资本论》第二卷第二稿指出，第Ⅰ部类内部的划分可以丰富和补充原有理论，可见基于使用价值的部类划分并非一成不变。马克思社会总资本再生产理论是在个别再生产理论的基础上提出的，是基于使用价值分类的社会再生产过程，其内涵包含了所有参与社会再生产的具有使用价值的生产要素，即只要有使用价值的消耗就应有部类内或部类间的交换予以补偿，是对劳动价值论应用于社会实践的进一步推进。

三、包含资源环境部类的部类平衡理论模型构建

（一）包含资源环境的马克思社会总资本再生产理论的提出

经典的马克思社会总资本再生产理论主要研究了生产资料与生活资料之间的实物补偿和价值补偿的关系，对市场经济制成品（即生产资料与生活资料）的交换关系进行了科学的解释和说明，由于时代对资源环境要求的差异，马克思在《资本论》中并未提及资源环境与制成品之间的交换和补偿关系。1972 年可持续发展理念在斯德哥尔摩联合国人类环境研讨会上正式提出，这一理念要求发展应当是“既能满足当代人的需要，又不对后代人满足其需要的能力构成危害的发展”。伴随着全球资源日益稀缺、环境日益恶化，特别是支撑现代经济发展的化石能源的逐渐枯竭，“可持续发展”一经提出迅速得到国际社会的相应，目前已成为被普遍接受的国际共识。可持续发展要求人类对发展中的资源和环境的消耗进行实物补偿和价值补偿，从而客观要求了推进制成品与资源环境之间交换和补偿关系的研究。如前文综述中所提到，以往研究中很多学者已注意到了传统马克思主义政治经济学对资源环境的忽视，这与马克思所处的历史时代直接相关，处在农业时代刚刚迈入工业革命的初期，资源与环境并不是当时经济发展的主旋律，尽管如此，马克思仍从资本主义的劣根性上对污水、废气问题进行了批判，“只有在资本主义制度下自然界才不过是人的对象，不过是

有用物”。① 但时代发展到今天资源与环境已成为人类经济发展面临的重要命题，能源危机频繁爆发，许多自然灾害爆发与人类活动已脱不开关系，由于碳排放所引起的全球暖化已成为全球发展关注的焦点，即使西方社会也不能漠视。2009 年底的哥本哈根联合国气候变化大会吸引了全世界的目光，包括中国主席胡锦涛、美国总统奥巴马等在内的 100 余位国家领导人参加了此次峰会，世界聚焦到了以二氧化碳减排为主体的气候环境问题，减少碳排放和缓解气候变暖将成为未来影响全球各国发展的重要内容。

但是，学者对如何将资源环境纳入马克思劳动价值论却莫衷一是：胡昌暖、车江洪、杨艳琳等人试图用地租理论对这一问题进行说明，但《资本论》第三卷分配论中的地租理论只能部分的解决社会分配问题，根本不涉及资源环境的实物补偿；还有些学者甚至认为承认自然资源也创造价值有助于解决这一困局（晏智杰，2004），卫兴华（2008）对此进行了针对性的批驳，认为这是对劳动价值论的根本倒退。本研究认为，马克思主义社会总资本再生产理论基于实物补偿与价值补偿的辩证统一，基于对使用价值的分类研究社会再生产过程，其内涵包括了资源环境等生产要素，通过引入“资源环境部类”这一概念，并将其纳入部类补偿理论可以达到分析资源环境问题的作用。

（二）包含资源环境的马克思社会总资本再生产理论的内涵和机制

与制成品内部第一部类和第二部类的社会再生产过程不同，资源与环境的再生产可以分别由自然再生产和基于人类劳动的社会再生产分别独立完成。初始的资源和环境来自大自然的恩赐，并且随着时间的演进，自然的恩赐仍在独立的完成再生产过程，一定程度可以减弱人类对其的消耗，但随着经济发展和人类生产能力的增强，总体上自然对人为损耗的补偿能力在加速下降，因此，基于人的劳动和价值创造的社会再生产对于实现可持续发展就成为一种必然选择。本研究所提出的“包含资源环境部类的马克思社会总资本再生产理论”是基于马克思社会总资本再生产理论基本原理的进一步扩展，是基于劳动价值论和部类间补偿规律（实物补偿和价值补偿）的进一步发展，体现了马克思主义基本原理与

① 马克思：《政治经济学批判》，选自《马克思恩格斯全集》（第 46 卷），人民出版社 1972 年版，第 393 页。

时代发展的辩证统一。

首先，社会再生产对资源和环境的价值补偿和实物补偿具有可行性。初始的资源和环境作为大自然的恩赐从一开始就成为人类劳动的对象，从农耕社会到工业文明无不如此，自然恩赐的消耗与人类的生产和生活始终联系在一起。但自然资源在存量和增量上的有限性始终都在制约着人类的发展，人类不断通过劳动再生产对环境和资源进行着实物补偿和价值补偿，农耕和游牧对采摘和游猎的生产方式的转变就是这种补偿的集中体现，人类的经济发展史反复证明着人类劳动、人类改造自然的能力同样可以用于补偿自然所恩赐的环境和资源，人类劳动对资源和环境具有再生产的可行性。

其次，社会再生产对资源和环境的价值补偿和实物补偿具有必要性。化石能源危机时代已经到来，调查结果表明，1996 年全球原油产量已接近 34 亿吨，世界石油已探明储量为 1400 亿吨，每年产量按 34 亿吨计算，仅够开采 41 年，到 2038 年全世界将面临石油耗尽的局面；世界天然气储量为 152 万亿立方米，按目前的开采水平可开采 65 年。由二氧化碳排放所导致的全球暖化已成为国际关注的焦点，在 2007 年达沃斯世界经济论坛年会上，气候变化问题成为压倒一切的首要问题。因此，通过人类劳动对资源和环境进行价值补偿和实物补偿就显得尤为必要，是实现可持续发展的必要条件。

包含资源环境的马克思社会总资本再生产理论就是将资源和环境的消费和生产纳入马克思部类补偿体制，与生产资料部类和生活资料部类共同组成社会再生产和社会资本再生产机制。在考虑资源环境约束条件下，可以对马克思社会总资本再生产理论予以扩展，将资源环境及用于资源环境补偿的社会产品作为资源部类，同时保留原有两大部类的划分，从而形成马克思主义资源环境补偿机制，可用如下公式表示：

资源环境部类 $ZE + ZC + Z\ (V + m)\ + ZN$ (2－1)

生产资料部类 $\mathrm{I}E + \mathrm{I}C + \mathrm{I}\ (V + m)$ (2－2)

生活资料部类 $\mathrm{II}E + \mathrm{II}C + \mathrm{II}\ (V + m)$ (2－3)

其中，ZE、$\mathrm{I}E$ 和 $\mathrm{II}E$ 分别表示资源环境部类、生产资料部类和生活资料部类的资源环境消耗；ZE、ZC、$Z\ (V + m)$ 分别表示资源环境部类的不变资本、可变资本和剩余价值，反映了基于劳动的资源环境社会再生产。从使用价值而言，ZN 表示自然赐予人类的新增资源（自然再生产），ZN 作为实物补偿时计入公式；在再生产过程中，可以直接进行实物补偿；从价值而言，ZN 不具备价值，不计入社会再生产的价值补偿循环，不需资本预付和索取剩余价值，即作为价值补偿时不计入公式。

基于这一补偿机制，可持续发展就可以表示为如下：

首先是从实物补偿方向。实物补偿针对资源环境的使用价值，总体的再生产中每一种资源环境（假设不可替代）的实物补偿需要满足公式（2-4），即新增的每一种资源环境（假设不可替代）都应当多于至少是等于三大部类所消耗的这种资源环境，公式的两端分别反映了对资源环境的消耗（需求）和产出（供给），可持续发展既可以是节能减排等对资源环境部类需求的减少，也可以是新能源的开发等资源环境部类供给的增加。可以表达为公式（2-4），等号表示简单再生产时的条件。

$$ZE + ZC + Z(V + m) + ZN \geqslant ZE + \mathrm{I}E + \mathrm{II}E \tag{2-4}$$

其次是从价值补偿方向。价值补偿针对资源环境的价值，总体的社会再生产中，社会总体的价值补偿需要满足这一关系，即资源环境部类所预付的资本（包括 ZE、ZC 和 ZV）以及资本所要求的剩余价值 Zm 都必须通过产品转化为货币从而进行补偿。可以表达为公式（2-5），等号表示简单再生产时的条件。

$$ZE + ZC + Z(V + m) \geqslant ZE + \mathrm{I}E + \mathrm{II}E \tag{2-5}$$

这里资源和环境的价值补偿稍有不同，环境一般作为约束性条件，自然新增赋予一般不与包含价值创造的环境改善共同参与分配，公式（2-5）可以直接运用；资源作为生产性贡献，自然所赋予的新增资源与包含价值创造的社会再生产资源在生产上是无差别的，会共同参与分配，但公式（2-5）依然成立，这时必须通过资源税等政策机制将自然资源所取得的净收益①转移给价值创造部分，否则由于剩余价值要求的不能实现，社会资本扩大再生产将无法正常完成。

将公式（2-4）和公式（2-5）反映的规律可以概括为，不论社

① 净收益是指收益中扣除投资开采的不变资本、可变资本和剩余价值的剩余部分。

会再生产是扩大再生产还是简单再生产，作为前提条件，新增的资源环境（环境的再生产）不论从实物补偿或价值补偿都应不小于社会消耗，因此，其应当得到优先发展，只有这样可持续的社会再生产才能得到实现。

包含资源环境部类的马克思社会总资本再生产理论为低碳经济发展奠定了理论基石，是本书分析所遵循的基础理论。

第二节 新古典经济学的社会福利理论

基于局部供求平衡分析的新古典经济学长期被认为是西方经济学的主流和根本基础，其代表人物庇古基于这一分析范式的概念体系和分析工具所提出的福利经济学同样为低碳经济学分析提供了重要的理论基础。

一、外部性的含义和分类

所谓外部影响或外部性，就是指一个经济行为主体的经济活动对社会其他成员造成的影响而未将这些影响计入市场交易的成本与价格中。外部性含义的本质就是不同行业经济行为的相互影响性，即不变式还原方法前提不满足。外部性导致的结果是从社会视角的会出现社会福利损失，个体供求平衡与社会供求平衡相分离。

外部性按照供给和需求两方面以及外部性的正负性又可以分为四类：生产的外部经济、生产的外部不经济、消费的外部经济、消费的外部不经济。

所谓“生产的外部经济”，即指当一个生产者采取的经济行动对他人产生了有利的影响，而自己却不能从中得到报酬时，便产生了生产的外部经济，如养蜂业在生产蜂蜜的过程中帮助果树传授花粉。出现生产的外部经济时，生产的社会成本小于生产者的私人成本，市场的均衡产量小于社会的最优量，会存在社会效率损失三角形，需要加以治理，如图2－1（a）所示。

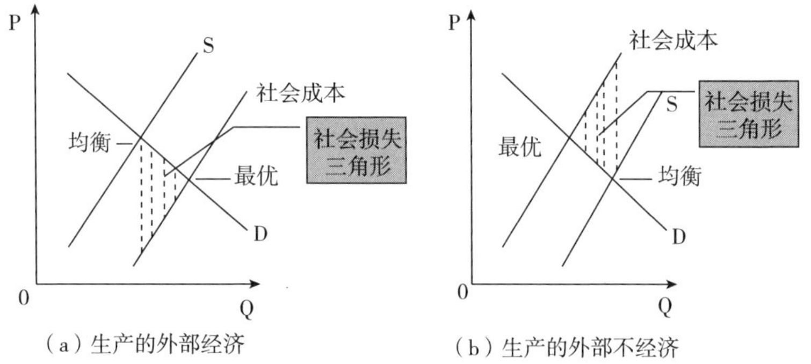

注：S 代表个体的边际成本。

图 2－1 生产的外部经济和外部不经济

所谓“生产的外部不经济”，即指当一个生产者采取的行动使他人付出了代价而又未给他人以补偿时，便产生了生产的外部不经济，如工业生产将污水排入河中，对社会其他成员造成危害而又不予以补偿。出现生产的外部不经济时，社会成本大于生产者的私人成本，市场的均衡产量大于社会的最优量，会存在社会效率损失三角形，需要加以治理，如图 2－1（b）所示。

所谓“消费的外部经济”，即指当一个消费者采取的行动对他人产生了有利的影响，而自己却不能从中得到补偿时，便产生了消费的外部经济，如春节放焰火，其他人也可欣赏而无需付费。出现消费的外部经济时，消费的社会价值大于私人价值，均衡数量小于社会最优量，存在社会效率损失三角形，需要加以治理，如图 2－2（a）。

所谓“消费的外部、经济”，即指当一个消费者采取的行动使他人付出了代价而又未给他人以补偿时，便产生了消费的外部不经济，如吸烟使同处一室的人身体健康受到危害而吸烟者又不予以补偿。出现消费的外部不经济时，消费的社会价值小于私人价值，均衡数量大于社会最优量，会存在社会效率损失三角形，需要加以治理，如图 2－2（b）。

低碳经济所研究的碳排放和气候变暖问题属于典型的外部性问题，新古典经济学的局部均衡分析为低碳经济研究可以提供重要的理论基础。

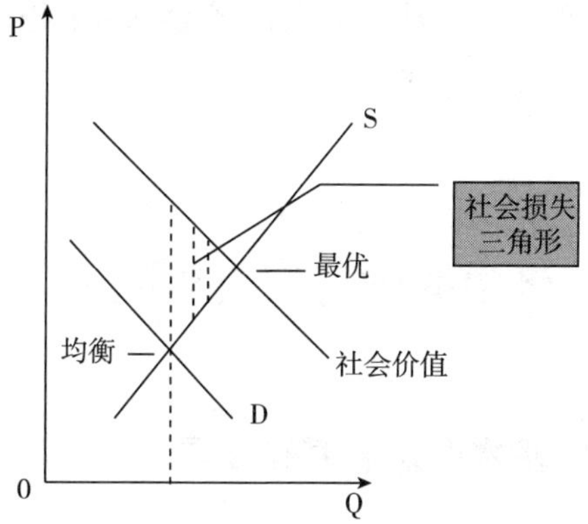

（a）消费的外部经济

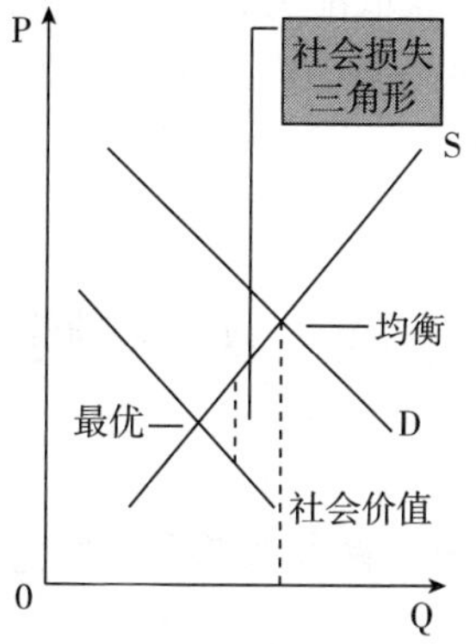

（b）消费的外部不经济

注：D 代表个体的边际效用。

图 2－2　消费的外部经济和外部不经济

二、福利经济学的外部性治理方案

庇古基于以上局部供求分析过程提出了福利经济学的治理思路，即通过政府税收或政府补贴的形式将个体供求平衡与社会供求平衡分离状态进行消除。具体说就是：当出现社会成本高于个体成本时，对个体进行征税使个体成本达到社会成本；当出现社会成本低于个体成本时，对个体进行补贴使个体成本同样达到社会成本；当出现社会收益高于个体收益时，对个体进行补贴使个体收益达到社会收益；当出现社会收益低于个体收益时，对个体进行税收使个体收益达到社会收益。此时，为达到个体供求平衡与社会供求平衡重合而征收的税收称为“庇古税”，给予的政府补贴称为“庇古补贴”。

福利经济学的外部性治理方案对于政府而言直接可行，在现实的环境治理当中已经开始广泛运用，但仍然存在诸多问题。

首先，治理方案的受益方和损失方不对称。政府通过征税固然改变了外部不经济形成者的个体供求曲线，但税收的去向却很难达到因为外部不经济而造成的社会损失者；同样，政府通过补贴固然改变了外部经济形成者的个体供求曲线，但补贴的来源是广泛纳税人而并非是外部经济的受益方。

其次，政府难以获得个体效用和成本信息。市场经济体系高效的关键是能够依靠价格传导机制获取个人效用和成本信息，而政府并不具备这样的获取能力，通过社会调查的形式所获取的数据经常因为委托代理、逆选择和调查成本等原因而难以真实或接近真实。

第三节　新制度经济学的排污权交易理论

一、两两均衡分析方法的基本概念和基础工具

埃奇沃思和帕累托等人开创的两两均衡分析方法尽管与马歇尔所建立的局部均衡分析几乎同时，但这一方法直到科斯论文发表之后才日益得到重视，这一方法所代表的经济学派被称为“新福利经济学”并不是因为它在时间上晚于庇古的“福利经济学”，仅仅是因为在那个年代这一方法还不为人们所重视，而在被重视之后它也被另一个名称所替代——新制度经济学。

不同于局部均衡分析采用了人们广为熟知的价格、成本、经济利润（以及其类比概念消费者剩余）和功利等概念，也不同于局部均衡分析采用的人们日常熟悉的供给需求分析思路。把经济分析建立在个体产权、平等和自由的契约伦理之上是这一分析方法最大的特征。两两均衡分析的基本概念是帕累托最优和帕累托改进。所谓“帕累托改进”即指在其他条件不变的情况下，如果某一变动改善了一些人的状况，同时又不使另一些人蒙受损失，这个变动就增进了社会福利；所谓“帕累托最优”即指在其他条件不变的情况下，如果不减少一些人的经济福利，就不能改善另一些人的经济福利，就标志着社会经济福利达到了最大化状态。与局部均衡分析的社会公平标准经济利润为0和社会效率标准社会福利三角形面积最大的分离不同，新福利经济学的社会效率标准和社会公平标准在自由伦理的定义下合而为一。

将无差异曲线嵌入方框的埃奇沃思盒为新福利经济学经济分析提供了类似局部供求分析供求平衡的普遍分析工具。序数效用和无差异曲线是埃奇沃思对经济分析所提出不同于杰文斯、门格尔和马歇尔等新古典经济学者基数效用的又一套概念体系，希克斯曾应用这个概念体系与新古典经济学供求分析框架嫁接（这个嫁接对于经济学而言是失败的），

但它根本的用途还在于两两均衡分析。所谓“埃奇沃思盒”是指用一个方盒反映两个平等交换主体对两个交换客体的交换过程。如图 2－3 所示，两个交换主体为 A 和 B，他们平等且对商品 X 和 Y 拥有明晰产权，两种商品的总量分别为方盒的长和宽，分别以方盒的左下角和右上角为原点形成 A 和 B 对 X 和 Y 两种商品的无差异曲线，A 的无差异曲线凸向左下角，B 的无差异曲线凸向右上角，双方无差异曲线的切点即帕累托最优点。帕累托认为，不论初始产权如何赋予，只要产权明晰和地位平等，自由的交换总会使最终状态实现帕累托最优。

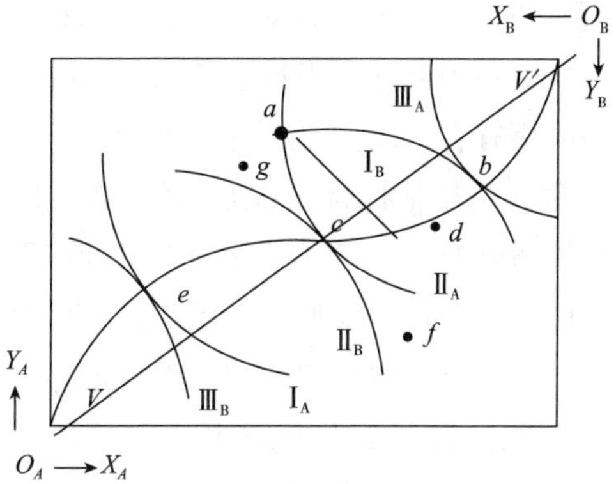

图 2－3　埃奇沃思盒

二、科斯定理和排污权交易理论

科斯（Coase）于 1960 年发表了《社会成本问题》一文，文中提出了与庇古完全不同的外部性治理政策思路，即利用市场和产权界定的方法来解决外部性问题。科斯之后两两均衡分析方法逐渐进入主流，帕累托在经济学和社会学的价值开始被重新认识，众多采用该范式进行经济分析的学者获得了诺贝尔经济学奖，阿罗、布坎南、道格拉斯·诺斯等经济学家蜚声海内外，新福利经济学的称呼渐渐被一个更响亮的名字替代——“新制度经济学”。

科斯定理可以表述如下：只要财产权是明确的，并且其交易成本为零或者很小，则无论在开始时将财产权赋予谁，市场均衡的最终结果都是有效率的。科斯认为，假如产权归属明晰，即使政府不出面，不征收庇古税，解决外部性问题同样也会得到化解，不论是产权合并还是产权分置。在理论上，科斯定理要优于庇古税，在科斯定理中，外部性内部化的问题是借助于市场力量，在经济系统的内部自动解决的，经济运行不会因受到外来因素（比如政府）的干扰而受到影响。庇古税首先对花费巨大社会成本也不能完成的个体企业排污边际成本计算问题这里也不再需要。其次，交易者由于直接与利益挂钩，最终的平衡点（相当于庇古税的数额）会更接近实际，这比由第三方的政府出面时的结局会更好，因为，在市场的激励兼容机制下，隐瞒信息的可能性被大大降低，而政府出面会大量存在“多报损失，少报排污”等行为。

科斯定理自提出后一直被认为是排污权交易的理论基础。1968 年，戴尔斯（Dales）进一步发展了科斯的理论，将产权概念引入污染控制领域，首次提出排污权交易的概念。根据他的污染权理论，环境是一种商品，政府是该商品的所有者，政府可在专家的帮助下，把污染物分割成一些标准的单位（也就是排他性排污权），污染者可以以一定价格购买这种权力，但如环境污染的受害者或可能的受害者遭受了或预期要遭受到高于排污权价格的损害的话，他们为防治污染，可以用高于污染者的出价购买这些权利。供求规律将会起作用从而使这样一个排污权交易的市场达到一个最佳分配。戴尔斯于 1968 年在其著作《污染、财富和价格》一书中提出的排污权交易原理如图 2 –4 所示。

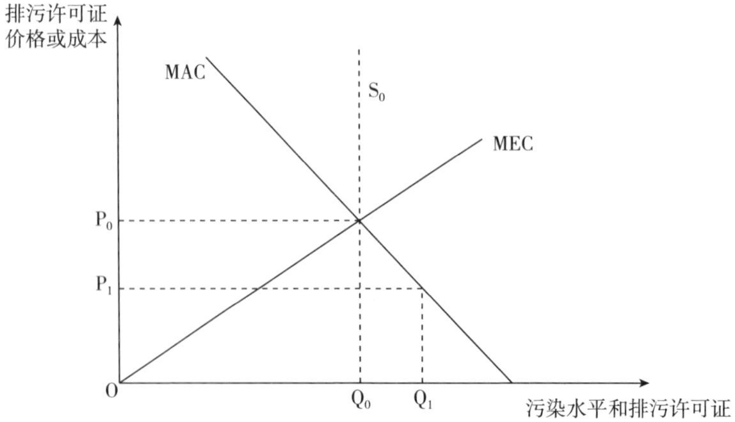

图 2 –4　排污权交易原理

基本原理可以通过图 2 –4 描述：MAC 表示边际控制成本；MEC 表

示边际外部成本。MAC 与 MEC 的交点对应为最优排放水平，即政府管理部门发放的排污许可证总量，能够达到帕累托最优。P_0点表示排污许可证的最优价格；S_0表示排污许可证的供给曲线，由于其发放是被管制的，对价格变动无反应，S_0是条垂直线。MAC 实际上是排污许可证的需求曲线。当排污权的价格为 P_1时候，排污单位购买 Q_1排污许可证，因为在 Q_1的左侧，购买排污许可证比控制污染便宜，所以排污单位会购买。而在 Q_1的右侧，通过控制把排污量减少比购买排污许可证便宜，所以排污单位会选择控制污染。

科斯定理和排污权交易理论为本书的低碳经济分析提供了重要的理论基础，但该理论的缺陷同样显著。

首先，基于个体之间两两契约的分析方法在社会加总上存在根本障碍，形而上学将个体交换与社会运行相分离在多数情况下并不存在，对于环境问题特别如此。如何将污染权赋予相关个体，到底哪些人是相关方，哪些人又不是？这一问题是两两交换分析方法所不能回答的。

其次，基于个体之间两两契约的分析方法并不能提供交换的直接路径，平等和自由并不能必然形成交换，交换的发生需要具体的物理条件和商业环境，帕累托改进只是一种目标而最终实现过程还需要供求或者政府计划安排。

第三章

低碳经济测度与评价

低碳经济的测度可以分为三个层次：一是碳排放的绝对测度，主要指标是各个二氧化碳排放量及能耗；二是基于低碳经济第一重定义的碳排放与经济产出关系测度，主要包括静态关系测度的指标碳强度和动态关系测度的边际碳强度、OECD 脱钩值和弹性脱钩值；三是对碳排放整体历史进程研究的环境库兹涅茨曲线。

第一节　碳排放的绝对测度

碳排放总量是对碳排放的绝对测度，通过能耗结构和能耗总量的计算可以得到整个基本的二氧化碳排放当量值。这一指标的优点在于可以准确反映某一温室气体排放的绝对贡献，但由于忽略了碳排放与经济发展的关系，其对可持续的经济发展没有指导意义，也不能指导经济结构调整。

一、IPCC 推荐方法介绍

1. IPCC 及其碳排放计算方法背景

联合国政府间气候变化专门委员会（IPCC）是世界气象组织（WMO）和联合国环境规划署（UNEP）于 1988 年联合建立的政府间机构，其主要任务是对气候变化科学知识的现状，气候变化对社会、经济的潜在影响，以及适应和减缓气候变化的可能对策进行评估。

1995 年，IPCC 发布《IPCC 1996 国家温室气体清单指南》。1996 年的指南则包括《1996 年国家温室气体清单指南修订本》《国家温室气体优良作法指南和不确定性管理》和《土地利用、土地利用变化和林业优良作法指南》。2005 年 IPCC 发布《2006 年国家温室气体清单指南》，这是依据《1996 年指南》制定的。《2006 年国家温室气体清单指南》中纳入了新能源和新气体，是国际上最通用的温室气体排放计算指南。

2. IPCC 推荐碳排放方法

二氧化碳排放可按生产者或消费者责任原则进行测算。在二氧化碳测算时采用生产者责任原则，即不考虑由于消费而产生的二氧化碳排放责任的转移，其计算方法参考《2006 国家温室气体排放清单指南》，具体计算见公式（3－1）。

$$E = \sum_i \sum_i AC_{i,j} \times NCV_j \times CC_j \times O_{ij} \times 44/12 \qquad (3-1)$$

公式（3－1）中，E 指二氧化碳排放量，单位兆吨（Mt）；i 指不同部门；j 指燃料品种；AC 指消费的化石燃料实物量，单位万吨（t）或亿立方米（m^3）；NCV 指各燃料低位热值，单位千焦耳/千克（kJ/kg）或千焦耳/每立方米（kJ/m^3）；CC 指燃料含碳量，千克/吉焦（kg/GJ）；O 指氧化率，采用 IPCC 默认值 100%；44/12 为 C 转换为二氧化碳的系数。IPCC 给予了各种燃料的含碳量、氧化率及碳排放系数等值，具体数值在表 3－1、表 3－2、表 3－3 列出。

表 3－1　　化石燃料低位热值及含碳量

燃料品种		低位热值（kJ/kg · kJ/m^3）	含碳量默认值（kg/GJ）
煤炭	原煤	20908	26. 8
	洗精煤	26344	25. 8
	焦炭	28435	29. 2
	焦炉煤气	17972	12. 1
	其他煤气	15890	12. 1
	其他焦化产品	32712	15. 3

续表

燃料品种		低位热值（kJ/kg · kJ/m³）	含碳量默认值（kg/GJ）
石化燃料	原油	41816	22
	汽油	43070	20
	煤油	43070	18.9
	柴油	42652	19.5
	燃料油	41816	20.2
	液化石油气	50179	21.1
	炼厂干气	46055	17.2
	其他石油产品	30066	20
天然气		38931	15.7

注：“其他焦化产品”低位热值为均值，含碳量采用煤焦油的值；“其他石油产品”低位热值为均值能源消费产生的二氧化碳排放总量即为不同部门中不同能源品种对应的二氧化碳排放量总和。

资料来源：根据《综合能耗计算通则》（GB/T2589－2008）及 IPCC（2006）整理。

表 3－2　　IPCC/OECD 推荐的碳氧化份额

燃料名称	碳氧化份额(%)
煤	98
石油及其产品	99
天然气	99.5

资料来源：根据 IPCC（2006）整理。

表 3－3　　各类能源碳排放系数　　单位：kg/GJ

燃料种类	碳排放系数
原煤	25.8
焦炭	29.2
焦炉煤气	12.1
原油	20.0
车用汽油	18.9

续表

燃料种类	碳排放系数
煤油	19.6
柴油	20.2
燃料油	21.1
其他石油产品	20.0
液化石油气(LPG)	17.2
炼厂干气	16.8
天然气	15.3

资料来源：根据 IPCC（2006）整理。

3. IPCC 推荐碳排放方法应用案例：对山西省工业、建筑业及交通运输及仓储业碳排放的分析

在公式（3－1）中首先需要计算的是各种能源的使用量，并以标准煤体现出来。标准煤是指热值为 7000 千卡/千克的煤炭。它是标准能源的一种表示方法。由于煤炭、石油、天然气、电力及其他能源的发热量不同，为了使它们能够进行比较，以便计算、考察国民经济各部门的能源消费量及其利用效果，通常采用标准煤这一标准折算单位。中国常用的能源与标准煤的单位重量折算比率：原煤为 0.714 兆吨，原油为 1.429 兆吨。天然气按每立方米 9310 千卡计算，折合标准煤 1.33 千克。水电按历年火电标准煤消耗定额折合计算。其次，由于不同能源的氧化率或碳排放因子不同，导致不同能源的二氧化碳排放量也不同。公式（3－1）正是在通过对各类能源使用量测定基础上，依据 IPCC 提供的各类能源的氧化率及碳排放因子，对各类能源二氧化碳排放量进行测定。本部分依据公式（3－1）对于各类能源含碳量测定的第一部分，即：

$$C_{ij} = \sum_i \sum_j AC_{i,j} \times NCV_j \times CC_j \qquad (3-2)$$

$$E_{ij} = C_{ij} XO_{ij} \qquad (3-3)$$

在此基础上，依据 IPCC 提供的不同能源的氧化率及碳排放系数测算，在各类能源既定含碳量基础上有多少碳被氧化并能够排放到大气中，形成最终的二氧化碳。公式（3－1）的第一部分即公式（3－2）对山西省工业、建筑业及交通运输及仓储业各类能源含碳量的测算。在能源品种

选择方面，经济系统终端能源消费品种主要包括原煤、洗煤、型煤、原油、汽油、柴油、燃料油、液化石油气、炼厂干气、焦炭、煤气、电力、热力、天然气等。本研究把上述燃料进一步归类为煤炭、焦炭、焦炉煤气、原油、汽油、煤油、柴油、燃料油、液化石油气、炼厂干气、天然气、热力、电力等类进行计算。各种能源折合标准煤换算系数采用《综合能耗计算通则》所列各种能源折算标准煤参考系数潜在的碳排放系数采用缺省数据，其中热力、电力部分按煤炭排放系数换算固碳率采用缺省值。根据公式（3-2）可计算得出山西省2000~2007年山西省工业部门、建筑业部门及交通运输及仓储业部门的能源使用量（见表3-4~表3-6）。

表3-4　1999~2007年山西省工业部门能源消费量及二氧化碳排放量

单位：兆吨

年份	标准煤	二氧化碳排放量
1999	31.0624	51.3718
2000	34.1767	54.6236
2001	84.6154	70.357
2002	51.9862	86.7379
2003	58.496	97.721
2004	65.9438	100.2732
2005	92.0716	122.2019
2006	76.5996	139.3022
2007	81.0914	127.6613

资料来源：表3-4~表3-6根据《中国能源统计年鉴》（2000~2008年）及《山西省统计年鉴》（1999~2008年）整理计算。

表3-5　1999~2007年山西省建筑业部门能源消费量及二氧化碳排放量

单位：兆吨

年份	标准煤	二氧化碳排放量
1999	0.7691	12.6035
2000	0.8198	13.4865
2001	0.8606	14.1939

续表

年份	标准煤	二氧化碳排放量
2002	0.9254	15.3218
2003	1.3802	19.5958
2004	1.0645	17.7623
2005	0.7089	11.2617
2006	1.0951	12.0085
2007	1.0935	12.1998

表3－6　1999～2007年山西省交通运输及仓储业部门能源消费量及二氧化碳排放量

单位：兆吨

年份	标准煤	二氧化碳排放量
1999	1.6445	21.5529
2000	1.6730	18.7668
2001	2.1375	23.669
2002	2.3684	26.0665
2003	2.5793	28.567
2004	4.1995	33.3804
2005	3.7947	39.4811
2006	4.1597	41.561
2007	4.2536	51.1639

二、碳足迹测算方法

1. 碳足迹测算方法介绍

碳足迹的含义是指企业机构、活动、产品或个人通过交通运输、食品生产和消费，以及各类生产过程等引起的温室气体排放的集合。它描述了一个人的能源意识和行为对自然界产生的影响。碳足迹标示一个人或者团体的“碳耗用量”，反映的个人或组织的行为对环境的影响。碳足迹方法是研究人类能源利用的分析工具，表示在一定社会发展水平、技术水平、生活生产方式及消费模式下，在一定的空间尺度内，人类的所有经济活动对能源资本的消费以及生态系统提供的能源。碳足迹揭示了终端消费领域人类活动对于全球气候变化的影响，是碳排放研究从生产层面转向消费层面的重要标志。碳足迹指标是一个衡量人类对能源利用量的简单且综合的指标。立足消费层面，人人具有相同的碳足迹是核算排放权益的科学方法，是“人人平等”最高理念的集中体现。一方面，生产最终是为了消费，因此，产品生产过程中所产生的碳排放应该由其消费者来承担责任。另一方面，碳足迹由直接碳足迹（能源消费和运输等在内的化石燃料燃烧引起的碳排放）和间接碳足迹（所需产品和服务在其生产、制造、最终降解中的碳排放）构成，终端消费导向碳足迹的计算不仅应包括直接的碳足迹，产品生产过程中间接导致的碳排放也应该由消费者来承担。不同地区、不同种族的人发展权是必须要得到保证的，最终都有享受舒适生活的权利。落实到碳排放上，就要求最终个人碳足迹是相同的，从而保证人的生活水平最终趋于基本一致。全球人均权益碳足迹作为合理人均排放取值，人人达到而不超过这个量。

测算的碳足迹通常可以分为四步①：(1) 选择要计算的气体排放源；(2) 收集燃料用量的数据；(3) 查询碳排放因子；(4) 计算碳足迹。

计算碳足迹通常是以二氧化碳气体的排放量为主。当然，其他气体对温室效应也有一定的影响。但各种温室气体对地球变暖的影响程度是不同的。为了帮助决策者度量各种温室气体对地球变暖的影响程度，IPCC 已经出版了关于各种气体对全球变暖潜能（GWP）影响的数据表，常见气体的 GWP 值见表 3－7。

按照国际惯例，以二氧化碳气体的 GWP 值为 1，其他气体温室效应与二氧化碳温室效应的比值为该气体的 GWP 值。如果要将某种气体的 GWP 值转换为等效应的二氧化碳气体，只需要将该气体的排放量乘以相应的 GWP 值即可。例如，排放了 2 吨一氧化二氮气体，一氧化二氮的 GWP 值为 310，则 2 吨 × 310 = 620（吨），即相当于排放了 620 吨的二氧化碳。

① 郝发义：《具有可操作性的碳足迹计算方法及具体实践》，载于《印刷技术》，2008 年第 16 期，第 31～34 页。

表3－7　　常见温室气体的GWP值

温室气体名称	GWP值(100年)
甲烷(CH_4)	21
一氧化二氮(N_2O)	310
六氟化硫(SF_6)	23900
氢氟碳化物(HFCs)	12—11700
全氟化碳(PFCs)	6500—9200

2. 碳足迹测算方法应用案例

以美国伊利诺伊州废弃物管理和研究中心收集的2007年能量利用数据为例。该中心有一栋总面积为4.5万平方英尺的建筑物，其中一半是行政办公室，其余是研究实验室。建筑物采用天然气燃烧炉作为供暖设备，电能来自公共电力网。主要的电能来源见表3－8。

表3－8　　伊利诺伊州废弃物管理和研究中心使用的电能来源

电能来源	所占比例(%)
生物发电	0
火力发电	68
水力发电	1
天然气发电	18
核能发电	1
燃油发电	3
太阳能发电	0
风力发电	0
其他能源发电	0
从其他公司购买的未知电能	9
合计	100

火力发电的碳排放跟核能发电或水力发电的碳排放显然会不同。实际上在美国，不同地区由于能源使用来源的差异化很大导致产生1000千瓦时的碳排放差异性也很大。表3－9列出了伊利诺伊州废弃物管理和研究中心电能来源的温室气体排放因子。

表 3-9　　伊利诺伊州废弃物管理和研究中心
电能来源的温室气体排放因子　　单位：磅/1000 千瓦时

温室气体	平均排放因子
二氧化碳（CO_2）	1770
一氧化二氮（N_2O）	2.96
二氧化硫（SO_2）	7.43

首先是确定本例中主要包括天然气燃烧炉的碳排放、该中心交通工具的碳排放和用电设备的碳排放。前两项属于直接排放，后一项属于间接排放（因为该中心仅是消耗电能，而不是消耗燃料来发电）。电力公司可通过多种方式发电，如表 3-8 所列的发电方式均是可采纳的发电方式。每一种发电方式所排放的二氧化碳量不同，对于二氧化碳排放量的测算可通过碳排放因子进行测算。

（1）在间接排放量方面，所谓间接排放量是指用电设备产生的碳排放，这里主要是指照明、印刷机和计算机等消耗电力所产生的碳排放，通常的计算公式为：年用电量×电的碳排放因子=间接碳排放量。

（2）在直接碳排放方面，对伊利诺伊州废弃物管理和研究中心来说，直接碳排放是指天然气燃烧炉消耗天然气产生的碳排放，其计算公式如下：

每年的天然气用量×天然气的碳排放因子=直接碳排放量

伊利诺伊州废弃物管理和研究中心 2007 年的天然气用量为 96850 千卡，气候变化注册组织的碳足迹计算方法草案中提供了多种燃料碳排放因子的参考数据。常见的数据见表 3-10，从表 3-10 查出天然气的碳排放因子为 11.698 磅/千卡，则伊利诺伊州废弃物管理和研究中心 2007 年消耗的天然气产生的碳排放量为：

96850 千卡×11.698 磅/千卡÷2000 磅/美吨=566（美吨）

表 3-10　　常用燃料的碳排放因子值　　单位：磅/千卡

燃料类型	碳排放因子
无烟煤	22.844
褐煤	21.259
天然气（按美国平均重量）	11.698

续表

燃料类型	碳排放因子
丙烷	13.904
动力汽油	15.626
残余燃料油	17.372

在这里需要注意的是，不同组织提供的碳排放因子不同，如美国能源部网站也提供了相关的碳排放因子数据。

(3) 在交通运输环节方面，该中心每年所用的燃料以加仑计。交通工具所使用的能源不同，交通工具所排放的温室气体量也不同。气候变化注册组织同样提供了不同燃料的碳排放量计算方法。本例中，加速车辆所使用的是普通汽油，其基本计算公式为：

每年的汽油用量 × 汽油的碳排放因子 = 碳排放量

假设伊利诺伊州废弃物管理和研究中心的车辆每年消耗燃料 6125 加仑，通过美国能源部网站查到汽油的碳排放因子为 19.564 磅/加仑，则燃烧这些燃料产生的碳排放量为：

6125 加仑 × 19.564 磅/加仑 ÷ 2000 磅/美吨 = 60（美吨）

伊利诺伊州废弃物管理和研究中心 2007 年总的碳排放量见表 3－11。

表 3－11　2007 年伊利诺伊州废弃物管理和研究中心总的碳排放量　单位：美吨

碳排放分类	碳排放量
间接碳排放	1441
直接碳排放	566
交通运输环节	60
总计	2067

第二节　碳排放与经济产出关系测度

一、碳强度

1. 碳强度的计算方法概述

碳强度是指单位 GDP 的二氧化碳排放量。碳强度可以准确的反映经济产出与碳排放的静态相关关系，是其他动态关系测度的基础，但碳强度高低并不表明经济效率的高低。一般情况下，碳强度指标随着技术进步和经济增长而下降。碳排放强度一般取决于化石能源的碳排放系数、化石能源的结构、化石能源在能源消费总量中的比例和能源强度。碳强度低并不表明效率高。贫穷的农业国家碳强度均较低，但效率并不高，经济退步国家的碳强度呈现下降趋势，也不意味着效率高；碳强度高也不说明效率低，经济高速发展的国家碳强度呈现增长趋势，并不意味着效率也高。假如产品的能源效率高，但并没有全部卖出去，没有得到货币实现，则单位 GDP 的强度同样高。同时，碳强度也受经济波动（如汇率和通货膨胀等）的影响。碳强度可表示为公式（3－4）：

$$\text{碳强度} = \frac{CO_2}{GDP} \qquad (3-4)$$

2. 碳强度应用案例举例

同样以山西省工业、建筑业及交通运输及仓储业为例计算三大部门的碳强度。前面已经计算了三大部门的能源使用量和二氧化碳排放量，这里通过相应年份的 GDP 来计算三大部门的碳强度（见表 3－12 ~ 表 3－14）。

表 3－12　山西省工业部门 GDP、二氧化碳及碳强度比较

年份	工业部门 GDP（百亿元）	二氧化碳排放量（兆吨）	碳强度$_2$/GDP）（兆吨/百亿元）
1999	4.0065	51.3718	12.82211406
2000	4.3193	34.1767	7.912555275
2001	4.9978	84.6154	16.93052943
2002	6.3299	51.9862	8.21279957
2003	9.0870	58.496	6.437328051
2004	13.8027	65.9438	4.777601484
2005	17.567	122.2019	6.956332897
2006	21.484	139.3022	6.483997393
2007	28.1155	127.6613	4.540602159

资料来源：表 3－12 ~ 表 3－14《中国能源统计年鉴》（2000 ~ 2008 年）及《山西省统计年鉴》（1999 ~ 2008 年）计算整理。

表 3-13　山西省建筑业部门 GDP、二氧化碳及碳强度比较

年份	建筑业部门 GDP（百亿元）	二氧化碳排放量（兆吨）	碳强度（兆吨/百亿元）
1999	1.5306	12.6035	8.234352541
2000	1.5497	13.4865	8.702652126
2001	1.8048	14.1939	7.864527926
2002	2.5963	15.3218	5.901398144
2003	3.3968	19.5958	5.768900141
2004	3.584	17.7623	4.955998884
2005	4.3318	11.2617	2.599773766
2006	4.1885	12.0085	2.867016832
2007	4.9117	12.1998	2.483824338

表 3-14　山西省交通运输及仓储业部门 GDP、二氧化碳及碳强度比较

年份	交通运输及仓储业部门 GDP（百亿元）	二氧化碳排放量（兆吨）	碳强度（兆吨/百亿元）
1999	1.3767	21.5529	15.6554805
2000	1.4121	18.7668	13.28999363
2001	1.4199	23.669	16.66948377
2002	1.4632	26.0665	17.81472116
2003	1.4920	28.567	19.14678284
2004	1.5090	33.3804	22.12087475
2005	1.4749	39.4811	26.76866228
2006	1.4645	41.561	28.37896893
2007	1.4985	51.1639	34.14341008

二、边际碳强度

1. 碳强度方法概述

边际碳强度用以反映碳强度在时间上的动态变化趋势，即增加单位 GDP 所带来的碳排放的增加量。边际碳强度旨在反映经济增长与温室气体变化的增量效应，用以监测规模扩大和碳排放之间的动态关系。

$$边际碳强度 = \frac{\Delta CO_2}{\Delta GDP} \quad (3-5)$$

边际碳强度所反映的经济增长的边际变化量与温室气体排放的边际变化量依赖于对基期时间点的选择。基期不同则经济增长指标与温室气体排放量指标的边际变化的绝对值不同，两者的比值也就不同。

2. 边际碳强度应用举例

如前面所述，边际碳强度用以反映碳强度在时间上的动态变化趋势，即增加单位 GDP 所带来的碳排放的增加量，而不同的基期意味着不同的边际增量。本部分继续采用山西省工业、建筑业及交通运输及仓储业的 GDP、二氧化碳排放量指标值举例说明边际碳强度的使用。选择上一年作为基期，针对三大部门计算边际碳强度，计算结果整理汇总成表 3－15、表 3－16、表 3－17。

表 3－15　山西省工业部门 GDP、二氧化碳及边际碳强度比较

年份	工业部门 GDP（百亿元）	GDP 边际增长量（百亿元）	二氧化碳排放量（兆吨）	二氧化碳边际增长量（兆吨）	边际碳强度
2000	4.3193	0.3128	51.3718	－17.1951	－54.97154731
2001	4.9978	0.6785	34.1767	50.4387	74.3385409
2002	6.3299	1.3321	84.6154	－32.6292	－24.49455747
2003	9.0870	2.7571	51.9862	6.5098	2.361104059
2004	13.8027	4.7157	58.496	7.4478	1.579362555
2005	17.567	3.7643	65.9438	56.2581	14.94516909
2006	21.484	3.917	122.2019	17.1003	4.365662497
2007	28.1155	6.6315	139.3022	－11.6409	－1.755394707

注：以上一年为基期，下同。

资料来源：表 3－15～表 3－17 根据《中国能源统计年鉴》（2000～2008 年）及《山西省统计年鉴》（1999～2008 年）整理。

表 3－16　山西省建筑业部门 GDP、二氧化碳及边际碳强度比较

年份	建筑业部门 GDP（百亿元）	GDP 边际增长量（百亿元）	二氧化碳排放量（兆吨）	二氧化碳边际增长量（兆吨）	边际碳强度
2000	1.5497	0.0191	13.4865	0.883	46.23036649
2001	1.8048	0.2551	14.1939	0.7074	2.773030184
2002	2.5963	0.7915	15.3218	1.1279	1.425015793
2003	3.3968	0.8005	19.5958	4.274	5.339163023

续表

年份	建筑业部门 GDP（百亿元）	GDP 边际增长量（百亿元）	二氧化碳排放量（兆吨）	二氧化碳边际增长量（兆吨）	边际碳强度
2004	3.584	0.1872	17.7623	-1.8335	-9.794337607
2005	4.3318	0.7478	11.2617	-6.5006	-8.692966034
2006	4.1885	-0.1433	12.0085	0.7468	-5.211444522
2007	4.9117	0.7232	12.1998	0.1913	0.264518805

表 3-17　山西省交通运输及仓储业部门 GDP、二氧化碳及边际碳强度比较

年份	交通运输及仓储业部门 GDP（百亿元）	GDP 边际增长量（百亿元）	二氧化碳排放量（兆吨）	二氧化碳边际增长量（兆吨）	边际碳强度
2000	1.4121	0.0354	18.7668	-2.7861	-78.70338983
2001	1.4199	0.0078	23.669	4.9022	628.4871795
2002	1.4632	0.0433	26.0665	2.3975	55.36951501
2003	1.4920	0.0288	28.567	2.5005	86.82291667
2004	1.5090	0.017	33.3804	4.8134	283.1411765
2005	1.4749	-0.0341	39.4811	6.1007	-178.9061584
2006	1.4645	-0.0104	41.561	2.0799	-199.9903846
2007	1.4985	0.034	51.1639	9.6029	282.4382353

三、OECD 脱钩指标

1. 脱钩与脱钩指标的含义与价值

脱钩指标的建立肇始于环境库兹涅茨曲线的改进。过去普遍适用的环境库兹涅茨曲线被认为不具备预警功能且无法进行跨国比较，故实证结果只能当做环境与经济之间初步发展的情况，若要探讨环境与经济变数及政策的关联性，则需进一步深入探究。

有关讨论环境与经济之间关系的“脱钩”（decoupling）一词，首先出现在经济合作与发展组织于2002 年出版的一篇名称为“Indicator to measure

Decoupling of Environmental Pressure from Economic Growth”的报告中①，文中指出：“The term decoupling refers to breaking the link between ‘environmental bads and ‘environmental googs’”，其将“脱钩”用于形容切断环境污染与经济增长之间的密切关系。

在这份报告中也指出，为了能够让脱钩予以量化与方便测量，借由“脱钩指标”（decoupling indicators）来测量脱钩情形，脱钩指标的分子为环境压力变量（如二氧化碳排放量），分母为经济驱动力变量（如国内生产总值）；在环境压力的增长率小于经济驱动力的情形下便形成“脱钩”，脱钩指标反映了代表环境压力变量与经济驱动力变量之间的相对变化率，构成了后世所称的完整的环境指标体系中重要组成部分。完整的环境指标设计体系包括驱动力—环境压力—环境状态—环境冲击及政府应用政策（driving force-pressure state-impact-response，DPSIR）等层面。脱钩指标的设计也基于上述环境指标设计体系构造。其中，脱钩指标仅仅是描述 DPSIR 架构中的 DSR 之间的关系，不涉及环境冲击等议题。OECD 建立了一系列脱钩指标，以此追踪经济增长过程中各项环境议题的发展情形。

脱钩可以为绝对或相对。绝对脱钩是指当环境压力变量的增长率为稳定或递减，同时经济驱动力的增长率为递增时的情形相对脱钩是指环境压力变量的增长率虽为正，但其增长幅度小于经济驱动力增长率的情形。以二氧化碳排放与经济增长为例，如果经济稳定增长而二氧化碳排放量反而减少则为“绝对脱钩”如果经济增长率高于二氧化碳排放增长率，成为“相对脱钩”。

2. OECD 脱钩指标计算

OECD 指标构建主要是描述环境压力（状态）与驱动力变化的关系，以及衍生政策拟定的问题。以温室气体排放为例，二氧化碳排放为环境压力，GDP 为经济驱动力，如果二氧化碳排放率与 GDP 增长率呈现不平行关系，则经济体产生脱钩关系。不平行增长可分为两种情况，如果经济增长率高于二氧化碳排放增长率，成为“相对脱钩”；如果经济稳定增长而二氧化碳排放量反而减少则为“绝对脱钩”。OECD 为衡量脱钩指

① OECD. Indicators to measure decoupling of environmental pressure from economic growth [R] Paris: OECD, 2002.

标构建变化，首先建立脱钩指数与脱钩因子，见公式（3－6）及公式（3－7），其中 EP 为环境压力指标值；DF 为经济驱动力指标值，再选定某一年作为基准年，例如以 1999 年为基准年，令其指数为 100，以 2007 年为终期年，直接计算终期年相对于基准年的脱钩因子变化值，即可看出两者是呈现绝对脱钩（脱钩因子为正，且值接近 1），或是相对脱钩（脱钩因子为正，且值接近 0）、又或是无脱钩（脱钩因子为 0 或为负值）。OECD 脱钩指标对于基期年选定具有高度敏感性，在不同的基期年下，将呈现迥然不同的结果。

$$脱钩指数 =（EP/DF）期末 ÷（EP/DF）期初 \quad (3-6)$$

$$脱钩因子 = 1 - 脱钩指数 \quad (3-7)$$

脱钩指标的分子与分母由几个事件因果链形成，指标可拆解成数项指标，当然也可由数项成因指标组成，正因为如此脱钩指标方便于政策参考。同时，以环境指标通用准则为基础，使得该指标体系与国际可持续发展指标接轨，并可依据脱钩因子进行跨国比较。脱钩指标就是为达到上述研究目的而建立，由于其指标具备可拆解性并可整合为一指数，故可方便于沟通与政策决策。OECD 的环境指标的标准可见表 3－18所示。

表 3－18　　OECD 环境指标选择标准

准则项目	准则内容
政策相关性	1. 能够提供环境压力、状态及应用 2. 能够以简单的方式解释并显示趋势变化 3. 能够反映环境变化与人类活动的相关性 4. 能够提供国际比较基础 5. 必须建立一个目标值或门槛值
分析合理性	1. 具备理论基础 2. 具备国际标准与国际共识 3. 能够与经济模型、预测系统及资讯系统联结
可测量性	1. 资料可低成本获取 2. 资料质量高；资料可以及时更新

资料来源：OECD. Indicators to measure decoupling of environmental pressure from economic growth ［R］ Paris：OECD，2002.

依据统计数据显示，OECD 国家其环境与经济脱钩的整体代表得出国家总脱钩率约为 52%，其中总的绝对脱钩率为 33%，总的相对脱钩率约为 19%，国家中如法国、德国和芬兰等相对脱钩情形相当普遍。由此可见，在 OECD 国家，环境与经济的冲突，已经得到了有效的控制，并可以预见在继续向好的方向转化，在不远的将来，环境和经济的冲突，可以得到满意的解决（OECD，2002）①。

除了绝对脱钩和相对脱钩的概念之外，还有初级脱钩、次级脱钩和双重脱钩等概念。这三个概念是由扎克耐斯（Juknys，2003）首创。初级脱钩是指经济增长与自然资源利用的脱钩，衡量的是自然资源消耗例如能源与经济增长之间的变化关系次级脱钩是指自然资源与环境污染的脱钩，衡量的是环境污染与自然环境利用能源变化量之间的关系同时达到初级脱钩与次级脱钩就称为达到了“双重脱钩”。扎克耐斯利用初级与次级脱钩的概念分析了立陶宛的脱钩情形，研究发现立陶宛的经济体系由中央集权过渡至市场经济的过程，是导致立陶宛经济衰退的主要原因，同时减少了自然资源损耗与环境破坏。该研究显示，立陶宛 1991～2000 年经济转型期间，分别达成“初级脱钩”与“次级脱钩”从而达致“双重脱钩”的目标②。

3. OECD 脱钩指标应用举例

通过将 OECD 脱钩指标应用于山西省经济增长（GDP）与环境压力变量（二氧化碳）这两个内生变量建立压力关系，来测度山西低碳经济发展状况。由于 OECD 模型对于基准年的高度敏感性，本研究分别以 1999 年及上一年为基准年，运用脱钩指标对山西省工业部门经济增长（以 1999 年不变价计算的当年产业 GDP）、能源消费情况和碳排放进行脱钩分析（见表 3－19 和表 3－20）。以 1999 年为基准年，可以发现 2000～2007 年，山西省能源脱钩因子与二氧化碳脱钩因子均呈负值，显示为联结态，说明若以 1999 年为基准年做比较，山西省的工业部门产业的增加与能耗的投入及二氧化碳的排放之间存在相当明显的正压力关系。

---

① OECD. Indicators to measure decoupling of environmental pressure from economic growth [R] Paris：OECD，2002.

② Juknys Romualds. Transition Period in Lithuanis – do We Move to Sustainability? [J] journal of Environmental research，engineering and management，2003：4–9.

若以上一年为基准年，则能源脱钩因子方面，2000 年、2001 年、2005 年能源脱钩因子为负，显示为联结，其余年份则为相对脱钩状态，说明 2000 年、2001 年及 2005 年均较之上一年相比工业部门经济增长消耗了更多的能耗；二氧化碳脱钩因子方面，则有 2001 年为联结状态，其余年份为相对脱钩，说明大多数年份山西工业部门经济增长率高于当年的二氧化碳排放增长率，而 2001 年较之于 2000 年的二氧化碳排放增长率相对于工业部门经济增长率来说就有些过快了。同时，也必须看到，分别以 1999 年及上一年为基准，运用 OECD 脱钩模型能源脱钩因子与二氧化碳脱钩因子数值存在较大的不一致性，如果以 1999 年为基准则所有年份两类脱钩状态均呈现为联结态，而以上一年为基准则多数年份实现了相对脱钩。通过以 1999 年和上一年为基准年的对比可以得到如下结论：多年来山西省工业部门的经济增长和目前中国的经济发展模式相一致，即以大量的能源投入为条件的快速且具有粗放特征的经济增长模式，其经济增长没有摆脱其“去物质化”的倾向，但同时也应看到山西省工业部门的经济产出与能源投入之间的比值是不断上涨的，能源效率是不断提高的，但是这样的提高是缓慢的，只能通过与上一年的比较而得出。同时，缓慢提高的能源效率也无法抵消多少快速经济增长背景下对能源总量不断加大的需求。

表 3－19　2000～2007 年山西省以 1999 年为基准的工业部门能源脱钩因子与二氧化碳脱钩因子变化趋势

年份	能源脱钩因子		二氧化碳脱钩因子	
	脱钩因子	脱钩情形	脱钩因子	脱钩情形
2000	－9. 2059	联结	－8. 8630	联结
2001	－20. 8376	联结	－9. 9793	联结
2002	－9. 5931	联结	－9. 6869	联结
2003	－7. 3030	联结	－7. 3871	联结
2004	－5. 1623	联结	－4. 6658	联结
2005	－5. 7602	联结	－4. 4253	联结
2006	－3. 5987	联结	－4. 0569	联结
2007	－2. 7201	联结	－2. 5413	联结

表 3-20　2000～2007 年山西省以上一年为基准的工业部门能源脱钩因子与二氧化碳脱钩因子变化趋势

年份	能源脱钩因子		二氧化碳脱钩因子	
	脱钩因子	脱钩情形	脱钩因子	脱钩情形
2000	-0.0260	联结	0.0137	相对脱钩
2001	-1.1397	联结	-0.1132	联结
2002	0.5149	相对脱钩	0.0266	相对脱钩
2003	0.2162	相对脱钩	0.2152	相对脱钩
2004	0.2578	相对脱钩	0.3245	相对脱钩
2005	-0.0970	联结	0.0425	相对脱钩
2006	0.3197	相对脱钩	0.0679	相对脱钩
2007	0.1911	相对脱钩	0.2997	相对脱钩

四、Tapio 弹性脱钩指标体系

1. Tapio 弹性脱钩指标体系方法概述

特比欧（Petri Tapio，2005）基于 OECD 指标评价方法构建了弹性脱钩的评价指标，进一步将脱钩细分为弱（weak）脱钩、强（strong）脱钩、扩张联结（expansive coupling）、衰退脱钩（recessive decoupling）等八项指标①，其克服了 OECD 脱钩模型在基期选择上的困境，采用弹性概念可以动态的反映变量间脱钩关系。公式（3-8）和表（3-21）分别表述了 Tapio 弹性脱钩的评价方法和评价标准：

$$t_{CO_2,GDP} = (\Delta CO_2/CO_2\%) \div (\Delta GDP/GDP\%) \qquad (3-8)$$

表 3-21　Tapio（2005）8 个等级与弹性值比照

状态		ΔCO_2（环境压力）	ΔGDP（经济增长）	弹性 t
负脱钩	扩张负脱钩	>0	>0	>1.2
	强负脱钩	>0	<0	<0
	弱负脱钩	<0	<0	0<t<0.8

① Tapio P. Towards a theory of decoupling: Degrees of decoupling in the EU and the case of road traffic in Finland between 1970 and 2001 [J]. Journal of Transport Policy, (12), 2005: 137-151.

续表

状态		ΔCO_2（环境压力）	ΔGDP（经济增长）	弹性 t
脱钩	弱脱钩	>0	>0	0<t<0.8
	强脱钩	<0	>0	<0
	衰退脱钩	<0	<0	>1.2
联结	增长联结	>0	>0	0.8<t<1.2
	衰退联结	<0	<0	0.8<t<1.2

资料来源：本研究根据 Tapio P. Towards a theory of decoupling：Degrees of decoupling in the EU and the case of road traffic in Finland between 1970 and 2001 [J]. Journal of Transport Policy，(12)，2005：137－151 整理。

Tapio（2005）根据环境库兹涅茨假说相关理论基础，将脱钩给予重新定义，并区分为 8 个合理可能的区域架构。此外，该脱钩指标是以某一弹性值范围作为脱钩状态的界定，如弹性值介于 0.8～1.2 属于增长或衰退联结，表示经济增长的表现如果没有足够优于环境压力则经济体系仍属于不脱钩状态，这是该项指标的一大特色。正是由于这一特色使得 Tapio 指标体系包括 OECD 脱钩指标所列的优点外，通过运用“弹性分析”，可以清楚地将经济驱动力变量与环境压力变量的各种组合给予合理定位。显然，Tapio 指标体系在 OECD 成员中普遍流行的脱钩体系基础上将脱钩指标进行了细化，这样的细化使得 Tapio 脱钩指标可清楚定位政策实施前后的绩效变化，以及容易分析环境与经济变数不同拆分组合所导致的结果，所以 Tapio 指标体系可作为政府拟定政策的重要参考。

2. Tapio 弹性脱钩指标体系方法实证举例

本书试图利用更利于作为政策参考的 Tapio 弹性脱钩指标体系方法来对山西省的工业部门的二氧化碳排放与经济增长之间关系做脱钩分析，以此作为提供该省低碳信息，拟定并整合相关产业政策，构建低碳经济体的有益尝试。

工业方面，运用 Tapio 脱钩指标对山西省工业部门经济增长、能源消费情况和碳排放进行脱钩分析。从表 3－22 可以发现，2000 年和 2001 年山西工业领域能源脱钩弹性大于 1.2，为增长负脱钩，2002 年则改善为增长联结，其余年份则为弱脱钩，显示 2000～2007 年山西工业部门产值不断增长的同时，对于能源投入的依赖不断加大，但能耗投入产出比例不断上升，能源使用效率不断提高；2000～2007年二氧化碳排放脱钩状态方面，2000～2006年均为增长负脱钩，直到2007年才改善为增长联结，说明2000～2006年山西工业排出了大量的二氧化碳的同时并没有带来同比例的产业的增加，直到2007年产业才有了相应提高。

表3－22　2000～2007年山西省工业部门能源脱钩因子及二氧化碳脱钩因子变化趋势

年份	ΔT（能源消耗量）	ΔGDP（经济增长值）	能源脱钩弹性	能源脱钩状态	ΔCO_2（环境压力）	ΔGDP（经济增长值）	二氧化碳脱钩弹性	二氧化碳脱钩状态
2000	3.1143	0.3128	1.2843	增长福脱钩	3.2518	0.3128	3.3035	增长负脱钩
2001	53.5530	0.9913	6.9685	增长负脱钩	18.9852	0.9913	6.0885	增长负脱钩
2002	20.9238	2.3234	1.1616	增长联结	35.3661	2.3234	4.8389	增长负脱钩
2003	27.4336	5.0805	0.6965	弱脱钩	46.3492	3.0805	2.9000	增长负脱钩
2004	34.8814	9.7962	0.4592	弱脱钩	48.9014	9.7962	1.5868	增长负脱钩
2005	61.0092	13.5605	0.5803	弱脱钩	70.8301	13.5605	1.6604	增长负脱钩
2006	45.5372	17.4776	0.3361	弱脱钩	180.9304	17.4776	1.5993	增长负脱钩
2007	50.0290	24.1090	0.2677	弱脱钩	76.2895	24.1090	1.0059	增长负脱钩

第三节　环境库兹涅茨曲线

一、环境库兹涅茨曲线概述

在环境经济领域，衡量环境变量与经济变量关系最常见的方法是环境库兹涅茨曲线（Environmental Kuznets Curve，EKC）。20世纪90年代以后，美国经济学家格鲁斯曼等提出了环境库兹涅茨曲线概念，认为环境质量同经济增长一样也呈倒“U”形曲线关系，即在经济发展的初期阶段，随着人均收入的增加，环境污染由低趋高，达到某个临界点拐点后，随着人均收入的进一步增加，环境污染又由高趋低，环境得到改善和恢复（见图3－1）。1991年美国经济学家格鲁斯曼和克鲁格（Grossman and Krueger）针对北美自由贸易区谈判中，美国人担心自由贸易恶化墨西哥环境并影响美国本土环境的问题，首次实证研究了环境质量与人均收入之间的关系，指出了污染与人均收入间的关系为“污染在低收入水平上随人均 GDP 增加而上升，高收入水平上随 GDP 增长而下降”。1992 年世界银行的《世界发展报告》以“发展与环境”为主题，扩大了环境质量与收入关系研究的影响。基于环境库兹涅茨曲线所反映的环境质量与收入关系的机理，经济学家从不同角度展开了讨论。大致包括几方面内容：第一，经济增长通过规模效应、技术效应与结构效应三种途径影响环境质量；第二，环境质量需求受制于经济水平，也影响环境质量；第三，环境规制政策的改变影响环境质量；第四，市场机制运行模式与机理影响环境质量；第五，政策变量对于环境质量改善影响较大。

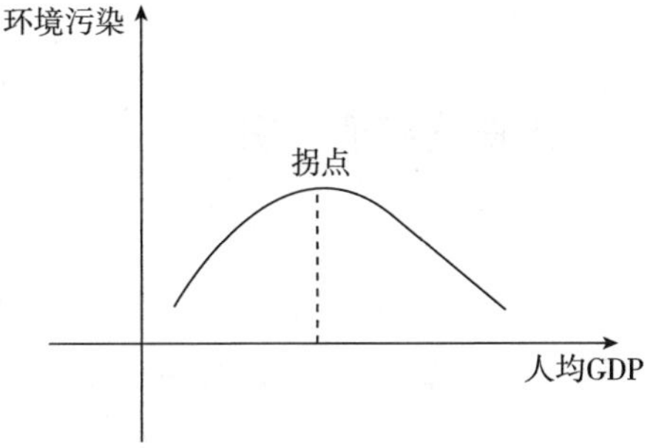

图 3－1　环境库兹涅茨曲线

达斯古普塔（Dasgupta）等阐述了污染排放与收入之间的四种关系：一是传统的 EKC；二是修正的 EKC；三是新毒型；四是触底竞争型。其中两类涉及新技术的效应：一类为新技术产生了修正的 EKC，它保持了其倒“U”形，新技术降低了 EKC 的位置，且先于传统 EKC 达到转折点，世界银行《1992 年世界发展报告：发展与环境》也提出了这种类型。另一类是新技术产生了新毒型污染—收入关系，指新技术产生了新污染物，包括致癌化学物、二氧化碳等，原污染物排放减少的同时新污染物排放上升，因而总污染并未下降。

一般研究认为显示，倒“U”形的 EKC 对于描述区域空气污染或水污染问题，是较为良好的环境指标，然而对于全球性的污染严重现象如排放一般认为的空气污染并不包括排放的气温增高现象，而包括排放导致酸雨等属于此列，则其曲线并未符合倒 U 形情况。这种差异性凸显属于区域性的污染问题如污染或水污染，民众可以立即感受得到，因此政府有改善环境的压力，至于全球性的气候变化问题，各国普遍存在“搭便车”的心态，而且通常要取得全球解决问题的共识，通常要经过一段漫长的协商期，故其成效不显著。

需要注意的是，环境库兹涅茨曲线原本就是经济学的一种假说，并不能理解为一般规律，更不能当做“放之四海而皆准”的真理。特比欧（2005）在“Towards a theory of decoupling of decoupling in the EU and the case of road traffic in Finalnd between 1970 and 2001”一文中提出我们必须详加注意的是曲线假说将变量指标集中于人均价值，由此与通常所认为的脱钩概念是不同的，因为脱钩指标常与整体经济的总额相关联（Petri Tapio，2005）。由此可见，曲线假说属于物质消耗强度的 IU 曲线研究模式。

二、环境库兹涅茨曲线实证举例①

1. 模型设计

二氧化碳环境库兹涅茨曲线描述了人均二氧化碳排放和人均收入的关系，以 PC 表示人均二氧化碳排放，以 PY 表示人均收入，建立二氧化碳排放的环境库兹涅茨曲线的对数模型公式（3－9）：

$$\ln PC = \alpha + \beta_1 \ln PY + \beta_2 (\ln PY)^2 \quad (3-9)$$

公式（3－9）中，α 为截距项；β_1、β_2 分别为 lnPY 和（lnPY）^{2} 的估计系数。经济增长主要通过规模效应、结构效应和技术效应三种途径对环境产生影响。在经济发展的初级阶段，规模效应的影响为正，随着经济增长，结构效应和技术效应将逐渐占据主导地位，通过结构减排和技术减排均可以使环境状况得以改善，环境污染将会随着经济发展呈现出先上升后下降的倒“U”形关系。表现在模型中，当一次项系数 β_1 为正，二次项系数 β_2 为负时，表明二氧化碳库兹涅茨曲线存在拐点，具有倒“U”形曲线特征。在此基础上，则可以测算二氧化碳库兹涅茨曲线的拐点路径。

---

① 邵锋祥、屈小娥、席瑶：《陕西省碳排放环境库兹涅茨曲线及影响因素—基于 1978～2008 年的实证分析》，载于《干旱区资源与环境》，2012 年第 8 期，第 37～43 页。

2. 数据处理

人均碳排放（PC）以各年份碳排放与人口数之比表示。人均收入（PY）以各年份经济产出（GDP）与相应的人口数之比表示。经济产出和人口数数据来源于《陕西统计年鉴》各相关年份，实际经济产出以1978年不变价格计算，碳排放为研究计算结果。

3. 实证计算

用人均碳排放和人均收入对模型（3－9）进行拟合，结果如下：

$$lnPC = -6.252 + 1.415lnPY - 0.063\,(lnPY)^2$$

$$(-6.199) \qquad (4.918) \qquad (-3.084)$$

$$\overline{R}^2 = 0.9606 \qquad F = 366.41 \qquad T = 31 \qquad (3-10)$$

从模型（3－10）的估计结果可知，人均收入的一次项系数为正，二次项系数为负，且在1%显著水平上通过检验。说明陕西省二氧化碳环境库兹涅茨曲线存在拐点，具有倒“U”形曲线的特征，符合环境库兹涅茨曲线假说。

计算陕西省二氧化碳环境库兹涅茨曲线的拐点 ζ，根据公式：

$$\zeta = exp(-\beta_1/2 \times \beta_2)$$

则：$\zeta = exp(-1.415/2 \times (-0.063)) = 80515.098$（元） (3－11)

公式（3－11）表明，当陕西省人均收入小于80515.098元时，人均二氧化碳排放随着人均收入的增加而增加；当人均收入大于80515.098元时，人均二氧化碳排放随着人均收入的增加而降低；80515.098元处达到人均二氧化碳排放的最大值，是陕西省二氧化碳排放的理论拐点。

第二部分

低碳经济生产维度

第四章

能源低碳化

第一节　能源低碳化的价值和路径

一、能源低碳化的价值

能源是向自然界提供能量转化的物质（如矿物质能源、核物理能源、大气环流能源、地理性能源）。能源是人类社会再生产活动的前提和物质基础，人类社会的发展离不开优质能源的出现和先进能源技术的使用。在当今世界，能源的发展，能源和环境，是全世界、全人类共同关心的问题，也是中国社会经济发展的重要问题。能源低碳化是从社会再生产前端对低碳经济发展的要求。所谓能源低碳化就是在社会再生产的能源生成环节进行能源结构调整，尽量开发清洁能源和可再生能源，用以替代煤、石油和天然气等传统化石能源，从而达到缓解乃至消除化石能源消耗给社会经济发展带来的困扰。

首先，应对全球的化石能源枯竭压力。化石能源是一种碳氢化合物或其衍生物，它由古代生物的化石沉积而来，是一次性能源。化石能源主要指煤炭、石油、天然气。化石能源是目前全球消耗的最主要能源，它支撑了19世纪到20世纪近200年来人类文明的进步和经济社会发展。2006年全球消耗的能源中化石能源占比高达87.9%，中国的比例高达93.8%。但随着人类的不断开采，化石能源的枯竭是不可避免的，大部分化石能源21世纪将被开采殆尽。然而，化石能源的不可再生性和人类对其的巨大消耗，使化石能源正在逐渐走向枯竭。据美国地质局估计，全世界最终可采石油储量为3万亿桶。由此推算，世界石油产量的顶峰将在2030年出现。由于剩余储量开采难度增大，石油产量会快速下降。世界煤炭总可采储量大约为8475亿吨。长期来看，尽管世界煤炭可采储量相对稳定，但还是出现了下降的趋势。按当前的消费水平，最多也只能维持200年左右的时间。世界天然气储量大约为177万亿立方米。如果年开采量维持在2.3万亿立方米，则天然气将在80年内枯竭。就我国而言，化石类能源探明储量约7500亿吨标准煤，总量较大，但人均能源拥有量却远远低于世界平均水平。煤炭、石油、天然气人均剩余可采储量，分别只有世界平均水平的58.6%、7.69%和7.05%，可见化石能源枯竭压力对我国更加突出。

其次，消除化石能源消耗带来的全球暖化和大气污染等环境危机。化石能源的利用同时也是造成环境变化与污染的关键因素，大量的化石能源消费，引起温室气体排放，使大气中温室气体浓度增加、温室效应增强，导致全球气候变暖。本书绪论部分已经指出，根据IPCC报告1860年以来，全球平均气温提高了0.4℃～0.8℃，温室气体主要构成的二氧化碳约90%以上是人为化石能源消费活动产生，同时化石能源，特别是煤炭的使用带来大量的二氧化硫和烟尘排放，也是造成大气污染的主要来源。

二、能源低碳化的路径

能源低碳化按照对能源类型的清洁标准和可再生标准可分为三类：

一是清洁可再生能源。典型的该类能源包括太阳能、风能、水能、地热能和氢能等。

二是清洁不可再生能源。典型的该类能源是核能，也包括利用清洁能源技术处理过的化石能源，如洁净煤、洁净油等。

三是不清洁可再生能源。典型的该类能源是植物燃料和生物质能，当然也包括传统的木柴。

剩下的一类能源就是能源低碳化的对立方——以化石能源为代表的不清洁不可再生能源。前述三类能源为能源低碳化提供了不同的方向。

第二节 清洁可再生能源发展与能源低碳化

清洁可再生能源包括两个特征：一是消耗后可得到恢复补充；二是不产生或极少产生污染物。这两个特征决定了该类型能源是能源低碳化发展的优先选择。典型的低碳化能源包括太阳能、风能、水能、地热能和氢能等，除水电成本低廉在世界范围内广泛开展外，其他能源形式的共同问题都在于经济成本过高，而水电技术在长期发展后也面临了破坏水循环环境的诘难。

一、水电的发展与能源低碳化

水电技术是一项成熟的可再生能源发电技术，已经在世界范围内被广泛应用，其主要通过利用河流、湖泊等位于高处具有势能的水流至低处，将其中所含势能转换成水轮机之动能，再借水轮机为原动力，推动发电机产生电能。中国幅员辽阔，水电资源广泛，水电发展从1910年石龙坝水电站就已开始。1949年以后水电更成为国家发展的重要领域，1957年三门峡水电站、1975年刘家峡水电站都成为中国能源史的标志性事件。2004年，以公伯峡1号机组投产为标志，中国水电装机容量突破1亿千瓦，超过美国成为世界水电第一大国。2012年7月4日世界第一大水电站三峡水电站投产，装机容量达到2240万千瓦，三峡水电站已成为全世界最大的水力发电站和清洁能源生产基地。截至2016年底，全国全口径水电装机3.3亿千瓦，开发利用程度按技术可开发量计算已经达到60%这一发达国家的平均水平。发达国家中美国水电资源已开发约82%，日本84%，加拿大65%，德国73%，巴西、法国、挪威、瑞士均在80%以上。

水电是当前及今后一段时期内中国可再生能源的主力。根据最新国家发布的水能资源调查评价成果，中国水电技术可开发量约为6.6亿千瓦，年发电量约3万亿千瓦时。截至2016年底，我国常规水电装机容量超过3.3亿千瓦，发电量1.18万亿千瓦时，占可再生能源发电量的

76%。按照国家可再生能源发展“十三五”规划目标，2020年水电装机3.4亿千瓦，发电量仍将占可再生能源发电量的66%。2030年，为实现非化石能源占一次能源消费比重20%的能源发展战略目标，水电发电量仍将约占可再生能源发电量46%。因此，继续做好水电开发，促进水电行业健康科学发展是中国能源转型的重要任务。

水电是目前成本最低的发电技术之一，大多数的水电系统运行期都较长，并已收回了成本投资。在OECD国家，新建大型水电系统的资本成本为2400美元/千瓦，运行成本为3~4美分/千瓦时；在发展中国家，水电的投资成本不高于1000美元/千瓦，小水电的运行成本通常为2~6美分/千瓦时，这类水电系统通常可以在不需要重置成本的情况下运行50年实际更长时间。抽水蓄能电站的成本依赖于其自身的结构设计和利用状况，约为同等规模常规水电成本的2倍；同时根据循环率，其生产成本则与常规水电相近。同其他能源技术一样，水电技术也需要提高效率、降低成本和改善可靠性方面做出突破。对于大型水电系统，要关注其与其他可再生能源的整合，开发混合发电系统，并开发新技术，以将其对环境的影响降到最低。对于小型水电系统，需要进一步通过研发工作改进设备的设计、研究不同的材料差异、改善控制系统、将优化生产过程纳入到水资源综合管理系统中来，积极发展风—水混合发电系统和氢能复制水电系统。①

由于大型水电项目可能对下游造成损害，淹没生态系统、人口迁徙，同时需要大规模的直流电传送线缆配套，已经产生很大的争议；而小型水电项目电力储存率可达80%，由于不会对水流造成太大干扰，因此是一种环境友好型的能源转换方式，通常用于为偏远地区的居民提供电力。

二、太阳能发展与低碳化

太阳能一般是指太阳光的辐射能量。太阳能是地球上最丰富的能源资源，其每小时辐射到地球的能量相当于全球一年的能源消费总量。太阳能既是一次能源，又是可再生能源。它资源丰富，既可免费使用，又无需运输，对环境无任何污染。太阳能为人类创造一种新的生活形态、

① 马会领、陈大宇：《对我国水电发展现状、问题的浅析和建议》，载于《水力发电》，2017年第12期，第76~78页。

使社会及人类进入一个节约能源减少污染的时代提供了一种可能。现代科学技术发展已经具备了利用其发电的可能性，但由于太阳能密度低而且具有间断性，其利用成本高，目前太阳能提供的能源量不足全球商业能源总量的1%。

据记载，将太阳能作为一种能源和动力加以利用已有300多年的历史。近代太阳能利用历史可以从1615年法国工程师所罗门·德·考克斯在世界上发明第一台太阳能驱动的发动机算起。该发明是一台利用太阳能加热空气使其膨胀做功而抽水的机器。1615～1900年，世界上又研制成多台太阳能动力装置和一些其他太阳能装置。这些动力装置几乎全部采用聚光方式采集阳光，发动机功率不大，工质主要是水蒸气，价格昂贵，实用价值不大，大部分为太阳能爱好者个人研究制造。

真正将太阳能作为“近期急需的补充能源”“未来能源结构的基础”，则是开始于20世纪中东石油危机之后。1973年10月中东战争爆发，石油输出国组织采取石油减产、提价，西方一些人惊呼“能源危机”。这次危机在客观上使西方国家认识到现有的能源结构必须彻底改变，应加速向未来能源结构过渡。工业发达国家开始加强对太阳能及其他可再生能源技术发展的支持，在世界上兴起了开发利用太阳能热潮，研究领域不断扩大，研究工作日益深入，取得一批较大成果，如CPC、真空集热管、单晶硅太阳电池、光解水制氢、太阳能热发电等技术纷纷问世。1992年联合国在巴西召开的世界环境与发展大会，气候变暖问题被正式提出，太阳能发电被更进一步重视，光伏发电快速发展，到2006年，世界上已经建成了10多座兆瓦级光伏发电系统，6个兆瓦级的联网光伏电站。中国光伏发电尽管起步较晚，但发展非常迅速，截至2015年底，中国光伏发电累计装机容量已经达到约4300万千瓦，超过德国成为全球第一。①

太阳能光伏是当前太阳能发电的主要方式。光伏板组件是一种暴露在阳光下便会产生直流电的发电装置，由几乎全部以半导体物料（如硅）制成的薄身固体光伏电池组成。由于没有活动的部分，故可以长时间操作而不会导致任何损耗。简单的光伏电池可为手表及计算机提供能源，较复杂的光伏系统可为房屋提供照明，并为电网供电。光伏板组件

① 周乃君:《能源与环境》，中南大学出版社2008年版。

可以制成不同形状，而组件又可连接，以产生更多电力。中国西部地区尽管地广人稀但日照资源非常丰富，为光伏发电发展提供了天然优势。近年，天台及建筑物表面均会使用光伏板组件，甚至被用作窗户、天窗或遮蔽装置的一部分，这些光伏设施通常被称为附设于建筑物的光伏系统。光伏发电也因为这种低损耗、广覆盖的特征而具备了作为未来化石能源替代能源的重要选择。

三、风能发展与低碳化

风能作为一种清洁的可再生能源，越来越受到世界各国的重视。其蕴藏量巨大，全球的风能约为 2.74×10^9 兆瓦，其中可利用的风能为 2×10^7 兆瓦，比地球上可开发利用的水能总量还要大 10 倍。风是没有公害的能源之一。而且它取之不尽，用之不竭。对于缺水、缺燃料和交通不便的沿海岛屿、草原牧区、山区和高原地带，因地制宜地利用风力发电，非常适合，大有可为。中国风能资源丰富，西部草原戈壁地域开阔、少有阻隔，东部海岸线绵长，可开发利用的风能储量约 10 亿千瓦，其中，陆地上风能储量约 2.53 亿千瓦（陆地上离地 10 米高度资料计算），海上可开发和利用的风能储量约 7.5 亿千瓦，共计 10 亿千瓦。2003 年底全国电力装机仅约 5.67 亿千瓦。

把风的动能转变成机械动能，再把机械能转化为电力动能，这就是风力发电。风力发电的原理，是利用风力带动风车叶片旋转，再透过增速机将旋转的速度提升，来促使发电机发电。依据目前的风车技术，大约是每秒 3 米的微风速度（微风的程度），便可以开始发电。利用风力发电的尝试，早在 20 世纪初就已经开始了。30 年代，丹麦、瑞典、苏联和美国应用航空工业的旋翼技术，成功地研制了一些小型风力发电装置。这种小型风力发电机，广泛在多风的海岛和偏僻的乡村使用，它所获得的电力成本比小型内燃机的发电成本低得多。1978 年 1 月，美国在新墨西哥州的克莱顿镇建成的 200 千瓦风力发电机，其叶片直径为 38 米，发电量足够 60 户居民用电。中国风力发电尽管起步较晚，但成长迅速，截至 2016 年底全球风电累计装机容量约为 48 万兆瓦，中国位居第一，累计装机 16.8 万兆瓦，占全球比重的 34.7%。

风能的优点：首先，它是清洁能源且源源不断、用之不竭；其次，风能设施日趋进步，大量生产降低成本，在适当地点，风力发电成本已低于发电机；再次，风能设施多为不立体化设施，可保护陆地和生态；最后，风力发电基建周期短，装机规模灵活。

风能的缺点：首先，在一些地区、风力发电的经济性不足。许多地区的风力有间歇性，如中国台湾等地在电力需求较高的夏季及白天是风力较弱的时间，必须等待压缩空气等储能技术发展；还有中国西部地区风沙并存，沙尘对风电装置会造成很大的破坏。其次，风力发电需要大量土地兴建风力发电场，才可以生产比较多的能源。再次，进行风力发电时，风力发电机会发出庞大的噪音，需要一些空旷的地方来兴建。最后，风力发电在生态上的问题是可能干扰鸟类，如美国堪萨斯州的松鸡在风车出现之后已渐渐消失。

第三节　清洁不可再生能源发展与能源低碳化

一、核能发电概况①

当前清洁不可再生能源的主要形式是核能，即核裂变能。前面提到核电厂的燃料是铀。铀是一种重金属元素，当一个中子轰击铀－235 原子核时，这个原子核能分裂成两个较轻的原子核，同时产生 2～3 个中子和射线，并放出能量。如果新产生的中子又打中另一个铀－235 原子核，能引起新的裂变。在链式反应中，能量会源源不断地释放出来。铀－235 裂变释放出巨大能量，1 千克铀－235 全部裂变放出的能量相当于 2700 吨标准煤燃烧放出的能量。

核电是典型的清洁不可再生能源，核电厂通过核燃料聚变转化其质量从原子核释放的能量来进行发电。核电的特点是既不会产生任何大气污染（二氧化硫、氮氧化物、烟尘和二氧化碳）。一座 100 万千瓦的核电站每年可代替 270 万吨原煤，从而避免排放 472 万吨二氧化碳、4.4 万吨二氧化硫。核电站同时生产规模巨大、成本低廉，是一种可以大规模代替化石能源的高效发电技术。核电的缺点是目前人类还没有有效方法处

① 本节资料部分来自百度百科词条“核电”。

理核废料，核泄漏因此成为悬在人类空中的一把利剑用恐惧阻碍着核电产业的发展。1986 年 4 月 26 日，苏联建切尔诺贝利核电站第四号反应堆起火，并发生化学爆炸（并非核爆炸）。爆炸释放量相当于堆内约 3% ~ 4% 的核燃料。事故当时有 2 人被炸死，1 人死于心脏病，救火中有 29 人受辐射损伤，其中 28 人因患急性放射性病致死。事故后周围 30 公里范围内撤离了 21 万居民。尽管到目前为止世界上核事故只发生四次，即苏联切尔诺贝利事故、英国温茨凯尔事故、美国三里岛事故和日本福岛核电站事故，但核泄漏产生核辐射对生态环境的不可预知破坏性让人不寒而栗。

世界上已有 30 多个国家或地区建有核电站。根据国际原子能机构（IAEA）统计，截至 2012 年 12 月底，共有 437 台核电机组在运行，总装机容量约 3.7 亿千瓦。核电站主要分布在北美的美国、加拿大；欧洲的法国、英国、俄罗斯、德国；东亚的日本、韩国等一些工业化国家。其中，美国有 104 台，法国有 58 台，日本有 50 台，俄罗斯有 33 台，韩国有 23 台，印度有 20 台，加拿大有 19 台等。核电约占全球总发电量的 15%，根据 IAEA 发布的 2011 年度全球核发电比例的统计数据，其中法国高达 77.7%，韩国为 34.6%，日本为 18.1%，美国为 19.2%。全球在建核电机组 68 台，装机容量约为 7069 万千瓦，其中超过 70% 的在建核电机组集中在亚洲的中国、印度和欧洲的俄罗斯等国家。

二、核能发展的优缺点

1. 优点

（1）核能发电不像化石燃料发电那样排放巨量的污染物质到大气中，因此核能发电不会造成空气污染。

（2）核能发电不会产生加重地球温室效应的二氧化碳。

（3）核能发电所使用的铀燃料，除了发电外，没有其他的用途。

（4）核燃料能量密度比起化石燃料高上几百万倍，故核能电厂所使用的燃料体积小，运输与储存都很方便，一座 1000 百万瓦的核能电厂一年只需 30 公吨的铀燃料，一航次的飞机就可以完成运送。

（5）核能发电的成本中燃料费用所占的比例较低，核能发电的成本较不易受到国际经济情势影响，故发电成本较其他发电方法为稳定。

2. 缺点

（1）核能电厂会产生高低阶放射性废料，或者是使用过之核燃料，虽然所占体积不大，但因具有放射线，故必须慎重处理，且需面对相当大的政治困扰。

（2）核能发电厂热效率较低，因而比一般化石燃料电厂会产生更多废热到环境中，故核能电厂的热污染较严重。

（3）核能电厂初始投资成本大，电力公司的财务风险较高。

（4）核能电厂不适宜做尖峰、离峰的随载运转。

（5）由于核能发电与核武器研究在技术上有共通性，兴建核电厂较易引发政治歧见纷争。

（6）核电厂的反应器内有大量的放射性物质，如果在事故中释放到外界环境，会对生态及民众造成伤害。

三、核电的历史发展

纵观核电发展历史，核电站技术方案大致可以分四代：

第一代，核电站的开发与建设开始于 20 世纪 50 年代。1954 年，苏联建成电功率为 5 兆瓦的实验性核电站；1957 年，美国建成电功率为 9 万千瓦的航运港口核电站，这些成就证明了利用核能发电的技术可行性。国际上把上述实验性和原型核电机组称为第一代核电机组。

第二代，20 世纪 60 年代后期，在实验性和原型核电机组基础上，陆续建成电功率在 30 万千瓦的压水堆、沸水堆、重水堆、石墨水冷堆等核电机组，它们在进一步证明核能发电技术可行性的同时，使核电的经济性也得以证明。70 年代，因石油涨价引发的能源危机促进了核电的大发展。世界上商业运行的四百多座核电机组绝大部分是在这段时期建成的，习惯上称之为第二代核电机组。

第三代，20 世纪 90 年代，为了解决三里岛和切尔诺贝利核电站的严重事故的负面影响，世界核电业界集中力量对严重事故的预防和缓解进行了研究和攻关，美国和欧洲先后出台了“先进轻水堆用户要求”文件，即 URD 文件（utility requirements document）和“欧洲用户对轻水堆核电站的要求”，即 EUR 文件（european utility requirements document），进一步明确了预防与缓解严重事故、提高安全可靠性和改善人因工程等方面的要求。国际上通常把满足 URD 文件或 EUR 文件的核电机组称为第三代核电机组。对第三代核电机组要求在 2010 年前进行商用建造。

第四代，2000 年 1 月，在美国能源部的倡议下，美国、英国、瑞士、南非、日本、法国、加拿大、巴西、韩国和阿根廷十个有意发展核能的国家，联合组成了“第四代国际核能论坛”（GIF），于2001年7月签署了合约，约定共同合作研究开发第四代核能技术。根据设想，第四代核能方案的安全性和经济性将更加优越，废物量极少，无需厂外应急，并具备固有的防止核扩散的能力。高温气冷堆、熔盐堆、钠冷快堆就是具有第四代特点的反应堆。

四、中国核能的历史发展

从20世纪70年代至今，中国核电发展大致经历了起步阶段、适度发展阶段和积极快速发展阶段。

1. 起步阶段：20世纪70年代初至1993年

20世纪70年代初，中国开始对核电站进行最初的试验研究。1974年，中国自行设计了第一座核电站——秦山核电站，结束了中国大陆无核电的历史，同时也成为世界上第七个能够完全依靠自己力量自行设计、建造核电站的国家。1993年和1994年，中国从法国引进的两套M310型90万千瓦核电机组在广东大亚湾并网发电，标志着中国在核电建设领域首度展开国际合作。

2. 适度发展阶段：1994~2005年

这一阶段中国电力供应相对充裕，核电被定位为中国能源的补充，核电发展方针为“适度发展”。1994年，中国开始建造秦山二期两台65万千瓦压水堆机组，并参考大亚湾核电站进行“翻版和改进”。21世纪初，中国建设了岭澳2台法国压水堆机组、秦山三期2台加拿大压水堆机组、田湾2台俄罗斯压水堆机组。这一时期，中国共有8台核电机组开工建设；截至2004年底，共6台机组建成并网发电，装机容量为470万千瓦，初步形成广东、浙江、江苏三个核电基地。

3. 积极快速发展阶段：2006年至今

随着中国经济快速发展，能源电力供给日益成为中国经济、社会发展的“瓶颈”，核能尤其是核电的重要地位逐渐凸显。2006年3月国务院常务会议审议通过了《核电中长期发展规划（2005~2020年)》，明确指出“积极推进核电建设”，确立了核电在中国经济与能源可持续发展中的战略地位。自此，中国核电进入规模化发展的新阶段。

第四节　可再生不清洁能源发展与能源低碳化①

一、生物质能概况

可再生不清洁能源同样是能源低碳化发展的可选择路径。该类型能源尽管曾经是化石能源大量使用前人类生存和发展能源的主要来源，但那种“木柴取暖”的低热量、高排放能源使用方式毫无疑问无法承担今天能源低碳化的要求。以生物质燃料和生物质发电为代表的生物质能所具备的人工可再生特征使得该类型能源具有自身独特优势：既无需自然可再生清洁能源要求的自然条件，也不像核能受核燃料稀缺性制约。

生物质能是指利用自然界的植物、粪便以及城乡有机废物转化成的能源。生物质，除去其在地球生态环境中所起的美学价值外，对人类还是便利的经济的可再生能源。生物质通过光合作用将二氧化碳和水结合形成碳氢化合物（糖）以构件生物质的骨架，并在此过程中将太阳能储存在生物体内结构化合物的化学键中。在这一过程中伴随着大量植被的繁衍生息为人类的发展建设提供了可长期利用的能量材料。而当它们被利用时，构成生物的基本元素（C、O、H、N 等）又为新生生物所用，而储存在其化学键中的能量被释放出来或转化成其他形式的能量。

在生物质能和化石能源被利用的过程中，它们最突出的区别是它们对环境的影响不同：当生物降解，它释放的大多数化学物质返回环境被生物体再利用；然而，化石能源长期深埋地下，在未被开采及利用前，能较稳定的存在，且对环境的影响较小，但是当它燃烧时，大量的石化过程中沉积的如硫、重金属等物质被释放出来且很难为生物体利用，由此造成严重的环境污染，如酸雨等。所以，相对于石化能源，生物质燃料具有许多特有的环境价值。它能减少气候变化，土壤侵蚀、水污染和垃圾堆积的压力、提供野生生物居住环境和帮助维持更好的生态健康等；在生物利用和再生的碳循环中，生物燃烧不会产生净二氧化碳的释放，

① 本节资料部分来自百度百科词条“生物质燃料”。

所以对温室效应的影响也比较小；燃料后产生较少生物残滞，且还可以用作生物化肥。

生物质能巨大潜力的开发可以通过提高已存资源的利用率和增加植物的生产率来实现。尤其是前者，由于当今热机能量利用率低，大量的生物质能被浪费。为了解决这一问题，原始生物燃料被转化为其他的符合现代需要的、高效的、容易利用和运输储藏的能量形式，如电能，液体或气体燃料，或者经过处理的固体燃料。这样更多的能量从生物质中抽提出来，从而大大提高城乡及乡村的物质经济生活。这也成为今天生物能源研究的核心。

二、生物质能燃料简介

1. 沼气

沼气的生产和使用是最早的通过生物转化提供能量的过程。沼气，主要成分甲烷（CH_4）是由甲烷产气菌在厌氧条件下将有机物分解转化而成。甲烷产生菌由于其细胞中不含触酶和过氧化歧化酶，所以它是严格的厌氧细菌——氧对其有致死作用。另外，它们对碳能源的类型有特殊的要求，可利用的基质分为三类：（1）含有1～6个碳原子的短链脂肪酸；（2）含1～5个碳原子的正或异醇类；（3）三种气体：氢气、一氧化碳和二氧化碳。

这种特殊的底物要求给甲烷的大规模生产提出了技术和经济上的困难。

2. 乙醇

乙醇是最重要的醇类燃料。乙醇作为能源具有诸多优良的特性，如发酵底物范围广，几乎包括各种原始生物材料；优良的燃烧特性；燃料无残滞和高的辛烷比；有益于环境的无污染燃料，特别是无铅、二氧化碳、一氧化碳、二氧化硫、粒子和其他碳氢化合物；可以直接与石油天然气混合（最优条件下，乙醇占20%～30%）作为内燃机的液体燃料，从而改良燃料性能，减少三废的排放。在过去的几十年里乙醇发酵技术和效率得到了迅速的提高，新技术新工艺不断涌现，生产规模也越来越大。今天，在美国每年平均通过发酵制取乙醇200亿加仑，提供全美汽车燃油总量的1%以上。拉丁美洲，尤其是巴西，是世界上最大的进行乙醇发酵的地区。在巴西，从1975年国家醇储备计划（the National Alcohol Programmer，ProAlcool）后，巴西已经通过甘蔗发酵制取了近900亿升的乙醇，大量的石化能源被乙醇所代替，为石化能源的进口节省了巨额开支。

3. 生物柴油

生物柴油是指植物油与甲醇进行酯交换制造的脂肪酸甲酯，是一种洁净的生物燃料。由于乙醇在柴油机应用中的缺陷（不能和柴油互溶，无法直接引燃等），以及生物柴油自身优良的燃烧特性，生物柴油在今天也是生物燃料研究中的热点。生物柴油的生产方法有：（1）植物油酶法，即借助脂酶对废食用油进行酯交换反应，生产生物柴油。最近有报道，采用固定化酶技术并在反应过程中分段添加甲醇，使生产效率得到大幅提高并大大增加了酶的使用寿命。（2）利用甘蔗渣发酵生产柴油。（3）控制脂质累积水平使乙酰辅酶A羧化酶基因在微藻细胞中的高效表达，由此通过培养的微藻来生产柴油。

三、生物质发电简介

将生物质中的化学能转变为电能的生物制电过程，主要分成两种：传统的通过燃烧发电和生物电池。传统的燃烧发电，在前文中已有提及，可以细分为两种形式：（1）通过生物质在锅炉中燃烧，制蒸汽，再由蒸汽发电；（2）生物电池，其制电过程是在温和条件下，通过生物催化直接将化学能转变为电能的过程。

传统的生物发电是通过生物质在锅炉中燃烧产生高密度蒸气，再由蒸汽驱动涡轮机发电。该技术在今天已经获得了很好的发展，并且可以利用广泛的可燃原料，但是由于其相对的低能量利用率和低操作效率（而且就长远的角度看两者的提高的潜力极为有限），以及由于高蒸汽压力的需要所带来的操作高危险性，这一技术的进一步发展受到限制。生物气化是一种从生物质中获取电能的新方法。代替直接的燃烧，生物质在首先转变为可燃蒸汽的过程中利用了大约65% ~70%的生物质所含能量。制造的气体和天然气一样，可以用于发电、汽车驱动以及被广泛地应用于工业。可以说，这种新技术，发展潜力很大。生物电池的发电机制主要有两种：（1）在反应器中，利用微生物发酵将原材料转变为燃料产品，如H_2，再由它在串联的发电设备中氧化生电；或者将微生物发酵和制电过程合为一体，微生物的代谢产物直接通过电极上的电子传递媒介物同氧化物（氧气或双氧水）发生电子传递，产生电。(2) 利用固定在电极氧化还原酶，氧化还原专一性的燃料物质和氧化底物，从而产生电。

由于大多数的氧化还原酶无法与导电支持物直接发生电子转移，因此一系列的电子传递媒介物被研最近一些新颖的覆盖了单层或多层生物催化酶的功能电极被报道。组合了具有生物活性的单膜电极，在保证生物催化速率的同时，大大加快界面电子转移速率，减小了电池内阻，为生物电池小巧化、稳定化的发展提供了保证。小巧便携，高效稳定和长寿命是生物电池发展的方向。一种理想的状态是插入式的电池能够利用人体内天然的燃料物质（如葡萄糖等）高效持续的产生电能为医疗诊断等目的所用，如支持心脏起搏器、体内探针等长期正常的运行。

第五章

产业低碳化发展

产业低碳化是对社会再生产中关键环节——生产环节的低碳化实现，包括产业结构低碳化和生产技术低碳化两个方面，前者的中心是发展低耗能、低排放和高附加值的低碳产业，在国民经济体系中实现产业结构的低碳经济优化；后者的中心是关系国计民生的高耗能产业通过节能减排技术改进降低能源消耗，在保证国民经济平稳运行基础上实现产业技术低碳经济优化。

第一节　产业结构调整与低碳产业发展

一、产业结构调整与低碳产业的内涵

产业结构调整是产业低碳化发展的中心内容，其核心路径就在于发展低碳产业。所谓“低碳产业”即指这样一种产业，其生产低能耗、低排放、科技含量高、经济附加值高，其更多表现为技术密集型和知识密集型产业。低碳产业的发展将对中国产业结构和经济增长方式实现重大改造，逐步使中国摆脱粗放式、低利润、不可持续的发展路径，走向高质量、可持续、高效益的发展路径。

二、低碳产业的主要组成

基于低碳产业特征，中国政府2009年确立了发展战略性新兴产业的重大战略，时任国务院总理温家宝发表了《让科技引领中国可持续发

展》的重要讲话，次年国务院通过了《国务院关于加快培育和发展战略性新兴产业的决定》；2016 年 12 月国务院发布了《“十三五”国家战略性新兴产业发展规划》。战略性新兴产业重点领域包括新能源汽车、新材料、新医药、生物产业、信息技术、航空航天，高端装备制造等。这些领域也正是中国发展低碳产业的主要组成，是从产业结构调整角度对产业低碳化发展推进的重要抓手（除此之外战略性新兴产业还包括新能源产业和节能环保产业，其中前者是能源低碳化的中心内容，后者属于生产技术低碳化。这两个方面将在后续章节阐述）。

（一）新材料产业

材料科学被认为是 21 世纪三大高科技支柱产业之一。目前，中国许多基础原材料以及工业产品的产量位居世界前列，但是高性能的材料以及核心部件都要依赖进口。大力发展稀土功能材料、高性能膜材料、特种玻璃、功能陶瓷、半导体照明材料等新型功能材料，积极发展高品质特殊钢、新型合金材料、工程塑料等先进结构材料，提升碳纤维、芳纶、超高分子量聚乙烯纤维等高性能纤维及其复合材料发展水平，开展纳米、超导、智能等共性基础材料研究等，都是新材料产业发展的重要内容。按中国目前经济发展趋势预测，新材料需求将达到 10% 的年增长速度，到 2021 年新材料市场可达 8 万亿元规模。

（二）生物产业

生物产业是以生命科学理论和现代生物技术为基础发展起来的、专门从事生物技术产品开发、生产、流通和服务的产业群，包括生物医药、生物农业、生物化工、生物能源、生物制造、生物环保和生物服务等。生物产业是当今世界发展最快的领域之一，当前，生物技术正在进入大规模产业化阶段，生物医药、生物农业日趋成熟，生物制造、生物能源、生物环保快速兴起。全球生物产业的销售额每 5 年翻一番，年增长率高达 30%，是世界经济增长率的 10 倍，生物产业已成为增长速度领先的经济领域。从 2008 年开始中国生物产业总产值突破万亿元。预计到 2020 年，中国合计广义生物产业市场规模约为 6 万亿元，市场前景极其广阔。中国生物产业进一步发展的重点应集中在：大力发展用于重大疾病防治的生物技术药物、新型疫苗和诊断试剂、化学药物、现代中药等创新药物大品种，提升生物医药产业水平；加快先进医疗设备、医用材料等生物医学工程产品的研发和产业化，促进规模化发展；着力培育生物育种产业，积极推广绿色农用生物产品，促进生物农业加快发展；推进生物制造关键技术开发、示范与应用。加快海洋生物技术及产品的研发和产业化。

（三）新一代信息技术产业

新一代信息技术分为六个方面，分别是下一代通信网络、物联网、三网融合、新型平板显示、高性能集成电路和以云计算为代表的高端软件。信息技术革命正以传统产业难以比拟的增量效应、乘数效应和技术外溢效应，不断向其他领域的产品和服务渗透，信息技术领域已成为提升国家科技创新实力、推动经济社会发展和提高整体竞争力最重要的动力引擎。目前，中国网民数量、网络零售交易额、电子信息产品制造规模已居全球第一，一批信息技术企业和互联网企业进入世界前列，形成了较为完善的信息产业体系。信息技术应用不断深化，“互联网+”异军突起，经济社会数字化网络化转型步伐加快，网络空间正能量进一步汇聚增强，信息化在现代化建设全局中引领作用日益凸显。2015 年信息技术产业销售收入达到 15.4 万亿元，同比增长 10.4%，未来五年（2017 ~ 2021 年）年均复合增长率约为 8.35%，2021 年中国信息技术产业销售收入将达到 25.4 万亿元。

（四）高端装备制造业

高端装备制造业又称先进装备制造业，是指生产制造高技术、高附加值的先进工业设施设备的行业。高端装备主要包括传统产业转型升级和战略性新兴产业发展所需的高技术高附加值装备。高端装备制造业是以高新技术为引领，处于价值链高端和产业链核心环节，决定着整个产业链综合竞争力的战略性新兴产业，是现代产业体系的脊梁，是推动工业转型升级的引擎。中国虽然已经成为制造业大国，但“大而不强”的矛盾依然困扰中国制造业。数据显示，在高端装备领域，中国 80% 的集成电路芯片制造装备、40% 的大型石化装备、70% 的汽车制造关键设备及先进集约化农业装备仍然依靠进口。中国装备自给率虽然达到了 85%，但主要集中在中低端领域。中兴被美国政府制裁的事件更是令国人警醒。不在高端装备制造业实现突破和长足发展中国的经济就没有后劲，实现了高端装备制造业的有效发展就意味着实现了低能耗、低排放、高效益的可持续产业结构调整成功。

（五）新能源汽车产业

广义的新能源汽车是指采用非传统化石燃料作为动力来源，在动力控制和驱动方面与传统汽车相异，具有新技术、新结构的汽车类型。国际上，混合动力汽车（含中混、强混、插电式混动）、天然气汽车、纯电动汽车和燃料电池汽车均属于节能或新能源汽车。新能源汽车是世界能源转型和应对全球气候变暖的必然选择，新能源汽车产业空间前景极为广阔。预计到 2030 年，中国新能源乘用车年销量将突破 1300 万辆，新能源大中型客车将成为客车销售主力，2018 ~2030 年，新能源乘用车和新能源大中型客车带来的市场空间将达 13. 9 万亿元。为了跟上新能源汽车发展的步伐，预计在 2030 年新能源乘用车保有量在接近 7000 万辆的情况下，其充电服务对应的市场空间也将达到 5000 亿元以上。

第二节　产业结构低碳化调整的分析方法

一、产业结构低碳化调整分析简易方法

1. 以减碳为目标的产业结构低碳化分析方法

$$CO_2 = \sum_{i=1}^{n} iCO_2 \tag{5-1}$$

公式（5 -1）中，iCO_2表示产业 i 的碳排放。减碳的产业结构调整就是减少高排放产业规模而增加战略性新兴产业的产业规模。

2. 以碳强度为目标的产业结构低碳化分析方法

姚宇（2010）设计了针对碳强度的产业结构影响分析方法。具体方法如下：

$$T = \frac{CO_2}{GDP} = \sum_{i=1}^{n} \frac{IGDP_i}{GDP} \times \frac{iCO_2}{IGDP_i} = \sum_{i=1}^{n} G_i \times T_i \tag{5-2}$$

公式（5 -2）中，T 表示总体碳强度；GDP 表示总体 GDP；$IGDP_i$表示第 i 产业的产业增加值；iCO_2表示第 i 产业的碳排放；CO_2表示整体碳排放；Gi 表示第 i 产业的产业增加值占总产出水平的比重，$G_i = IGDP_i/GDP$；T_i表示产业 i 的碳强度，$T_i = iCO_2/IGDP_i$。

由于 G_i和 T_i均为包含结构的因子，因素影响力的分解采用如下加法

分解：

对 T 绝对变化量 ΔT 的分解，

$$\Delta T = T_t - T_0 = \sum_{i=1}^{n} G_{it} \times T_{it} - \sum_{i=1}^{n} G_{i0} \times T_{i0} \qquad (5-3)$$

$$\Delta T = \left(\sum_{i=1}^{n} G_{it} \times T_{it} - \sum_{i=1}^{n} G_{it} \times T_{i0}\right) + \left(\sum_{i=1}^{n} G_{it} \times T_{i0} - \sum_{i=1}^{n} G_{i0} \times T_{i0}\right) \qquad (5-4)$$

$$\Delta T = \Delta T_t + \Delta T_g \qquad (5-5)$$

公式（5-5）中，$\Delta T_t = \sum_{i=1}^{n} G_{it} \times T_{it} - \sum_{i=1}^{n} G_{it} \times T_{i0}$，表示产业碳强度对整体碳强度的影响；$\Delta T_g = \sum_{i=1}^{n} G_{it} \times T_{i0} - \sum_{i=1}^{n} G_{i0} \times T_{i0}$，表示产业结构对整体碳强度变化的影响。

基于公式（5-5）还可以对 T 变化量 ΔT 进行贡献率分解，即 $(\Delta T_t/\Delta T)100\%$ 和 $(\Delta T_g/\Delta T)100\%$ 。

二、对数平均迪氏指数法分解方法

安（B. W. Ang，2004）对于资源和环境领域在迪氏分解基础上进一步发展出了对数平均迪氏指数法（LMDI）分解方法。从方法而言，该分解方法是一种完全的、不产生残差的分解分析方法，可以有效解决分解中的剩余问题和数据汇总的零值与负值问题，使之与其他因素分解法相较具有路径独立、残差为零以及聚合一致等独特优势。从功能而言，该方法可以有效清晰的分解出主驱动力的总量、结构和效率对驱动结果的不同影响大小，可以较好地实现对理论模型的实际应用。

LMDI 对碳排放的分解首先基于公式（5-6）：

$$CO_2 = \sum_{i=1}^{n} GDP \times \frac{GDP_i}{GDP} \times \frac{iCO_2}{GDP_i} = \sum_{i=1}^{n} LB_iM_i \qquad (5-6)$$

公式（5-6）中，L 代表区域 GDP 总量；$GDP\ i$ 代表 i 产业 GDP；Bi 代表 i 产业 GDP 在 GDP 总量中所占的份额，也称产业结构；Mi 表示 i 产业碳强度。

1. 乘法分解

在基期 T_{-1}（以上一年为基期）和报告期 T 的 GDP 差异可表示为乘

法模式如下：

$$\frac{CO_{2\ t}}{CO_{2\ 0}} = CO_{2\ tot} = D_{act} \times D_{str} \times D_{\text{int}} \tag{5-7}$$

公式（5-7）中，D_{act}、D_{str}、D_{eff}分别表示乘法分解下 GDP 对碳排放的活动效应、结构效应与强度效应。

根据 LMDI 分解方法，在乘法分解模式下，则有：

$$D_{act} = \exp\left(\sum_i \frac{(CO_{2i}^{\ T} - CO_{2i}^{\ T-1})/(\ln CO_{2i}^{\ T} - \ln CO_{2i}^{\ T-1})}{(CO_2^{\ T} - CO_2^{\ T-1})/(\ln CO_2^{\ T} - \ln CO_2^{\ T-1})}\ln\left(\frac{L^T}{L^{T-1}}\right)\right) \tag{5-8}$$

$$D_{str} = \exp\left(\sum_i \frac{(CO_{2i}^{\ T} - CO_{2i}^{\ T-1})/(\ln CO_{2i}^{\ T} - \ln CO_{2i}^{\ T-1})}{(CO_2^{\ T} - CO_2^{\ T-1})/(\ln CO_2^{\ T} - \ln CO_2^{\ T-1})}\ln\left(\frac{B_i^{\ T}}{B_i^{\ T-1}}\right)\right) \tag{5-9}$$

$$D_{\text{int}} = \exp\left(\sum_i \frac{(CO_{2i}^{\ T} - CO_{2i}^{\ T-1})/(\ln CO_{2i}^{\ T} - \ln CO_{2i}^{\ T-1})}{(CO_2^{\ T} - CO_2^{\ T-1})/(\ln CO_2^{\ T} - \ln CO_2^{\ T-1})}\ln\left(\frac{M_i^{\ T}}{M_i^{\ T-1}}\right)\right) \tag{5-10}$$

进一步将各影响因素的影响力标准化可得：

$$w_{D_i} = \begin{cases} \log_{CO_{2tot}}^{D_i}, & \text{当 } GDP_{TOT} > 1 \text{ 时} \\ -\log_{CO_{2tot}}^{D_i}, & \text{当 } GDP_{TOT} < 1 \text{ 时} \end{cases} \tag{5-11}$$

同时，$\sum^n w_{D_i} = 1$ 确保了对影响力评价的标准化和可比较性。其中，D_{act}反应经济规模对碳排放增长的驱动力大小；D_{str}反应产业结构对碳排放的驱动力大小；D_{int}反应产业节能减排技术推广对碳排放的驱动力大小。

2. 加法分解

在基期 T_{-1}（以上一年为基期）和报告期 T 的 GDP 差异可表示为加法模式如下：

$$\Delta CO_{2\ tot} = G^{T} - G^{T-1} = \Delta G_{act} + \Delta G_{str} + \Delta G_{eff} \tag{5-12}$$

公式（5-12）中，ΔG_{act}、ΔG_{str}、ΔG_{eff}分别表示加法分解下 GDP 对碳排放的活动效应、结构效应与效率效应。

在加法分解模式下，则有：

$$\Delta CO_{2\ act} = \sum_i \frac{CO_{2i}^{\ T} - CO_{2i}^{\ T-1}}{\ln d_i^T - \ln CO_{2i}^{\ T-1}}\ln\left(\frac{L^T}{L^{T-1}}\right) \tag{5-13}$$

$$\Delta CO_{2\ str} = \sum_i \frac{CO_{2i}^{T} - CO_{2i}^{T-1}}{\ln CO_{2i}^{T} - \ln CO_{2i}^{T-1}} \ln\left(\frac{B_i^{\ T}}{B_i^{\ T-1}}\right) \tag{5-14}$$

$$\Delta CO_{2\ eff} = \sum_i \frac{CO_{2i}^{T} - CO_{2i}^{T-1}}{\ln CO_{2i}^{T} - \ln CO_{2i}^{T-1}} \ln\left(\frac{M_i^{\ T}}{M_i^{\ T-1}}\right) \tag{5-15}$$

并可将各因素影响力通过公式（5－16）标准化：

$$\frac{\Delta G_{act}}{\Delta G_{tot}} + \frac{\Delta G_{str}}{\Delta G_{tot}} + \frac{\Delta G_{eff}}{\Delta G_{tot}} = 1 \tag{5-16}$$

3. LMDI 方法的扩展

基于 LMDI 方法可以进一步对产业结构的影响因素进行扩展，形成包括产业结构和产业内能源结构的复合分析工具。

$$CO_2 = \sum_{i=1,j=1}^{n,m} GDP \times \frac{GDP_i}{GDP} \times \frac{E_i}{GDP_i} \times \frac{E_{ij}}{E_i} \times \frac{CO_{2_{ij}}}{E_{ij}} = \sum_{i=1}^{n} LB_iI_iM_{ij}U_{ij} \tag{5-17}$$

公式（5－17）中，I_i是产业 i 的能源强度；M_{ij}是产业 i 能源 j 的比重；U_{ij}是产业 i 能源 j 的单位能耗碳排放。

乘法分解与加法分解的计算及各因素影响力标准化与基础模型相同。

三、对数平均迪氏指数法实证举例①

1. 模型构建

应用 LMDI 扩展模型并对其增加非结构性变量人口，可以得到应用性实证模型：

$$CO_2 = \sum_{i=1,j=1}^{n,m} P \times \frac{GDP}{P} \times \frac{GDP_i}{GDP} \times \frac{E_i}{GDP_i} \times \frac{E_{ij}}{E_i} \times \frac{CO_{2_{ij}}}{E_{ij}} = \sum_{i=1}^{n} PG_pB_iI_iM_{ij}U_{ij} \tag{5-18}$$

公式（5－18）中，P 表示人口；G_p表示人均 GDP。

2. 数据计算

运用云南省人口、三次产业 GDP、能耗和碳排放 2003～2011 年数据，采用加法分解计算可以得到表 5－1。

① 杨红娟、李明云、刘红琴：《云南省生产部门碳排放影响因素分析》，载于《经济问题》，2014 年第 2 期。

表 5－1　　六大因素对碳排放量的贡献量　　单位：万吨

年份	碳排放系数	人口	经济发展	产业结构	能源强度	能源消费结构
2003～2004	96.661	68.694	788.802	176.692	777.403	56.795
2004～2005	－144.965	76.411	－271.697	－1917.510	4240.763	35.730
2005～2006	449.330	82.322	1191.335	419.943	－929.499	－20.614
2006～2007	－295.968	89.850	1764.078	576.750	286.546	－923.433
2007～2008	－971.497	92.067	1411.301	40.852	－287.438	－18.162
2008～2009	－252.174	91.780	1416.962	281.125	－730.899	15.236
2009～2010	－244.132	105.547	1749.926	322.337	－830.108	－144.046
2010～2011	－457.034	107.330	2106.074	370.948	－699.866	－276.264

3. 数据分析

从六大因素对碳排放量的贡献量表 5－1 可以看到，2003～2004 年，各因素都对促进碳排放量增加有一定的贡献，其中经济发展和能源强度的贡献量最大。对各年份而言，人口因素始终是正效应因素；除了 2004～2005 年外，经济发展因素和产业结构因素始终是正效应；碳排放系数除了 2005～2006 年外，其余年份均为负效应因素；能源强度因素和能源消费结构因素除个别年份外，也整体上呈负效应。

从六个影响因素对碳排放的贡献量情况看，经济发展是碳排放量增长的最主要因素，除了 2004～2005 年为负值外，其余年份经济发展因素的碳排放贡献量均为正值；产业结构是除经济发展因素外的另一个重要增碳因素，2006 年以后，其对碳排放的贡献始终呈正效应；人口因素始终为正效应，但其对碳排放量的贡献量变化趋势不是很明显，这主要是因为云南省人口的增长速度比较平稳；碳排放系数对碳排放量的贡献量在 2006 年以前呈现波动状态，2006 年以后，其碳排贡献量始终呈负效应，是碳减排的重要因素；能源强度因素对碳排放量的贡献量则在 2007 年以前呈现出反复的先增后减状态，2007 年以后呈逐渐递减趋势，是减缓碳排放量增长的重要因素之一。能源消费结构对碳排放量的贡献量趋势只在 2006～2008 年出现了先减后增的波动，从 2008 年开始，其碳排贡献量呈逐渐递减趋势。

从六大因素对云南省碳排放量的贡献率可以看出，对云南省 2003～

2011 年生产部门碳排放量起驱动作用的因素包括人口因素、经济发展因素和产业结构因素。其中，经济发展因素是碳排放量变化的主要驱动因素，该因素在 2004 ~ 2005 年对碳排放量起抑制作用，主要是由 2005 年云南省生产部门的人均 GDP 减少造成的。历年来其贡献率基本上是平稳增长的，在 2007 ~ 2008 年出现贡献率突然激增，曾高达 528.33%，这主要是由于云南省处于经济发展时期，总体上增加了对石油及石油制品和天然气的需求。人口因素对碳排放量的贡献呈稳定正效应，虽然人口对整体碳排量的贡献率很小，但由于云南省经济发展、城市化进程不断加快，居民的消费模式发生了巨大变化，人口因素也就成为了云南省碳排量持续增长的重要驱动因素。云南省的产业结构单一，第二产业始终占主导地位，在整个研究期，产业结构主要表现为驱动作用。碳排系数、能源强度和能源消费结构是抑制碳排放量的主要因素，其中对减少云南省碳排放量作用最大的是能源强度，但近年来，能源强度对碳排量的贡献率越来越大，表明生产部门能源利用效率降低。由于文中除了电力之外的其他能源的碳排放系数是一个固定的常数，故这里碳排放系数是指电力碳排放系数对云南省碳排放量的贡献率，其对碳排量的抑制作用仅次于能源强度，而能源消费结构对全省的碳排量的抑制作用则不是很明显，这说明云南省的能源消费主要是以原煤为主，其结构未有明显改善。

4. 分析结论

首先，由于经济发展等驱动因素对碳排放量的贡献率大于抑制因素，因此云南省的碳排量仍呈增长趋势。

其次，人口、经济发展和产业结构对碳排放量的增长起驱动作用，其中经济发展是驱动碳排量增长的最主要因素，人口因素影响较小且稳定。产业结构在 2006 年以后均表现为增加碳排放的驱动效应，碳排放系数、能源强度、能源消费结构是抑制碳排放量增加的因素，其中能源强度是最主要的抑制因素，碳排放系数和能源消费结构的抑制作用则不如能源强度明显。

最后，经济发展和产业结构对碳排放量增加的贡献率都是先下降后上升，碳排放系数在对减少碳排放量的贡献率上也经历了先上升后下降再逐渐上升的过程能源强度因素对碳排放量的贡献在 2003 ~ 2006 年和 2006 ~ 2011 年两个时间段中都是先上升后下降，能源消费结构对贡献率的抑制一直处于较低的水平，对减少碳排放量的作用不是很明显。

第三节　生产技术低碳化与节能环保产业发展

生产技术的低碳化有赖于低碳技术开发和低碳技术应用两个方面，低碳技术开发有赖于节能环保产业的发展，而低碳技术应用则有赖于高耗能产业对这些新技术的采用。

一、节能环保产业的内涵和发展意义

节能环保产业是指为节约能源资源、发展循环经济、保护环境提供技术基础和装备保障的产业，是低碳技术的生产者，主要包括节能产业、资源循环利用产业和环保装备产业，涉及节能环保技术与装备、节能产品和服务等，其六大领域包括节能技术和装备、高效节能产品、节能服务产业、先进环保技术与装备、环保产品和环保服务。根据国家颁布的《“十二五”节能环保产业发展规划》，节能环保产业又可分为节能产业、环保产业和资源的循环利用产业三个方面，《“十三五”节能环保产业发展规划》对三个方面当前的具体指向进行了说明，节能技术装备主要包括工业锅炉、电机系统、能量系统优化、余能回收利用、照明和家电、绿色建材；环保技术装备主要包括大气污染防治、水污染防治、土壤污染防治、城镇生活垃圾和危险废物处理处置、噪声和振动控制、环境大数据；资源循环利用技术装备主要包括尾矿资源化、工业废渣、再生资源、再制造、水资源节约利用。

节能环保产业发展具有重要战略意义，它是世界经济实现可持续发展的必然要求，也必将成为未来全球经济的重中之重。据统计，全球环保产业的市场规模已从 1992 年的 2500 亿美元增至 2013 年的 6000 亿美元，年均增长率 8%，远远超过全球经济增长率，成为各个国家十分重视的“朝阳产业”。美国、日本和欧盟的环保产业已经成为全球环保市场的主要力量。随着中国经济的持续快速发展，城市进程和工业化进程的不断发展，环境污染日益严重，国家对环保的重视程度也越来越高。2010 年出台的《国务院关于加快培育和发展战略性新兴产业的决定》将

节能环保产业列为了中国七大战略性新兴产业之首，认为节能环保产业在不远的未来将成为中国经济发展的支柱产业。国家颁布的《“十三五”节能环保产业发展规划》明确指出：发展节能环保产业，是培育发展新动能、提升绿色竞争力的重大举措，是补齐资源环境短板、改善生态环境质量的重要支撑，是推进生态文明建设、建设美丽中国的客观要求。

二、中国节能环保产业的发展目标

《“十三五”节能环保产业发展规划》对中国节能环保产业的发展目标提出了明确要求：到2020年，节能环保产业快速发展、质量效益显著提升，高效节能环保产品市场占有率明显提高，一批关键核心技术取得突破，有利于节能环保产业发展的制度政策体系基本形成，节能环保产业成为国民经济的一大支柱产业。具体要求：（1）产业规模持续扩大，吸纳就业能力增强。节能环保产业增加值占国内生产总值比重为3%左右，吸纳就业能力显著增强。（2）技术水平进步明显，节能环保装备产品市场占有率显著提高。拥有一批自主知识产权的关键共性技术，一些难点技术得到突破，装备成套化与核心零部件国产化程度进一步提高，主要节能环保产品和设备销售量比2015年翻一番。（3）产业集中度提高，竞争能力增强。到2020年，培育一批具有国际竞争力的大型节能环保企业集团，在节能环保产业重点领域培育骨干企业100家以上。形成20个产业配套能力强、辐射带动作用大、服务保障水平高的节能环保产业集聚区。（4）市场环境更加优化，政策机制更加成熟。全国统一、竞争充分、规范有序的市场体系基本建立，价格、财税、金融等引导支持政策日趋健全，群众购买绿色产品和服务意愿明显增强。

三、节能环保产业发展的实施路径

《“十三五”节能环保产业发展规划》对中国节能环保产业发展的路径从市场主体和市场需求两方面进行了规划。

在培育壮大市场主体方面强调以节能环保企业为重点，以产业园区为依托，以第三方机构为有益补充，推动市场主体形成良性互动、协同发展的共生关系，培育节能环保产业的生力军。

（一）促进各类型企业协调发展

加强龙头企业的骨干作用，打造综合实力强、管理水平先进、具有市场带动能力的龙头企业和产业集团。引导中小企业差异化、专业化、精细化发展，形成一批拥有自主知识产权和专业化服务能力的专精特新企业。大力推进节能环保领域的“大众创业、万众创新”，鼓励掌握核心技术的研发人员自主创业，加快科技成果转化。研究科技型新企业条件和标准，落实普惠性政策，支持节能环保高新技术企业发展。发挥国有企业技术和管理优势，提高国有资本的整体功能和效率。充分激发民营企业在节能环保领域的创新活力，引导民营资本参与环境治理和生态保护项目建设，在PPP项目中不得以任何形式设置对民营企业的歧视性条款。鼓励在项目层面开展混合所有制合作，促进国有资本和民营资本协同发展。

（二）加快产业集聚区提质增效

优化升级现有节能环保产业园区和集聚区，创新政府引导产业集聚方式，由招商引资向引资、引智、引技转变，以管理体制机制改革激发市场活力。在充分考虑地方资源特点和产业发展的基础上，布局培育一批创新优势突出、区域特色明显、规模效益显著的产业集聚区，创建以节能环保产业为主导的国家基础创新中心。整合集聚区内创新资源，推动创新资源和成果开放共享，提升集聚区整体创新能力，使集聚区成为产业创新的新载体。促进集聚区内产业链关联企业的协同发展，通过深化分工降低生产和交易成本，发挥集聚效应和带动作用，提高整体竞争优势。避免对市场行为的过度干预，防止园区重复建设。

（三）发挥第三方机构催化作用

发挥产业协会和产业联盟等产业组织对节能环保产业的催化作用，在政府与行业、企业之间建立起桥梁和纽带。支持产业协会建立节能环保网络小组，加强业内企业间的互动互助，建立节能环保企业统计信息报送平台，开展产业发展动态监测，强化数据采集处理，提高产业数据统计能力和分析能力。及时向政府及其相关部门反映行业诉求，维护行业整体利益，协助政府完成节能环保产业调查、技术遴选认证、行业标准和技术目录制修订等工作。通过组织技术装备展览、技术交流和供需对接等活动，促进国内外节能环保产业技术和项目信息的交流合作。推动建设专业化节能环保众创空间、面向市场和产业的科技创新中心，完善技术转移转化机制。加强行业自律和同业监管，建立完善行业内自律性管理制度。

四、节能环保市场发展

在激发节能环保市场需求方面，强调以实施节能环保和资源循环利用重大工程、推广绿色产品、培育绿色消费习惯等方式，有力刺激市场对节能环保产品和服务的需求，全面扩展产业发展空间。

（一）强化重大工程需求牵引

通过实施节能环保重点工程，有力激发市场对节能环保技术、装备、产品及服务的需求。以燃煤锅炉、电机系统、照明产品等通用设备为重点，大力推动节能装备升级改造；开展工业能效赶超行动，推动钢铁、有色、石化、建材等高耗能行业工艺革新，实施系统节能改造，鼓励先进节能技术的集成优化运用，进一步加强能源管控中心建设。推动环境基础设施建设，推进工业污染源全面达标排放、水气土领域环境治理、危险废物防治等环保重大工程，扩大环保产业有效需求。推进国家级和省级园区循环化改造，推动大宗废弃物和新型废弃物的综合利用，发展再制造技术和产业，提高城市低值废弃物资源化水平。坚决淘汰落后产能，严防落后产能向中西部地区转移；积极稳妥化解过剩产能，强化资源、能源、环保等硬约束，强化行业规范和准入管理。

（二）完善绿色产品推广机制

健全绿色产品和服务的标准体系，扩大标准覆盖范围，加快制修订产品生产过程的能耗、水耗、物耗以及终端产品全生命周期的能效、水效和环境标志等标准。建立统一的绿色产品认证、标识等体系，逐步将目前分头设立的环保、节能、节水、循环、低碳、再生、有机等产品统一整合为绿色产品，加强绿色产品全生命周期计量测试、质量检测和监管。鼓励认证机构对所认证的绿色产品提供担保并承担连带责任。组织实施能效、水效、环保领跑者行动，推动实施企业产品标准自我声明和监督制度。实施高效节能产品推广量倍增行动、绿色建材生产和应用行动计划，大幅提高节能家电、绿色建材、再生产品、环境标志产品等绿色产品的市场占有率。全面推行绿色办公，严格落实政府对绿色产品的优先采购和强制采购制度，适时调整政府绿色采购的范围和标准，及时发布政府采购绿色产品清单。

（三）着力培育绿色消费文化

开展全民绿色消费教育，把绿色消费纳入全国节能宣传周、全国城市节水宣传周、科普活动周、全国低碳日、环境日等主题宣传活动，利用报纸、广播、电视、互联网等多种形式引导消费者主动选择和消费绿色产品。深入实施节能减排全民行动、节俭养德全民节约行动。同时，鼓励企业实行绿色产品的规模化生产和经营，进一步降低成本，促进公众消费。完善居民社区再生资源回收体系。倡导绿色生活方式，探索建立绿色积分制度，鼓励居民通过购买绿色产品、垃圾分类、绿色出行等方式积分，用于购买商品或服务。

第四节　主要高耗能产业的低碳技术应用

一、火力发电与低碳技术应用

当前，全球电力生产所消耗的化石燃料占消耗总量的32%，排放的二氧化碳占能源消费相关二氧化碳排放总量的41%，因此提高电力生产效率不仅可以降低全球对化石燃料的依赖度，同时还可以对应对气候变化和能源安全作出贡献。

尽管核能、水电等可再生能源和新能源的开发和利用不断增加，在可预见的未来数十年煤炭、天然气等化石燃料仍然是电力的主要来源，因此在传统的火力发电厂中应用先进技术，以降低单位发电的煤耗，对产业低碳化具有重要意义。能够提高化石燃料源电力部门能源效率、带来节能减排效益的技术主要有五种：在新建电厂和机油电厂改造过程中采用最先进的蒸汽循环技术；流化床燃烧技术；天然气联合循环技术；整体气化联合循环技术；热电联产。

1. 蒸汽循环技术

超临界和超超临界机组技术是目前较为成熟的高效发电技术，二者主要以运行过程中的蒸汽温度机型区分，超临界的蒸汽温度为540度以上，而超超临界的蒸汽温度则需要达到580度以上。目前，超临界技术已在OECD国家得到广泛应用，同时也成为中国新建燃煤电厂的优先技术选择，仅在2006年，中国就新增了18000万千瓦的超临界机组。相比之下，超超临界技术尚处于示范推广阶段，仅在日本、德国和丹麦等几个国家有所应用。超超临界技术的发电效率比超临界高4%，并有可能于2020年达到50% ~55%。未来超临界和超超临界蒸汽循环技术发展面临的最大障碍在于原材料性能的提高和控制系统升级。一方面，必须发明和制造抗高温、耐水蒸气腐蚀的钢材作为锅炉材料；另一方面，更具有灵活性的控制系统的研发工作也必须受到重视。

2. 流化床燃烧技术

沸腾式流化床（BFBC）和循环式流化床（CFBC）是流化床燃烧技术发展的两条主要路径，一种有利于二氧化碳减排的技术是在循环式流化床（CFBC）中用氧气替代空气，这一技术可以更灵活地控制温度范围，从而获得更高的效率。目前循环式流化床技术已在世界范围广泛应用，装机容量在250~300兆瓦，该技术适用于品质较低的燃煤原料。近期，日本正在尝试将大型循环流化床技术向超临界循环转化，这一新技术的效率有可能提高到44%。在流化床燃烧技术方面需要进一步研究氧化燃烧条件，以更好地控制二氧化碳高浓度下污染物的产生量；同时超临界公路的设计也是重要的研究领域。

3. 天然气联合循环技术

天然气联合循环（natural gas combined cycle，NGCC），目前NGCC的运行绩效已经超过传统的煤电机组，主要体现在以下几方面：最高效率可达60%；初试投资成本仅为600~750美元/千瓦，与传统煤电成本的1400~2000美元/千瓦相比，具有很大优势；建设工期短；低排放：NGCC电厂的二氧化碳排放量仅为同规模煤电厂的一半；近年来NGCC技术在燃烧温度和耐高温腐蚀方面取得很大进步，而专家预测先进的NGCC技术可以进一步将单位发电量的二氧化碳排放减少3% ~6%，如果将燃料电车和余热回收发电技术纳入NGCC系统中，可以进一步提高系统的效率。未来NGCC系统的研发工作应围绕以下几个方面：改进天然气涡轮机的设计，提高燃烧温度和余热利用，从而提高系统效率；对部件的空气动力学系统进行技术改良，较少压缩过程。改进机械性能。

4. 整体气化联合循环技术

整体气化联合循环（integrated gasification combined cycle，IGCC）技术是最清洁、高效的煤电技术之一，可适用于所有含碳原料发电，包括煤炭、汽油、焦炭、生物质以及城市固体废弃物等，目前该系统效率为40% ~43%，预计最高效率可达50%左右。IGCC技术的成本比常规燃煤电厂的造价高20%，由于目前IGCC电厂均为示范项目，因此其未来成本还具有很大的不确定性，需要财政激励政策推动其发展。IGCC技术的未来发展方向为：研制大规模（1200～1500兆瓦/小时）气化系统、新型空气分离系统，汽轮机设计改进；将燃料电池、氢气和交通燃料的生产纳入到IGCC系统中来；尽量降低投资和运营成本。

5. 热电联产技术

热电联产是用单一燃料同时实现供热和发电的技术，多用于小区集中供暖，由于其安装位置通常靠近终端消费者，大大减少了配送损失，因此系统的总转换效率可高达75%～80%，甚至达到90%（IPCC，2007）。热电联产系统具有很高的灵活性，几乎所有燃料都可以用于此系统，而且其装机容量的范围也很大，可以安装1～500兆瓦范围内机组，而且对于规模大于1兆瓦的热电联产技术的装机规模通常视区域供热需求而确定，其所发出的电力可以直接输送到电网。中国目前有很多小规模、落后的热电联产系统，其运行效率有待提高；同时在节能减排和工业化、城镇化、现代化快速发展的背景下，热电联产技术具有更大的发展空间。未来的主要研发方向为：高温热电联产系统，提高汽轮机进口、出口温度，提高汽轮机可靠性，保证更长的运行时间。生物质热电联产系统：冷热储存系统优化设计，将热电联查系统与其他余热和可循环热量整合在一起，调高供热制冷效率。

二、水泥生产与低碳技术应用

水泥是基础设施建设的必要组成，但水泥的生产需要消耗大量的能源和造成大量碳排放。在中国现有水泥生产技术水平条件下，每吨水泥生产的平均热耗为0.15吨标准煤，平均电耗为110千瓦时。能源的巨大消耗意味着大量二氧化碳的排放。水泥生产还伴随碳酸盐的分解，即二氧化碳的释放。依据统计分析，每生产1吨水泥会产生0.815吨的二氧化碳，其中0.390吨是由于燃料燃烧产生的，而0.425吨是由于原料的分解产生的。实现水泥工业二氧化碳的减排是中国履行《京都议定书》的切实措施，也是中国水泥工业实现可持续发展的重要保证。

近年来，中国水泥工业一直处于高速增长中，水泥生产技术也取得了长足的进步。这表现为新型干法水泥生产技术的广泛应用。2002年中国新型干法水泥的生产能力为1亿吨，占当年水泥总产量的16%；2005

年已达到4.8亿吨，占当年水泥总产量的45%。新型干法水泥的生产以原料均化、预分解窑煅烧、节能粉磨、工业自动化等为技术支撑，进而实现了水泥生产的大型化，并使水泥工业达到了除二氧化碳之外的零排放。

水泥产业的减排措施主要包括：

其一，电耗。二氧化碳的减排与电耗有直接的关系。通常燃煤电厂每1千瓦/小时的发电量会产生0.7千克的二氧化碳。因此，水泥工业二氧化碳的减排要考虑水泥生产工艺过程中的节电措施。例如，原料采用机械输送比采用气力输送可节约1度电，生料采用立磨机粉磨比采用球磨机粉磨可节电5千瓦时/吨。与国际先进水平相比，中国水泥工业水泥综合电耗仍高出约20%。有外国水泥公司将水泥生产综合电耗目标值限定于80千瓦时/吨以下。因此，中国水泥工业仍有较大的节电空间。水泥熟料的煅烧需要煤粉的直接燃烧，同时也会产生大量的二氧化碳。余热发电是降低水泥生产热耗的重要途径，有余热发电系统采用戊烷作为工作介质，可以利用低温余热资源。其他重要的降低热耗的措施还包括水泥熟料煅烧过程中的“模糊逻辑”控制技术（可降低热耗3%~8%）、全氧燃烧技术等。

其二，配料控制。在水泥生产中采用替代原材料对水泥工业二氧化碳的减排有不同程度的影响。硅酸盐水泥生产的原料主要为石灰石和劲土质原料。石灰石的分解会释放出大量的二氧化碳。因此已有采用电石渣等钙质原料代替石灰石的应用，但目前还没有可能大范围的发现和应用钙质材料，用于替代石灰石。相同的情况是采用废弃可燃材料（如废油等）可以减少二氧化碳的排放总量（因废弃可燃材料的焚烧处理也会释放出二氧化碳），但目前也没有可资利用的大量废弃可燃材料。然而熟料组分和混合材组分对水泥工业二氧化碳的减排有重要意义。

其三，混合材。混合材是掺入水泥中的一些具有潜在水硬活性的胶凝材料或填充料，包括粉煤灰、矿渣、石灰石粉等。在保证相同水泥性能的条件下，混合材用量增加1%，水泥熟料用量就可减少1%，这可使生产每1吨水泥降低总排放量的1.0%。例如，法国Lafarge公司在水泥中掺入石灰石粉，使水泥生产二氧化碳的总排放量降低5%；奥地利Slagstar公司研制的高矿渣水泥使生产过程中的二氧化碳排放比普通硅酸盐水泥低90%。中国水泥工业利用混合材有悠久的历史，但在水泥中高混合材掺量的应用方面仍有较大的潜力，需进行深入的研究。

三、钢铁生产与低碳技术应用

钢铁生产对于发展中国家国民经济的重要性不言而喻，但在二氧化碳排放中，钢铁生产所产生的二氧化碳却达到工业总排放的15% ~ 20%，钢铁产业低碳技术的运用对于产业低碳化具有重要影响。钢铁产业低碳化发展主要包括以下几个方面：

其一，发展钢铁工业循环经济。所谓循环经济，就是把清洁生产和废弃物综合利用融为一体的经济，通过资源“减量化、再利用、再循环”的原理，一是将生产过程中的单位资源消耗降到最低限度，二是利用创新技术将废弃物加工成为再生资源。从而彻底改变传统型经济“资源—产品—废物”的单向型运行过程，实现“资源—产品—废物—再生资源”的物质反复循环的闭环式流程，所有的原料和能源都在这个不断进行的经济循环中得到最合理的利用，从而使人类活动对自然环境的负面影响控制在尽可能小的程度，其特征是通过自然资源的低投入、高利用和废弃物的低排放，使整个经济系统在生产、消费过程中基本上不产生或者很少产生废弃物。其中减量化原则是循环经济的第一法则。钢铁工业消耗的能源和资源数量很大，产出的渣、废气、废水等数量也很大，如果不对它们进行再循环利用，或者至少无害化处理，而是任意排放，那么这个钢铁厂势必成为重大的污染源，对生态系统造成严重影响。循环经济的主要特征是尽量减少生产过程中的污染排放，最大限度地利用不可再生资源，对无法处理的废弃物集中回收、协同利用，对钢铁工业而言，其循环经济的核心就是物质和能源系统的密闭循环，尽可能减少矿产资源、水资源和能源的投入，尽量不向外排放废物，利用产生的废弃资源向其他行业提供原料，同时也利用本行业工艺优势吸收消纳其他行业和社会产生的废弃物，做到钢铁行业污染“减排化、资源化、无害化和生态化”。

其二，加大废钢利用量。加大废钢利用量，降低自然资源消耗，减少污染物的发生量铁矿石和废钢是钢铁冶炼的两种主要形式，多用废钢，不仅有利于保存自然资源，节约能源，还可减少污染，保护环境。据调查，世界钢生产平均消耗废钢铁约占45%，美国约48%，中国不足20%。有人预测，到2020年欧洲钢生产中仅有32.18%以矿石为原料冶炼超纯钢，而且多使用废钢是钢铁工业减少环境负荷的最重要因素。用废钢炼钢比铁矿石炼铁再炼钢，可节约能源 75%，减少空气污染 88%。美国一年回收利用废钢节约能源相当于美国家庭用电量的1/5，生产1吨粗钢产生约112吨废渣，用废钢生产1吨钢仅产生80千克废渣和20千克粉尘，且粉尘中有大量有价金属可回收利用。由此可见，钢铁生产多用废钢，不但可以降低铁矿资源的消耗，而且可以减少污染物的排放，达到经济效益和环境效益“双赢”的结果。

其三，成熟技术手段。采用成熟技术，提高二次能源利用效率，降低能耗能源密集、能源消耗大是钢铁冶金生产的主要特点之一，铁工序是钢铁生产能耗最大的工序，钢铁系统（炼铁、烧结和焦化）能耗占钢铁工业总能耗的60%以上，根据调查分析，二次能源利用是企业综合能耗差异的重要原因。钢铁企业节能降耗的重要措施是采用成熟技术，主要包括：高炉炉顶煤气余压发电（TRT）技术，利用低热值煤气发电，低热值煤气燃气轮机技术（CCPP），转炉负能炼钢工艺技术，蓄热式轧钢加热炉技术等。

第五节　生产低碳化的因素分解方法

一、基于因果关系链设计的因素分解模型

1. LYQ 因素分解模型的设计背景与应用价值

李忠民、姚宇、庆东瑞（2010）在对具体产业低碳化原因分析中，对弹性脱钩评价进行分解，提出了构造产业低碳化因果链的分析思路，简称为 LYQ 分析框架。

LYQ 分析框架针对目标函数，从变量逻辑因果关系出发进行成因分解（因果链构造）和指标测评，其特点在于可以准确地发现造成某一产业碳排放脱钩的原因并提出解决对策。因果链构造可以选择一个中间变量，也可以选择多个中间变量，但变量之间应具有明确的逻辑相关关系，通过两个连续变量之间弹性脱钩值的相乘可以得到最终经济驱动力与环境驱动力之间的脱钩关系，而每两个连续变量之间弹性脱钩值大小可以

说明其对最终结果的影响。比如构造运输产业排放因果链为“产业碳排放—产业规模（运输量）—技术改善（产业能耗）—经济发展（GDP 增长）”，从而达到发现产业碳排放与经济发展脱钩关系成因的目的。LYQ 分析框架优点在于可有效改善 OECD 脱钩模型及 Tapio 脱钩模型无法考虑导致经济增长变量与环境压力变量之间产生压力关系的影响因素及其在产生压力关系过程中各影响因素的贡献及作用机理。LYQ 分析框架通过变量逻辑因果关系出发进行成因分解（因果链构造）和指标测评不仅可以测度经济增长变量与环境压力变量之间的压力关系，而且可以准确地发现造成产业碳排放脱钩的原因并提出解决对策，是对脱钩评价及理论的发展。

2. LYQ 因素分解模型的构建方法

采用 Tapio 脱钩指标并运用恒等式对其进行因果链分解，将碳排放与经济增长之间的脱钩弹性分解为几组中间变量弹性的乘积，如对某工业可分解为，碳排放与能源消费量之间的弹性、能源消费量对工业总产值（gross industrial output，GIO）之间的弹性和工业总产值对 GDP 弹性，可以分别称为减排脱钩弹性、节能脱钩弹性和工业价值创造脱钩弹性。其中碳排放与能源消费量之间的弹性表达式如下：

$$T_{x_0,xn} = \prod_{i=1}^{n} T_i \qquad (5-19)$$

$$T_i = (\%\Delta xi - 1/xi - 1)/(\%\Delta x/xi) \qquad (5-20)$$

其中，T_i表示因果链上第 i 项和第 $i-1$ 项的脱钩弹性；$T_{xo,xn}$表示产业碳排放与经济发展的脱钩关系。在这一框架基础上，得到一般产业的基本分析模型

$$t_{CO_2,GDP} = (\%\Delta CO_2/CO_2)/(\%\Delta GDP/GDP) \qquad (5-21)$$

因子相乘关系的影响力评价可采用对数形式，通过以乘积为底数对因子求对数的方法，可以评价因子对乘积结果的影响力。在基于 LYQ 框架分析时，由于脱钩弹性值的值域并不仅限于大于 1，当该值小于 1 时，对数值与影响力的关系与前者相反。基于此，构建如下影响力评价函数：

$$WT_i = \begin{cases} -\log_{T_{x0,xn}}^{T_i}, \text{当 } T_{x0,xn} > 1 \text{ 时} \\ \log_{T_{x0,xn}}^{T_i}, \text{当 } T_{x0,xn} < 1 \text{ 时} \end{cases} \qquad (5-22)$$

通过以上介绍不难发现，利用恒等式构建 Tapio 脱钩指标的实质就是引入一个或多个与碳排放和经济发展有关的中间变量，不同变量之间弹

性乘积的最终结果为碳排放与经济发展之间的脱钩弹性指标，进而构造对脱钩弹性指标进行分解的因果链，从不同中间变量之间弹性与1的大小比较中可以看出其对脱钩指标变化的作用，若大于1，表示对碳排放与经济发展之间的脱钩弹性指标的上升起正向作用；反之，则起负向作用。

二、LYQ 因素分解模型实证举例

基于 LYQ 因素分解模型对山西省建筑业的变量（即碳排放、产业能耗、产业规模、产业 GDP 和区域 GDP）分别选取如下指标予以衡量，即二氧化碳排放吨位数、标准煤、在建建筑总面积，基于1997年不变价格计算的建筑业 GDP 和山西省 GDP。通过统计归纳和整理得到表5－2。

表5－2　1997～2007年山西省建筑业二氧化碳排放量、能源消耗量及产业 GDP、GDP 比较

年份	二氧化碳排放量（兆吨）	标准煤（兆吨）	年建筑总面积（万平方米）	产业 GDP（以2007年不变价格计）	GDP（以2007年不变价格计，百亿元）
1997	10.5046	0.6550	1839.5	1.82369648	16.3554
1998	11.5644	0.7078	1724.9	1.48343323	17.4521
1999	12.6035	0.7691	1908.6	1.61870369	22.4455
2000	13.4865	0.8198	2008.4	1.687850788	24.1962
2001	14.1939	0.8606	2204.5	1.985547612	26.6401
2002	15.3218	0.9254	2912.4	2.89687117	30.0767
2003	19.5958	1.3802	3119.1	3.778708166	34.5581
2004	17.7623	1.0645	3301.4	3.867076033	39.8109
2005	11.2617	0.7089	4048.5	4.659959841	44.8271
2006	12.0085	1.0951	4647.7	4.4523755	50.1167
2007	12.1998	1.0935	5011.5	4.9117	57.3335

资料来源：根据《中国能源统计年鉴（1998～2008）年》《山西省统计年鉴（1998～2008）年》整理。

基于 LYQ 因素分解模型和表5－2数据，计算因果链上的弹性脱钩值，即产业低碳化弹性脱钩的影响因素，可以得到表5－3数据。

表 5-3　　产业碳排放与 GDP 脱钩影响因素

年份	产业减排脱钩弹性	产业节能脱钩弹性	价值重估脱钩弹性	产业发展脱钩弹性	产业碳排放与GDP脱钩弹性	产业碳排放与GDP脱钩状态
1998	1.23	-1.12	0.29	-3.65	1.54	扩张负脱钩
1999	1.03	0.83	1.15	0.38	0.36	弱脱钩
2000	1.06	1.24	1.24	0.57	0.93	增长联结
2001	1.05	0.53	0.59	1.67	0.55	弱脱钩
2002	1.05	0.29	0.78	2.82	0.67	弱脱钩
2003	0.66	4.97	0.29	1.77	1.68	扩张负脱钩
2004	0.35	-5.37	2.76	0.15	-0.78	强脱钩
2005	1.15	-2.72	1.09	1.55	-5.28	强脱钩
2006	0.18	2.74	-2.58	-0.45	0.57	弱脱钩
2007	-10.45	-0.02	0.81	0.69	0.12	弱脱钩

资料来源：笔者研究整理所得。

基于表 5-3 的数据和影响力评价方程式（5-22），计算产业链上弹性因子对碳排放与经济发展脱钩弹性的影响力，可以得到数据表 5-4（其中 2004 年、2005 年产业弹性为强脱钩，无有效数值）。

表 5-4　　产业碳排放及 GDP 弹性脱钩影响因素的影响力

年份	产业减排脱钩弹性	产业节能脱钩弹性	价值重估脱钩弹性	产业发展脱钩弹性
1998	-0.47944	—	2.86689	—
1999	-0.02893	0.182381	-0.1368	0.947079
2000	-0.80293	-2.96416	-2.96416	7.745812
2001	-0.08161	1.061959	0.88257	-0.8578
2002	-0.12183	3.0901	0.620413	-2.58875
2003	0.80093	-3.09067	2.3861	-1.10059
2004	—	—	—	—
2005	—	—	—	—
2006	3.0506	-1.79314	—	—
2007	—	—	0.099384	0.175008

资料来源：笔者研究整理所得。

通过分析，山西省建筑业的减排弹性对整体脱钩的影响在 1998 ~ 2007 年变化趋势明显；在 2002 年以前对产业脱钩一直表现为负向贡献，但影响较小，6 年平均负向贡献只有 -0.25；2003 年虽影响不大但影响由负向转向正向，2006 年则对产业整体脱钩做出了主要贡献，达到了 3.05。山西省建筑业的节能弹性对整体脱钩的影响在 1998 ~ 2007 年变化很不稳定，贡献忽正忽负（6 年有效数据中，3 年为正，3 年为负），时而是产业弹性脱钩的主导因素，时而又变为产业脱钩的主要阻力因素，体现了节能弹性受政策调整的影响较大，也体现了节能技术发展的非连续性。山西省建筑业的价值重估弹性对整体脱钩的影响在 1998 ~ 2007 年整体稳定，呈现出一种持续的正向影响，反映出建筑业由于土地价值反复重估对产业 GDP 的正向影响。山西省建筑业的产业发展弹性对整体脱钩的影响在 1998 ~ 2007 年呈先上升后下降趋势，1999 年和 2000 年为正向影响，其中 2000 年更达到 7.75，成为产业脱钩的主导因素；2001 ~ 2003 年转为负向影响，并且影响力接近于 -1 或在 -1 以上；2007 年这一因素影响转为微小正向影响。

从各年均值而言，产业减排脱钩弹性、价值重估脱钩弹性和产业发展脱钩弹性均呈正值，分别是 0.33、0.54 和 0.72，其中产业发展脱钩弹性最大，最具影响力；产业节能脱钩弹性呈负值，为 -0.59，长期表现为负向影响力。从每年的主导影响力来看，1998 年的主导影响力是价值重估弹性，1999 年和 2000 年是产业发展弹性，2001 ~ 2003 年是产业节能弹性，2006 年是产业减排弹性，2007 年无主导影响力。

第六节　从环境保护税到碳税

一、从环境保护税到碳税

对于国民经济必须依靠的高排放行业，为了推进这些行业采用节能减排技术，世界各国普遍采用了庇古的外部性治理理论进行环境保护税的征收。在低碳经济提出后，这一征税方式也被应用在了降低碳排放方面。

环境保护税由英国经济学家庇古根据局部供求分析理论体系最先提出。在新制度经济学流行之前，他的观点就已经被西方发达国家普遍接受。由行政干预到税收管理是欧美各国环保政策在20世纪后半叶体现出的共同演化趋势，经济干预较之行政干预在制度的社会成本选择上更具优势。越来越多地环境保护目标采用生态税、绿色环保税等多种特指税种来达到维护效果，其中针对污水、废气、噪音和废弃物等突出的“显性污染”强制征税是环境保护税的典型。

荷兰是征收环境保护税较早的国家，为实现环境保护税该国已实施的税种包括燃料税、噪音税、水污染税等，其税收政策已为不少发达国家研究和借鉴。20世纪80年代，意大利开征了废物回收费，作为地方政府处置废物垃圾的资金来源；法国开征了森林砍伐税；《京都议定书》签订之后，欧盟开始全面征收碳税，但执行方案因各国原先环境保护税的差异而不相同。

所谓碳税是指针对二氧化碳排放所进行征税，它以防止气候暖化和应对能源危机为目的。碳税通过对燃煤和石油下游的汽油、航空燃油、天然气等化石燃料产品，按其碳含量的比例征税来实现个体厂商成本与社会成本的趋同。碳税的目的是减少化石燃料消耗和由此导致的二氧化碳排放，碳税的实施对象主要是高排放行业，碳税的理论依据与其他环境保护税基本相同。

二、环境保护税征收的一般方式

环境保护税一般采用从量征收的形式，通过分别对于主要污染物当量的计算来核算纳税规模，而缴税标准一般要结合企业负担和环境治理两个方面，其计算标准的理论依据可参见第二章第二节。

表5－5和表5－6是中国水污染当量计算表，根据《排污费征收使用管理条例》每一当量水污染收取环境保护税0.7元。

表5－5　　第一类水污染物污染当量值　　单位：千克

污染物	污染当量值
总汞	0.0005
总镉	0.005

续表

污染物	污染当量值
总铬	0.04
六价铬	0.02
总砷	0.02
总铅	0.025
总镍	0.025
苯并(a)芘	0.0000003
总铍	0.01
总银	0.02

表5-6　　第二类水污染物污染当量值　　单位：千克

污染物	污染当量值
悬浮物(SS)	4
生化需氧量(BOD5)	0.5
化学需氧量(COD)	1
总有机碳(TOC)	0.49
石油类	0.1
动植物油	0.16
挥发酚	0.08
总氰化物	0.05
硫化物	0.125
氨氮	0.8
氟化物	0.5
甲醛	0.125
苯胺类	0.2
硝基苯类	0.2
阴离子表面活性剂(LAS)	0.2
总铜	0.1
总锌	0.2
总锰	0.2
彩色显影剂(CD-2)	0.2
总磷	0.25
元素磷(以P计)	0.05

续表

污染物	污染当量值
有机磷农药(以P计)	0.05
乐果	0.05
甲基对硫磷	0.05
马拉硫磷	0.05
对硫磷	0.05
五氯酚及五氯酚钠(以五氯酚计)	0.25
三氯甲烷	0.04
可吸附有机卤化物(AOX)(以Cl计)	0.25
四氯化碳	0.04
三氯乙烯	0.04
四氯乙烯	0.04
苯	0.02
甲苯	0.02
乙苯	0.02
邻-二甲苯	0.02
对-二甲苯	0.02
间-二甲苯	0.02
氯苯	0.02
邻二氯苯	0.02
对二氯苯	0.02
对硝基氯苯	0.02
2.4-二硝基氯苯	0.02
苯酚	0.02
间-甲酚	0.02
2.4-二氯酚	0.02
2.4.6-三氯酚	0.02
邻苯二甲酸二丁酯	0.02
邻苯二甲酸二辛酯	0.02
丙烯腈	0.125
总硒	0.02

注：(1) 第一、第二类污染物的分类依据为《污水综合排放标准》(GB8978-1996)。(2) 同一排放口中的化学需氧量 (COD)、生化需氧量 (BOD5) 和总有机碳 (TOC)，只征收一项。

环境保护税收的计算方法见公式（5-23）和公式（5-24）。

$$某污染物的污染当量 = 该污染物的排放量/该污染物的污染当量值 \tag{5-23}$$

$$环境保护税 = 税率 \times 某污染物的污染当量 \tag{5-24}$$

三、碳税的实施①

1990年，芬兰在欧洲率先引入碳税。此后，丹麦、荷兰、瑞典等国家也引入了碳税。《京都议定书》之后欧盟各国也纷纷开始征收碳税。碳税的实施方案与其他环境保护税类似。

首先，在征税对象方面。主要针对两个方向：一是一次能源，如煤、天然气，挪威还对大陆架石油开采中所燃烧的石油征碳税，实质上拓展了税基；二是对电力等二次能源直接征税，即对最终产品征税（电力最初也是对发电燃料征税，但后来转向对最终产品征税）。从碳税的征税对象来看，虽然都是对石化矿物燃料征税，但税基的宽窄有很大的区别。造成这一现象的主要原因是碳税之外其他能源税收和其他减排政策的差异。如在荷兰，碳税是主要的能源税收；而在意大利，碳税仅是其能源税里非常小的一部分。

其次，在税率方面。目前大部分欧盟国家的碳税均以混合方式征收，设计的税率由两部分组成：一部分由该能源的含碳量决定，所有固体和液体的矿物能源包括煤、石油及其各种制品都要按其含碳量缴纳该部分碳税；另一部分是由该能源的发热量来决定，主要是指矿物能源与非矿物能源，如电力征税。碳税税率不是纯粹以燃料中碳的含量所决定的，还考虑不同的燃料比价、不同行业的燃料成本比重等因素。同时，对家庭用燃料、出口燃料及工业用燃料也实行差别碳税税率政策。其目的，既要保护环境，又要保护工业竞争力。丹麦原来对家庭的碳税税率每吨是11.5欧元，而对公司则减到家庭的一半。荷兰当燃料被用作原料时，免征碳税。欧盟建立了统一的碳税税率指引，各成员方必须根据欧盟碳税统一指引不断提高碳税税率。因此，欧盟碳税税率是不断向上变化的。根据欧盟委员会的建议，对能源产品在生产的最后环节征收碳税。具体

① 杨杨、杜剑：《低碳经济背景下欧盟碳税制度对我国的启示》，载于《煤炭技术》，2010年第3期。

包括煤、褐煤、泥炭及其副产品，如焦炭、煤气、天然气、矿物油；从焦炭、天然气、矿物油等能源中可产生用于发动机燃料的抗暴液、甲醛；水力发电设备和原子能发电厂的电力和热力。在各种能源的碳税设置中，液化石油气、重油、煤油等税率偏高，而煤炭的碳税则相对较低。不同欧盟国家的碳税减免范围有很大的区别。减免的主要目的是减少对能源密集型工业和面临激烈国际竞争企业的负面影响，或对低收入居民给予保护。据了解，芬兰的减免项目较少，主要对电力行业免税。挪威的减免项目较多，包括对采掘业、制造业中作为原材料使用的矿物油、汽油、煤和焦炭免税，对在农业和海运及沿海航运运输业中使用的矿物油免税等。

第六章

消费低碳化发展

消费是劳动力再生产的自然过程，是社会物质再生产的必然归宿，是“生产、交换、消费和分配”链条中的关键一环。消费的低碳转型对于从根本上抑制碳排放增长具有关键作用。

第一节　低碳消费的含义、产生与发展

一、低碳消费的含义

低碳消费是基于当前发展过程中造成的能源消耗大、资源浪费、碳排放日益增多、环境污染、生态平衡严重失调等问题而提出的一种新型的消费方式，它是在低碳经济发展理念的指导下发展出的新的消费方式，也是低碳经济发展的必须要求。低碳消费的目的是实现消费的低碳化。低碳消费把人们的消费纳入到生态系统中，接受生态系统对人类消费的约束，使之与生态系统协调统一，实现人与自然的和谐发展。本书中的消费主要指生活消费，并不涉及生产消费，因为生产消费与技术有很大相关性，是生产领域的问题，在这里我们并不探讨。本书提到的低碳消费含义主要包括四个层次：“低排放消费”，在消费过程中温室气体排放量最低；“节约消费”，即对资源和能源的消耗量最小，效用达到最大；“可持续消费”，对人类可持续发展危害最小；“新型消费”，转向消费新能源，鼓励开发新的低碳技术、研发低碳产品，拓展新的消费领域。

二、低碳消费的产生与发展

1. 低碳消费的产生

低碳消费是与低碳经济发展相对应的范畴，它是随着低碳经济发展理论的深化而产生的。“低碳经济”最早见诸于政府文件是在2003年的英国能源白皮书《我们能源的未来：创建低碳经济》。作为第一次工业革命的先驱和资源并不丰富的岛国，英国充分意识到了能源安全和气候变化的威胁，它正从自给自足的能源供应走向主要依靠进口的时代，按目前的消费模式，预计2020年英国80%的能源都必须进口。同时，气候变化已经迫在眉睫。

低碳经济是以低能耗、低污染、低排放为基础的经济模式，是人类社会继农业文明、工业文明之后的又一次重大进步。低碳经济实质是能源高效利用、清洁能源开发、追求绿色GDP的问题，核心是能源技术和减排技术创新、产业结构和制度创新以及人类生存发展观念的根本性转变。“低碳经济”提出的大背景，是全球气候变暖对人类生存和发展的严峻挑战。随着全球人口和经济规模的不断增长，能源使用带来的环境问题及其诱因不断地为人们所认识，不只是烟雾、光化学烟雾和酸雨等的危害，大气中二氧化碳浓度升高带来的全球气候变化业已被确认为不争的事实。在此背景下，“低碳消费”“碳足迹”“低碳技术”“低碳发展”“低碳生活方式”“低碳社会”“低碳城市”“低碳世界”等一系列新概念、新政策应运而生。

在许多传统理论分析及一些人的一般观念中，消费通常被看作是一种完全由个人或家庭分散做出决策的个体行为，社会没有必要对此进行某种价值判断并刻意改变人们的消费决策。但随着社会经济的发展和环境问题的日益严重，消费与发展的关系日趋紧密，消费不仅仅是一种个人行为，而且涉及他人和社会的生存与发展。随着低碳经济发展理论的不断深化，低碳消费的重要性不断显现。2007年英国在其官方网站上提出“碳足迹”的概念并发布了碳足迹计算器，此后各个国家纷纷发布碳足迹计算器，以计算日常生活行为的碳排放。碳足迹标示一个人或者团体的碳耗用量。它是一种用来测量某个公司、家庭或个人因每日消耗能源而产生的二氧化碳排放对环境影响的新指标。碳耗用得多，导致地球暖化的二氧化碳也制造得多，碳足迹就大，反之碳足迹就小。碳足迹分为第一碳足迹和第二碳足迹，第一碳足迹指国内燃料燃烧和交通运输（如汽车、飞机）过程中的化石燃料燃烧所直接排放的二氧化碳（等价物）的量。这是需要我们直接加以控制的。第二碳足迹指人类所使用的某个产品或某项服务在生产、使用、维修、回收、销毁等整个生命周期内，释放出的二氧化碳（等价物）的总量。

2. 我国低碳消费的发展现状

（1）我国居民消费过程中存在很多高能耗高排放的现象。据统计，中国城镇居民因为电器关机不拔插头而导致每年全国待机电量浪费高达 180 亿度，相当于 3 个大亚湾核电站年发电量；2008 年全国一次性纸杯的消费量高达 170 亿只，按 1 只纸杯 20.21 克的碳含量计算，一年的碳排放量就是 34 万多吨。中国环境与发展国际合作委员会 2009 年年会发布的《城市发展的政策——建筑和交通部门》指出：近 10 年来中国城市消费领域能耗年增长率达到了 7%，比国家总能源消耗量 5.9% 的年增长率高出了 1.1 个百分点。另外，农村居民的能耗也比想象中的要大。如今，农村煤炭、电力、成品油等商品能源消费在生产用能和生活用能两方面的比例都有所提高，其中，燃煤成为农村二氧化碳排放的主要来源。吉林大学教授王宪恩提出：1999 ~ 2002 年，城镇居民生活用能已占到每年全国能源消费量的 26%，二氧化碳排放的 30% 是由居民生活行为及满足这些行为的需求造成的。根据国际经合组织的一项调查显示，各国居民因电器待机而消耗的能量约占能耗总数的 3% ~13%。其中，英国 8% 左右，日本 7% 左右，美国 5% 左右，芬兰 5% 左右。目前中国城市家庭电器的平均待机能耗已经占到了家庭总能耗的 10% 左右，相当于每个家庭使用一盏 15 ~ 30W 的“长明灯”①。

（2）中国居民低碳消费意识还比较淡薄。虽然最近一些地区兴起低碳旅游和低碳春节等消费新方式，但低碳消费的意识还没有真正深入人心。《中国青年报》开展了一项主题为“气候变化与青年可持续消费”大型民意调查。接受调查的青年涉及 31 个省、直辖市和自治区，以大中城市为主，涵盖了各地域、各年龄段、各收入水平、多种职业

① 中国统计局：《2009 年中国统计年鉴》，中国统计出版社 2009 年版，第 23 ~ 45 页。

的青年群体。在回答“如果有足够积蓄，你会购买汽车吗”一项时，15%的受访者表示不会；27%受访者表示“肯定会”；而高达49%的人回答“有可能会”。另一个突出的现象是，仅有34%的被调查者在日常生活中注意节约，而53%的被访者不太注意节约，甚至有12%的被访者完全没有节约意识。相比之下，在国外，倡导低碳消费，正在成为新的消费趋向。现在，欧洲人越来越喜欢乘坐火车出行，一个主要原因是乘高速列车带来的人均碳排放只有飞机的1/10。在丹麦的哥本哈根，低碳消费体现在生活的方方面面：许多人把电子钟更换成发条闹钟，使用传统牙刷代替电动牙刷；坚持户外锻炼，尽量少用跑步机；洗涤衣服让其自然晾干，少用洗衣机甩干；减少空调对室内温度的控制，冬天多穿衣服，夏天少穿西装；甚至酒店所用的卫生纸都用再生纸做成。

当然，在一段时间的努力和实践中低碳消费在我国也逐渐的被人们所重视。根据大众点评网和中国银联共同对人们的低碳生活意识和消费形态进行的最新网上调查显示，此次调查中，97.84%的网友选择“支持”低碳消费，选择“不了解”和“无所谓”的网友仅占1.3%和0.87%。受调查网友认为，汽车行业最应该提倡低碳消费，其次为餐饮、婚庆和购物行业。但是要使低碳消费的理念更深的植入人心并转化为行动，仍有比较漫长的道路。

三、研究低碳消费的意义

1. 低碳消费发展将成为碳排放降低的重要途径

根据政府间气候变化专门委员会（IPCC）全球气候变化研究第四次评估报告：“气候变暖的原因除了自然因素影响以外，主要是归因于人类活动，特别是与人类活动中排放二氧化碳的程度密切相关，相关程度达90%以上。”2008年Weber、Matthews对美国的整体食物系统的做了经济投入产出的生命周期评估，研究表明美国平均每年每人通过食物间接排放的二氧化碳量大约占美国每年每人二氧化碳总排放的15%。（Weber and Matthews，2008）

“低碳经济”的重要含义之一，不仅意味着制造业要加快淘汰高能耗、高污染的落后生产能力，而且意味着引导公众反思那些浪费能源、增排污染的不良嗜好，从而充分发掘消费和生活领域节能减排的巨大潜力。在市场经济体制和观念下，“低碳经济”高能效、低能耗技术状态下的生产仍然是追逐最大利润，因此大量生产就是不可避免的，所生产的产品最终一定要想办法卖出去的，而且是卖得越多越好。大量生产必然会产生大量污染、大量排碳。单位能耗降低了，但总量大大增加，二氧化碳的排放量是不会减少多少的。举例来说，通过几十年的努力小汽车行驶 100 公里的耗油量下降了约 50%，但小汽车的总量却增加了几十倍，显而易见的是污染和二氧化碳排放量也增加了许多倍。因此说，“低碳经济”仅有先进技术的支撑是不够的，必须依托于“低碳生活”才能实现减排的目的。学者夏堃堡认为：低碳经济主要是两种：一种是低碳生产，另一种是低碳消费，低碳生产是一种可持续的生产方式。

2. 低碳消费将有助于全球经济新发展

低碳消费要求“新型消费”，消费新型产品，开发新领域消费，低碳消费必将促进新产品、新技术的研发，也将促进新机构的成立。低碳消费是一种新型经济下的新的消费模式，也需要更完善更有效的政策引导，另外新产品、新技术的产生也将促使国际间在这个领域的合作。中国学者牛文元认为，低碳经济是通过更少的自然资源消耗和更少的环境污染，获得更多的经济产出；低碳经济是创造更高的生活标准和更好的生活质量的途径和机会，也为发展、应用和输出先进技术创造了机会，同时也能创造新的商机和更多的就业机会（牛文元，2008）。低碳消费必将有助于全球经济新一轮的发展。

第二节　碳消费的计算与分析模型介绍

一、碳消费的含义和食物碳消费的计算

1. 碳消费的含义

所谓碳消费是指由于消费所引致的为满足消费而生产、加工、运输、储存、家庭消费、垃圾处理等环节所全部形成的碳排放。碳消费是进行消费低碳化研究的基本指标。在生产、加工、运输、储存、消费、垃圾

处理的过程中都会有能源的使用，如生产加工过程的机械使用需要能源，运输过程中交通工具的使用需要能源，消费品储存过程需要能源，家庭中的使用过程需要能源，这些能源的使用都会产生相应的碳消费。消费品本身的代谢过程也会产生碳消费，垃圾的处理可能需要能源，而其本身也会产生碳消费。基于以上对碳消费的分析，碳消费的概念又可以基于研究对象划分为广义和狭义，广义概念即上述概念，狭义概念则专指消费品在家庭环节的碳排放，包括家庭制作、家庭使用、家庭储存和家庭垃圾处理等过程产生的碳排放。

2. 食物碳消费的计算

鉴于家庭消费品中食物在碳排放中所占据的主导地位本书重点介绍食物碳消费的计算。

（1）直接食物碳消费计算。

$$W_c = \sum_{i=1}^{n} W_{ci}$$

$$W_i = W_c \times R_i$$

$$R_i = C_{pi} \times p_i + C_{fi} \times f_i + C_{ci} \times ci$$

其中，W_c 为所有食物的总碳量；W_{ci}为食物 i 的碳量；W_i 为食物的消费量；R_i 食物 i 的碳折算系数 n 为消费食物的种数；C_{pi}、C_{fi}、C_{ci}分别为食物 i 中蛋白质、脂肪和碳水化合物的含量；P_i、f_i、c_i 分别为食物 i 中蛋白质、脂肪和碳水化合物的碳量，可根据不同食物蛋白质、脂肪和碳水化合物的化学组成折算而成。

（2）人均间接食物碳消费。

$$E_1 = 507.35 \times e \times N/100 \times n$$

其中，507.35 千瓦时为每台电冰箱年耗电量；e 为各年电力折算标准煤等价系数；N 为每百户家庭拥有电冰箱数量；n 为中国平均家庭规模。

$$Ems = (E_1 + E_2) \times 0.8$$

其中，Ems 为家庭间接食物碳消费；E_1为中国城镇居民家庭储存食物能源消费；E_2 = 36.25 千克为城镇居民家庭人均炊事能源消费量平均水平，0.8 为全国平均碳排放系数。

二、生命周期评估模型

生命周期评估（life cycle assessment，LCA）①，是一项自20世纪60年代即开始发展的重要环境管理工具，生命周期是指某一产品（或服务）从取得原材料，经生产、使用直至废弃的整个过程，即从“摇篮到坟墓”的过程。按ISO14040的定义，生命周期评估是用于评估与某一产品（或服务）相关的环境因素和潜在影响的方法，它是通过编制某一系统相关投入与产出的存量记录，评估与这些投入、产出有关的潜在环境影响，根据生命周期评估研究的目标解释存量记录和环境影响的分析结果来进行的。本研究以生命周期评估作为低碳消费评价方法的代表性方法进行介绍。

1. 生命周期评估的分析框架

生命周期评估是一项用于评估产品的环境因素与潜在影响的技术，它是由以下四个相互联系的要素组成：（1）目标定义和范围；（2）清单分析，即编辑一份与研究系统相关的投入产出清单；（3）影响评价，即评价与这些投入及产出相关的潜在环境影响；（4）结果分析与改进，即对产生的清单和环境影响进行分析，以指导产品开发和应用。

2. 生命周期评估的原则及思路

原则包括：（1）列出投入和产出的清单；（2）对影响进行定量的分析，评价排污对环境的影响；（3）对结果进行分析，提出改进。

生命周期评估的思路：第一步，进行清单分析。清单分析是一种定性的描述系统内外物质流和能量流的方法，进行产品的生命周期评估，首先要明确产品所属的系统，然后列出系统内外物质流和能量流的清单，通常系统输入的是原材料和能源，输出的是产品和向空气、水体及土壤等排放的废弃物，如废气、废水、废渣、噪声等，如图6-1

① 刘忠文：《生命周期评估——开展环境管理的重要工具》，载于《环境保护科学》，1998年第6期。张莉、陈云：《低碳经济与纺织可持续发展（四）——产品碳足迹核算与生命周期评估》，载于《印刷》，2011年第3期。黄英娜、张天柱、张锡辉：《生命周期成本评估的意义及理论依据》，载于《生态经济》，2005年第3期。谢菲菲、王海燕：《食品供应链可持续发展的生命周期评估法》，载于《物流技术》，2005年第3期。杨楠楠：《以生命周期评估为方法论的服装产品碳足迹评估》，载于《毛纺科技》，2014年第9期。

所示。

输入——→系统——→输出

图6－1　清单分析步骤

为了清楚地描述系统内外的输入和输出关系，应将系统细分成一系列相互联系的子系统，按照物质流和能量流的流动方向进行排列，如图6－2所示电的生产和传输。

煤的生产——→煤的运输——→燃煤发电——→电的传输

图6－2　电的生产和传输

第二步，影响评价。影响评价是一项技术性的工作，它是根据清单分析过程中列出的要素对环境影响进行定性和定量分析。它包括以下几个步骤：首先，对清单分析过程中列出的要素进行分类；其次，运用环境知识对所列要素进行定性和定量的分析，识别出系统各环节中的重大环境因素；再次，对识别出的环境因素进行分析和判断。

第三步，结果分析和改进。通过结果分析和改进，找出合理、经济、有效的方法来减少环境风险，增强产品竞争力，实现企业的价值目标。

三、生命周期评估模型的实证应用案例[①]

谢菲菲和王海燕（2005）应用生命周期评估法（LCA）对食品链的经济、社会和环境三个方面的可持续性进行评估。构建了食品链可持续发展的指标体系，并建立了对该指标体系进行评价的层次分析法。其主要内容阐述：将评价目标和范围界定在食品供应链的整个过程中，然后进行食品供应链的清单分析，如表6－1所示。清单分析是LCA的核心和关键，它通过追踪整个食品供应链，详细列出各个阶段的各种输入输

① 谢菲菲、王海燕：《食品供应链可持续发展的生命周期评估法》，载于《物流技术》，2005年第3期。需要说明的是本例仅旨在说明生命周期评估法的应用，故对谢菲菲、王海燕所著食品供应链可持续发展的生命周期评估法一文中其他方面诸如层次分析法与判断矩阵构建技术并未详细阐述。有兴趣上述方法的读者可查阅相关文献。

出清单，并进行量化和分析。根据清单中的信息，对既定目标进行影响分析，完成清单中各种因素的分析、评估①。

表6－1　　食品供应链输入输出清单分析

供应链阶段		输入	输出
农业生产	选种和饲养 农业产品	饲养、水、能量、交通、设备、化学物	气体排出物、废水、固体废物
工业加工	初加工 深加工 最终加工	水、能量、物料、化学物、交通、设备	气体排出物、废水、固体废物
流通	批发 零售商 食品服务	交通、水、能量、设备	气体排出物、废物
消费	消费者	交通、水、能量、设备	废物

在对食品供应链进行生命周期评估的基础上，综合考虑环境、社会和经济三方面的因素，建立食品供应链可持续发展的指标体系。当分析食品供应链的可持续性、选择评估指标体系时，应该考虑以下因素：(1) 应用生命周期评估来把握食品供应链，需要考虑供应链的整个阶段，也要对单个的阶段进行分析，比如最初的来源、农产品种植和生产、食品的加工（初加工、深加工、最终加工）、食品的批发和零售、食品服务和家庭消费等；(2) 可持续评估应该抓住可持续性的经济、社会和环境三个方面；(3) 可持续性的指标应该能够评估对可持续性有重要意义的食品供应链的每个阶段的几个方面，包括废弃物、运输、能源消耗等；(4) 指标应该能够提供食物生产和消费不同策略和模式的比较方式。

首先，需要分配一个指标给指定的可持续方面（经济、社会和环境），在选定的方面考虑特定的可持续发展目标，然后选择影响达到该目标测量的标准并确定适合指标测量的单位，最后考虑对于所有食品类型

① 向东、张根保：《绿色产品及其评价指标体系研究》，载于《计算机集成制造系统》，1999年第5期。

和供应链上所有阶段指标的应用。可以设计出如表 6－2 所示的一系列可持续发展关键指标。

表 6－2　　食品供应链可持续发展关键指标

供应链阶段	经济	社会	环境
农业生产	GDP 的份额 劳动生产率 公司收益 公司规模的分布 产品的进口比率 国家进口比率	工作数量 平均工资 暴露在有害物质中 环境级别报告 存储密度/前期死亡率	能源消耗 水的使用 总的废弃物 包装的使用 单位消耗能量
加工行业	GDP 的份额 劳动生产率 公司收益 公司规模的分布 产品的进口比率 国家进口比率	工作数量 平均工资 暴露在有害物质中 环境级别报告	能源消耗 水的使用 总的废弃物 包装的使用 单位消耗能量
流通	GDP 的份额 劳动生产率 公司收益 公司规模的分布 产品的进口比率 国家进口比率	工作数量 平均工资 暴露在有害物质中 环境级别报告	能源消耗 水的使用 总的废弃物 包装的使用 单位消耗能量
消费	社会团体在食品上的消费	深加工/附加值产品的比例	能源消耗 废物总量

其次，食品供应链生命周期的不同阶段对可持续性发展的影响不同，一种生长时可持续影响相当低的作物，如咖啡，对其评估包括加工、流通所需要的能源及废物处理，就可知道对可持续性有很大的影响。所以应该对食品供应链每个阶段的分别进行评估，确定其对可持续性的影响，从而改进食品供应链的可持续性。下面以食品加工为例应用层次分析法对食品供应链的可持续性进行评估。

运用层次分析法进行决策分析，首先是建立所分析问题的多层次结构模型，即根据具体决策问题的性质和要求，将问题的总目标及备选方案正确、合理地进行层次划分，确定各要素组成。一般层次结构模型中最上层表示决策问题的目的或总目标；中间层次多为由目的或总目标分解的具体子目标或实现预定目标的策略约束、准则指标等；底层为决策问题的备选方案或相应评价对象。对食品加工阶段中各因素之间的关系进行分析，可建立如图 6－3 所示的递阶层次结构。

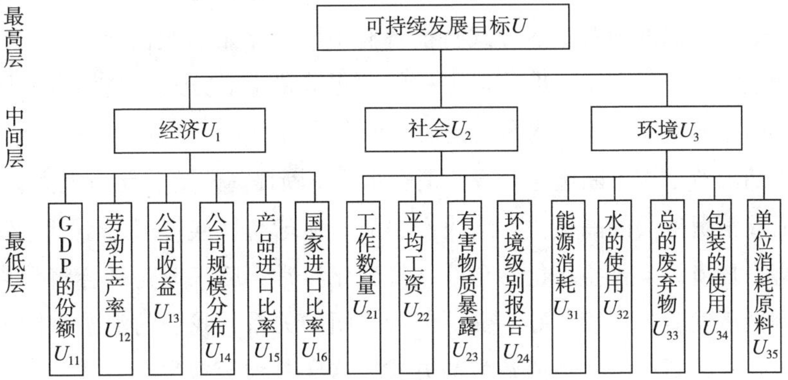

图 6－3　递阶层次结构

对隶属同一级的要素，根据评价尺度构建判断矩阵。判断矩阵是指相对于层次结构模型中某一要素，由其隶属要素两两比较的结果构成矩阵，它是应用层次分析法的基础，也是进行相对重要度计算的重要依据。以环境因素为例，构建表 6－3 所示判断矩阵，可计算确定各要素的权值（W_i）。

表 6－3　　环境因素权值

要素	U_{31}	U_{32}	U_{33}	U_{34}	U_{35}	M_i	$\sqrt{M_i}$	W_i
U_{31}	1	1/2	3/2	5/3	2	5	2. 236	0. 318
U_{32}	2	1	4/3	3/2	2	8	2. 828	0. 402
U_{33}	2/3	3/4	1	1	3/2	3/4	0. 866	0. 123
U_{34}	3/5	2/3	1	1	3/2	3/5	0. 775	0. 110
U_{35}	1/2	1/2	2/3	2/3	1	1/9	0. 333	0. 047

第三节 低碳消费生活方式

一、低碳消费生活方式的特征

从原始农业社会到现代工业社会再到后工业社会，不同的历史时代背景下，人们的消费生活方式特征各有不同。原始农业社会下，人们的消费生活符合低碳化标准，但那种低碳化消费生活方式的具体内容则是消费结构的单一、消费水平的落后、消费能力的低下。现代工业社会下，人们的消费结构不断优化升级，消费水平不断提高，消费能力大大提升，然而，消费生活的高碳化，给我们生活的地球与气候带来了不可逆转的损害，环境污染日益恶化，全球气候变化异常。后工业化社会将致力于协调经济发展与环境友好、资源节约之间的关系，我们的消费生活方式应该是一种新型的低碳消费生活方式，这样一种消费生活方式，既不同于农业社会下的落后的低碳消费生活方式，更不同于工业社会下那种高碳化的消费生活方式。

第一，它是一种消费结构低碳化的生活方式。应该是低碳消费品在消费结构中的比重不断提高，低碳消费数量与低碳消费质量结合恰当。微观层面上的消费结构低碳化，指的是消费者衣、食、住、用、行、娱乐等各种消费类型中低碳消费品数量不断增加，低碳消费效益明显提高。微观层次上的消费结构低碳化，是通过消费促进人的全面发展的根本途径，也是构建新型低碳消费生活方式的具体内容。

第二，它是一种环境友好型、资源节约型的生活方式。在环境友好型、资源节约型的社会中，人与自然和谐相处，人们崇尚合理的节俭，不浪费有限的自然资源。而这样一种和谐状态首先就要从每一个消费者做起，低碳消费对低碳生产、低碳社会发展有着最为直接的影响。

第三，它是一种以“低碳”为导向的共生型消费生活方式。低碳消费生活方式着力于解决人类生存环境危机，其实质是以“低碳”为导向的一种共生型消费方式，使人类社会这一系统工程的各单元能够和谐共生、共同发展，实现代际公平与代内公平，均衡物质消费、精神消费和生态消费，使人类消费行为与消费结构更加科学化。这样一种共生型消费生活方式充分体现了对自然生物可持续生存权利的尊重。

第四，它是一种文明、健康的消费生活方式。低碳消费生活方式特别关注如何在保证实现气候目标的同时，维护个人基本需要获得满足的基本权利。但有限的资源、日益恶化的环境，要求我们承担起保护环境、节约能源资源的社会责任，它要求我们具有高度的生态文明、社会文明与精神文明，它是一种道德责任。作为高文明程度的现代人类，当然应该追求健康的消费目标，低碳消费是一种更好地改善生活的有益于身心健康的生活方式。

二、我国低碳消费生活方式的建立

在发达国家居民的低碳生活意识比较强，而且在政策扶持、技术和产品开发、消费观念转变等方面比中国先行一步，有很多值得中国借鉴的地方。目前中国正处于经济快速发展期，人们正享受着现代生活带来的便利和舒适，一次性产品的使用、面子消费、奢侈消费、便利消费的现象也很普遍，这样的生活方式和消费习惯一点不“低碳”。在现阶段，居民“生活方式低碳化”从消费意识的转变、低碳产品的提供、政策的扶持上看，都将是一个耗时长、意义大、需要各方做出很多努力的过程。由于低碳生活和低碳消费的实施者主要是普通居民，中国目前在能源、技术、建筑等方面的很多技术还不能够满足低碳生活的要求，所以在构建低碳生活方式的过程中，仅仅依靠消费者个人的力量是不可行的，不仅仅需要人们的消费观念和生活方式发生转变，同时还需要政府和企业在政策引导、能源开发、产品提供上提供支持，更需要公共传媒和教育机构将低碳生活的观念传输给消费者，多方努力，逐渐引导居民生活走向低碳化。

第一，国家在政策上应该给予扶持，同时要进一步完善低碳经济发展的相关法律制度和规范。政府可根据不同行业，制定相应的节能控制指标；提高新建建筑的节能标准，加强建筑认证方面对于建筑能耗的重视，对建筑进行节能评级，可对开发节能建筑的地产开发商进行减税鼓励措施，对购买节能住宅的居民提供优惠的抵押贷款、减税或补贴政策；在交通方面，通过合理地减免购车税、开征燃油税等方法来鼓励消费者购买使用环保汽车，对部分污染严重、油耗未达标的汽车进行取缔、罚款或一定的交通限制等措施。

第二，企业应该积极开发和提供低碳产品和服务。除了节能汽车、节能家电之外，一些新的节能技术和服务也蓬勃发展，比如建筑集成节能技术。建筑节能应在住宅外墙保温、门窗设计、屋顶保温这三方面下大功夫，达到节能住宅的设计标准。在保证室内热环境质量的前提下，减少采暖、空调、热水供应、炊事、照明、家用电器、电梯等方面的能耗，实现《国家节能中长期专项规划》规定的“十一五”期间建筑节能100百万吨标煤的目标要求。随着我国每年新增建筑面积约为18亿~20亿平方米，如果这些建筑都实行了节能技术，对于节能减排的贡献不可忽视。而目前大多数既有建筑都存在着能耗高、使用功能差、抗灾能力弱等问题，拆除使用年限较短的建筑是一种极大的资源浪费。再比如低碳物业管理技术，小区内设置太阳能庭院照明灯；对供热系统进行安装自动节能控制装置等；小区设置雨水收集装置，收集来的雨水用于绿化灌溉；小区小型太阳能光伏电站，直接供电用于草坪灯、路灯照明。

第三，社会广泛宣传低碳消费生活方式。向消费者提供详细的、通俗易懂的房屋能耗信息；促进节能家电、节能车、节能灯等产品生产商和销售商与消费者团体的信息沟通；加大对节能产品标准向全社会的宣传力度；要在媒体上宣传生活中节约能源的小窍门等。教育机构通过课堂和校园文化对学生传输低碳生活理念，引导他们爱护环境、爱护地球，强化学校低碳生活教育课程及教材。中国居民低碳生活方式的教育和引导工作将是一个庞大的工程，需要很多提供公共信息的社会公众及媒体做出努力。

第四，居民要转变消费观念，走出低碳消费的误区。这是居民低碳消费生活建立的重中之重，要通过政策鼓励、产品支撑、教育与引导并行的手段改变居民的固有消费观念。劝导人们放弃或改变“快捷消费”“一次性消费”“炫耀性消费”等各种形式的高碳消费，使生活方式呈现低碳化、低能耗。居民要转变消费观念还要走出以下几个很容易形成的低碳消费的误区。

一是低碳消费降低了消费水平和消费质量。改善人民生活，不仅指提高消费水平，还包括提高生活质量，而生活质量表现在物质生活、精神文化生活、人居和生存环境、社会公共设施和服务的享有、社会治安状况等各个方面。我们所追求的不应只是物质生活的富有，而是适度、实用、舒心的物质生活，充实的精神生活和高尚的精神境界。在衣、食、住、用、行等基本生活需要得到较好的满足后，物质消费的挥霍和奢侈，对提高生活质量有损无益。

二是消费中的低碳化与生产发展相对立。片面强调消费需求对生产的作用，并把消费中的低碳化同生产发展对立起来，则是失之偏颇的。自然资源越来越紧缺，成了经济发展的制约因素，在今天已经是不争的事实。因此，在消费中注重低碳化，杜绝浪费，从而促进生产的节约，是保证经济社会可持续发展的必然要求。

三是低碳消费与否纯属个人偏好问题。低碳消费体现社会责任感，在当今社会，个人的消费行为和生活方式，不同程度地对其他人以至整个社会发生影响。不仅要兼顾当代人的当前消费和长远消费，而且要兼顾当代人和后代人消费需要的满足，当代人消费的增长要以不影响后代人消费的增长为前提。

第四节　引导低碳消费的政策分析

一、国外引导低碳消费的政策经验

低碳经济发展比较早、比较快的国家为实现其低碳消费的目标，设计了各种有效的低碳政策工具，这些国家低碳消费政策工具的显著特点是充分利用了市场机制，尽可能地调动微观经济主体的积极性，政府发挥制定规则和弥补市场失灵的作用，它们的低碳消费政策工具从政策工具设计背后的经济学理论来看，可以概括为以下两类。

（一）基于市场失灵与外部性理论的低碳消费政策

传统的经济学以外部性和公共品性质来解释能源环境领域的市场失灵，认为解决之道有政府管制、税收、补贴等手段，矫正因市场缺陷而产生的外部性问题。具体包括：

1. 法律规制

英国是世界上第一个将温室气体减排目标写进法律的国家，2007 年

6月出台的《气候变化法案（草案）》就注重削减家庭的碳排放。

日本很注重通过法律法规、宏观规划、管理创新等措施，鼓励和推动节能降耗，大力发展低碳经济。如《促进建立循环社会基本法》《促进资源有效利用法》《固体废弃物管理和公共清洁法》《促进容器与包装分类回收法》《家用电器回收法》《建筑及材料回收法》《食品回收法》《绿色采购法》等法律的颁布实施，为低碳经济和低碳消费的有效推动提供了法律依据和保证；同时，日本还注重产业结构的调整、节能规划的有效制定，这为停止或限制高能耗产业发展提供了标准。

法国政府公布一系列新的环保法律草案，涉及建筑业、交通、农业和能源等多个方面：一是对能源消耗“大户”的建筑业，提出了对旧房进行大规模改造；二是对于交通，计划在2020年前新建2000公里的高速铁路，到时将交通工具的二氧化碳排放量减少20%；三是对于农业，提出到2013年将生态农业在农业中所占的比重从目前的2%提高到6%，到2020年争取达到20%；四是对于有关产品安全方面，要求30种可能存在不安全因素的农药产品在年内退出市场。

美国虽然没有加入《京都协定书》，但近二十年十分重视通过立法节能减碳。如美国1990年实施《清洁空气法》；2005年通过的《能源政策法》；2007年7月美国参议院提出了《低碳经济法案》。

德国的《废弃物处理法》最早制定于1972年；1986年修改为《废弃物限制及废弃物处理法》。1996年制定了《循环经济与废弃物管理法》；2002年出台了《节省能源法案》；2004年又出台了《国家可持续发展战略报告》，其中专门制定了“燃料战略——替代燃料和创新驱动方式”，以减少化石能源消耗，达到温室气体减排，从而建立了系统配套的法律体系。

此外各国为引导低碳消费做出的各种标准也是门类众多。美国制订了家用能源设施最低能效标准，对建筑和空调、冰箱等高能耗家用电器，不断提高节能标准。英国政府出台了可持续住房标准，分6个等级限定能源效率和水效率的最小消费标准，对所有租赁和销售的建筑物实行能源绩效证书管理制度，并从2008年起，要求所有家用照明灯都必须是低能耗种类。巴黎是政府规定市内所有新建筑必须遵守每年在暖气和热水方面不超过每平方米 50 千瓦时的标准，需要整修的旧房标准为 80 千瓦时。①

2. 绿色税收及财政补贴

绿色税收是指国家通过税收政策来保护环境，达到减少碳排放的目的。为了减少产生二氧化碳的燃料的使用，英国、法国、瑞典、澳大利亚、丹麦等国家先后开始征收二氧化碳税。法国通过减免税，鼓励在工业、服务、住房建筑、交通运输等领域采取用节能型设备。德国则通过修改机动车税与征收载重汽车费规定以增加小排量汽车，来降低二氧化碳排放。芬兰依据汽车尾气安装装置不同，燃油税种不同，征收不同的汽车税。② 为了敦促消费者对物品的利用率，比利时、丹麦、芬兰、美国和加拿大的一些省份对一次性饮料包装物课税，意大利、日本对塑料袋课税，比利时还对不回收的一次性照相机课税，美国对一次性剃须刀课税。自 2009 年 4 月 1 日起，日本已开始实施减免混合动力车等环保车辆的购置税和重量税的优惠政策。同时，日本政府还在研究推行一项环保车辆补助金制度，对混合动力车、电动汽车以及满足一定排放标准的汽油车和柴油车的消费者支付 10 万日元（微型车）至 20 万日元（其他车型）的补贴。此外，如果报废使用 13 年以上的旧车更换环保车型时，还将得到 10 万日元的额外补助。瑞典政府推出奖励措施：从 2007 年 4 月 1 日到 2009 年 12 月 31 日，凡购买 1 辆环保型汽车，可免税 1 万瑞典克朗（约合 1400 美元）。

各国的绿色税收一般都有对提高能效、发展低碳技术的减免税的优惠政策。意大利对可再生能源领域投资、环境影响小和节约能源的新产品的开发投资、能降低能耗的新工艺的开发的企业给予资助，对农业能源系统给予优惠，对高效率电机减免税收。德国规定企业享受的税收优惠与节能挂钩。美国制定免税政策鼓励节能，鼓励消费者购买节能型汽车，鼓励消费者使用节能设备和购买节能建筑，对新建节能建筑实施减税政策。并且对在住宅中使用节能玻璃和节能电器的居民减免税收，甚

---

① 任奔、凌芳：《国际低碳经济发展与启示》，载于《上海节能》，2009 年第 4 期，第 10 ~ 14 页。

② 郭新力：《国外绿色税制建设及对我国的启示》，载于《林业经济》，2006 年第 4 期，第 43 ~ 46 页。

至居民在住宅中更新温度调控设备、换节能窗户、通过维修制止室内制冷制热设施的泄露等也可获得全部开支的10%的减免税收优惠。

（二）基于信息不对称理论的低碳消费政策

为克服信息不对称和复杂委托—代理问题，依据激励相容机制设计理论的政策工具有建立节能机构、宣传教育、绿色购物与标签计划等，激励厂商和消费者主动减少“逆向选择”和“道德风险”。

1. 建立节能机构、培养专业人员

日本建立了多层次的节能监督管理体系：第一层为以首相领导的国家节能领导小组，负责宏观节能政策的制定；第二层为以经济产业省及地方经济产业局为主干的节能领导机关，主要负责节能和新能源开发等工作，并起草和制定涉及节能的详细法规；第三层为节能专业机构，如日本节能中心和新能源产业技术开发机构（NEDO）等，负责组织、管理和推广实施。

德国政府重视能源节约和碳减排，为引导低碳消费建立节能咨询机构，加大扶持力度，进行节能宣传。2002年德国成立能源局，为企业和公众提供节能咨询。政府鼓励、资助小型节能咨询机构的发展，每年对咨询人员进行专业培训，不合格的取消其咨询资格。为了调动企业和个人投资节能领域的积极性，德国政府开展了许多资助项目，如房屋所有者可以享受工程师的咨询服务，以选择更经济实用的房屋节能措施，大部分咨询费由政府承担。

2. 公众宣传教育

德国通过各种宣传手段来提高民众节能意识。如政府高级官员不定期与民众举行研讨会，鼓励民众对政府、企业在节能与环保领域的工作进行监督。开设了免费电话服务中心，解答人们在节能方面遇到的问题，建立专门的节能知识网站，向民众介绍各种节能专业知识。开展节能知识和技能竞赛，对优胜者给予奖励。

2008年，日本为在全国宣传减排理念，改变城市与交通、能源、生活、商务模式等社会结构，日本政府决定在国内挑选10座“环境示范城市”。按照规定，入选城市中的居民主要消费地产食品，并且充分利用了当地的太阳能、风能、生物能、地热能等自然资源。通过推动节能住宅的普及、充分利用生物资源、完善轨道交通网络建立便捷的公共交通体系，尽可能减少人流和物流产生的碳排放。①

3. 绿色购物与标签计划

日本积极推广绿色采购，建立“绿色采购事例数据库”，使用环境标志。截至2008年3月，生态标志产品对象类型为47种，认证产品数量为5239个，政府优先采购环保产品，对社会的低碳消费起到推动和示范作用。②

在英国特易购，百事可乐及其他顶级品牌食品公司已经给部分食品标上了“碳足迹”标签③，帮助消费者做出“绿色”采购决策。英国政府呼吁其他品牌的食品也标上“碳足迹”标签，消费者进入超市后可根据自己的环保理念，查看商品“碳足迹”标签，采取绿色购物行为。

从发达国家的低碳政策来看有以下特点：一是政策工具的多样化和相互协调，通过征税、补贴、基金、市场交易等工具综合运用；三是在政策制定和实施过程中，政府创造或借助了一些“中间力量”，如德国专门的节能咨询机构，日本的自愿性组织等；四是着力促进公众观念的转变。

二、中国引导低碳消费的政策工具选择

有效的政策工具是低碳消费政策目标得以实现的根本保障。低碳消费政策工具设计的根本要求是通过发挥“看得见的手”（政府）和“看不见的手”（市场）的双重作用，建立有效的激励约束机制，促进消费方式由“高碳”向“低碳”转变。在各种工具的选择中他们的互相协调，使之更具备适用性就尤为重要。完全自由的市场无法成为实践中的政策工具，消费者追求利益最大化，生产者追求利润最大化，如果不辅之其他政策工具，仅仅依靠市场根本达不到减排的目的。对公众的宣传教育属于比较温和、比较节约的政策工具，政府向公众传递信息，希望他们按照政府意愿改变他们的行为，但是成效并不明显。所以对公众的宣传教育也只能和其他政策工具一起使用才能收到效果。补贴的形式有

① Action Plan for A Chieving a Low－carbon Society [EB/OL]. http://www.kantei.go.jp/foreign/policy/ondan2ka/final080729.pdf, 2008－7－29.

② 唐丁丁：《日本发展低碳经济的启示》，载于《世界环境》2009年第5期，第62～64页。

③ 碳足迹标签是将产品的碳足迹以标签形式标于产品上。

很多种，引导低碳消费的补贴形式主要是税收激励、奖金等，补贴在鼓励公众改变行为方式方面收效较大，政策实施也比较容易，管理和贯彻政策的成本也比较低，是一种极具优越性的政策工具，但是其也具有缺点，主要表现在确定补贴额度比较困难、具有滞后性，行为方式改变后取消补贴会引起不满。对政府来说补贴是积极的激励工具，征税就是消极的激励工具，限制了与此相关的消费与行为。税收的益处是易与构建、强制性高、管理有效率、可预见、比起补贴税收政策成本更低，但是其缺陷是可导致经济效率低、缺乏灵活性、不能涵盖所有情况、强制成本高等。

选择合适的政策工具，有助于低碳消费目的的实现。目前根据中国国情应该怎样选择合适的政策工具呢?

第一，必须明确中国低碳化政策体系必须跟上市场化改革的进程，吸取世界各国发展低碳经济的经验，健全法制，深化相关配套改革。在借鉴西方发达国家经验的过程中要注重“本土化”。没有包治百病的良药，每一种政策工具都有其有效性和固有的缺陷，必须根据中国的实际和具体目标来作出选择或创造性运用。

第二，充分发挥媒体和公众的作用，健全市场经济道德体系。目前，中国影响消费者的组织能力还不高。改革开放，使公众见识了“优越”的生活方式——摩天大楼、家用汽车、众多奢侈品等。高科技带给我们便利、快捷的生活方式，低碳消费被认为是回归“克勤克俭”的生活方式，被许多人认为影响生活质量。“由俭入奢易，由奢入俭难”。对于这种政策缺乏影响力的情形，政府需要加大宣传力度，使低碳消费的理念深入人心，被公众所接受，并能转化为行动。

第三，利用信息工具，制定“碳标签”，制定低碳标准，政府要及时发布信息。这样的制度有利于引导公众的自愿性低碳消费。

第四，综合利用补贴，税收等政策工具。补贴和税收能很好地起到改变公众的消费方式，引导公众低碳消费的作用。但是补贴和税收工具制定前首先要收集大量信息，准确的确定补贴和税收的额度。

第五，当这些工具使用了一段时间，低碳消费理念已经深入人心，国家影响消费者的组织能力提高了以后，政府应该考虑使用法律规制手段，将减排义务上升到法律层面，切实落实政府和公众的社会责任。社会资源有限，改变行为方式后所生产的新资源的分配需要有制度安排，而这些制度必须是系统的，全面的，一致的。

总之，中国运用低碳消费政策工具，应该充分发挥市场机制和政府作用，在综合利用各种政策工具使低碳消费深入社会各个角落后，利用法律落实责任。政府合理运用低碳消费的政策工具，将引导整个社会向低碳模式转变。

第七章

碳汇产业发展

第一节　碳汇产业的含义和价值

自然界的碳循环包括碳排放和碳吸收两个方面，减少碳排放和扩大碳吸收是低碳经济在环境方面的最终目标。本篇前三章能源低碳化、产业低碳化和消费低碳化主要从碳排放降低角度讲解了低碳经济的实现路径，可以概括为低碳经济的碳源方面，本章的重点是碳吸收增加，可以概括为碳汇方面。

一、碳汇的含义和分类

“碳汇”一词来源《联合国气候变化框架公约》缔约国签订的于2005年2月16日正式生效的《京都议定书》。所谓碳汇是与碳源相对。碳源是指产生二氧化碳之源，它既来自自然界，也来自人类生产和生活过程，是指向大气释放碳的母体，而碳汇就是指吸收大气中碳的寄存体。减少碳源一般通过二氧化碳减排来实现，增加碳汇则主要采用固碳方法。最为常见的固碳途径既包括森林碳汇、草原碳汇、耕地碳汇和海洋碳汇等基于有机循环的碳汇形式，也包括非有机循环的碳封存、碳捕捉技术及二氧化碳资源化。

二、碳汇发展的价值

化石能源对当前人类经济发展还不可替代，碳排放作为社会再生产的副产品在很长一段时间还不可避免，碳汇产业发展为经济低碳化发展和避免全球暖化提供了一条在节能减排之外又一个空间广阔的路径。碳汇产业发展的首要价值正在于此。

同时，碳汇也为南北合作和实现不同区域公平发展带来了契机。在经过数百年化石能源推动的现代工业经济之后，先发国家和后起国家的差别不仅体现在经济形态还体现在自然形态，先发国家经过大规模工业化建设后普遍表现为植被减少、人造环境面积增大、碳排放量巨大而碳吸收能力严重不足，后起国家则与之相反，经济落后、工业产出不足但自然环境未受到破坏，森林和草原具有较强的碳汇能力。低碳经济概念的提出为后起国家与先发国家在经济地位中的不公正给出了有力的注脚，也为后起国家实现自身发展提供了理论上的支撑。碳汇产业发展正可以达到化解低碳经济理念造成的南北矛盾，一方面发达国家通过支持在发展中国家开展碳汇项目弥补其碳排放造成的环境压力；另一方面发展中国家在不伤害自身环境的同时谋求了经济发展。

第二节　有机循环的碳汇产业发展

一、基于有机循环的碳汇机理和主要类型

有机循环的碳汇主要利用植物光合作用吸收大气中的二氧化碳，并将其固定在植被、土壤和水域中，从而减少温室气体在大气中浓度；植被把吸收的二氧化碳在光合作用下转变为糖、氧气和有机物，为生物界提供枝叶、茎根、果实、种子，提供最基本的物质和能量来源。这一转化过程，就形成了基于植物有机循环的固碳效果。

从植物有机循环碳汇的规模而言，对目前全球低碳经济发展能够发挥重要作用的包括森林碳汇、草原碳汇、耕地碳汇和海洋碳汇。

二、森林碳汇的发展

森林植物在生长过程中通过光合作用吸收二氧化碳、放出氧气，并把大气中的二氧化碳固定在植被和土壤中。森林碳汇就是指森林生态系统减少大气中二氧化碳浓度的过程、活动或机制。森林是陆地最大的储碳库和最经济的吸碳器据联合国政府间气候变化专门委员会估算全球陆

地生态系统中约储存了 2.48 万亿吨碳，其中 1.15 万亿吨碳储存在森林生态系统中。科学研究表明：林木每生长 1 立方米，平均约吸收 1.83 吨二氧化碳。需要说明的是，由于森林植被完全在生态规律作用下实现二氧化碳吸收，对外部环境不产生副作用，因此成为最生态的碳汇源。森林植被的成活率较高，栽种成本较低，也成为成本较低的碳汇源。从经济学角度来看，“森林碳汇”的概念强调的是森林吸收和攒存碳的能力、功能或过程，以及这种功能在减缓温室气体变化中的作用，因此经济学中“森林碳汇”是一种非市场化的、无形的森林生态系统服务，具有公共物品属性或者外部性。由于森林碳汇的溢出效应超出了国界、地域、人群和代际的限，因此是一种全球性公共物品。然而，目前，由于人为原因导致全球森林资源锐减，减弱了对大气中二氧化碳的吸收，成为导致全球气候变化的重要因素之一。从这个意义上说，减少滥砍滥伐，加强森林植被种植，强化森林植被的多元化栽种，成为减少二氧化碳排放，降低温室气体效应，减少对人类的非传统安全威胁的重要举措。

（一）森林碳汇性质

1. 森林是大气二氧化碳重要的碳汇

森林是二氧化碳的主要消耗者，同时树木也要吸收氧气排出二氧化碳以维持其生存，森林吸收二氧化碳的功能使得森林成为一座巨大的碳库。森林植物在其生长过程中通过光合作用，吸收大气中的二氧化碳，将其固定在森林生物量中。

2. 森林具有碳汇和碳源“二重性”

从一种物质是吸收还是释放出二氧化碳的角度出发，我们在研究地球碳循环时，将所有物质划分为碳汇和碳源。而森林作为最活跃的陆地生物碳库的组成部分，它既有碳汇的功能，同时也具有碳源的特性。当森林处于旺盛生长状态，其二氧化碳吸收量大大超过二氧化碳释放量，从而形成碳沉降，以有机体的形式对二氧化碳形成固定作用，这是森林的碳汇作用。当森林出现火灾或者森林被大量破坏的时候，森林就会释放出以前被固定的碳，形成碳源效果。

3. 森林碳汇的依附性

森林碳汇作用主要是通过树木固碳、林下植物固碳、林地固碳实现的。树木固碳、林下植物固碳和林地固碳都与森林环境直接相关。可以说良好的森林环境促进树木生长，促进树木固碳量增加，与此同时林下植物（含凋落物）和林地固碳作用也会增加。森林碳汇与以树木为主体的植物生物量（以森林蓄积表示）之间具有近似的直线线性关系，森林碳汇对于森林蓄积具有很强的依附性。

4. 森林碳汇具有不稳定性

森林碳汇在遭到人为破坏、森林火灾，甚至在正常生产采伐过程中，其碳汇性质都会发生改变，这时森林成为排放二氧化碳的源。鉴于此，林业生产应该着眼于森林资源的合理经营管理，使它充分发挥碳汇作用，尽量避免和降低碳源作用。

（二）森林碳汇服务的经济学特征

森林资源是一种特殊的资源。它既具有满足人类基本物质需要的功能，同时还为人类提供生态环境服务功能。随着人类认识水平的提高，人口激增和社会经济发展使得森林资源的生态环境服务功能越来越受到人们的重视。森林碳汇服务是森林资源提供的诸多生态服务功能中的一种。从经济学角度看，它主要具有以下三个特征。

1. 稀缺性特征

在农业时代以前，人口数量较少，大气资源对于人类而言是一种自由取用资源，人们感觉不到稀缺的存在。由于大气资源的使用长期存在“公地的悲剧”问题，进入工业革命时代，人口数量激增，化石燃料的使用导致大气中的温室气体累积猛增。人们认识到，温室效应造成的巨大不确定性使得大气成为稀缺资源，大气资源的使用也必须要付出代价，以避免公地的悲剧继续下去。当大气资源成为一种经济资源时，森林碳汇服务作为缓解大气中二氧化碳浓度的有效手段，也就表现出“有用”而“数量有限”的特征，人们愿意为获得该服务而付出某种代价，稀缺由此产生。稀缺性特征要求对森林碳汇服务市场理论的研究必须进行合理、有效、可持续地配置和利用。事实上，也正是稀缺性的存在使我们能应用经济学的方法来分析和研究森林碳汇服务的配置。

2. 公共产品特征

根据公共产品定义，森林碳汇服务属于森林资源提供的典型的全球性公共产品。森林生态系统通过光合作用，将大气中的二氧化碳吸收并固定在树木中。正如前面所述，森林的碳汇功能降低了大气中二氧化碳的浓度，减缓了全球气候变暖进程，其效益不仅波及体当代人，而且惠及到后代人的福利。因此，森林碳汇服务是具有全球性特征的公共品。

3. 外部经济特征

森林碳汇服务是一种公共产品，不论森林资源拥有者或经营者是否愿意提供，只要们造林或进行森林保护和管理活动，树木就将自动吸收并固定二氧化碳，森林碳汇功能就自然而然地发挥作用。然而，由于并不存在社会对森林碳汇服务的支付，因此，森林源拥有者不能因为提供森林碳汇服务获得任何报酬，森林碳汇服务价值无法体现在他利润函数中，正外部性因此发生。并且，这种外部性既体现在不同的时间，也体现在同的空间，能够通过减缓全球气候变暖使得全人类受益，所以，它属于一种典型的共外部经济。

（三）森林碳汇的计算方法

森林碳汇经济评价参数主要是指碳汇价格，其单位是元/吨碳。由于碳汇是一种新产品，森林碳贸易也是一种全新的贸易形式，其价格的确定没有历史资料和经验可以借鉴，所以科学的确定森林碳汇的价格是一项很重要的工作。对于碳汇经济价值的估算方法主要有以下几种。

1. 成本效益分析法

根据人工固定二氧化碳的成本来计算，森林固定二氧化碳的经济价值可以用工艺固定等量二氧化碳的成本来计算。根据北京林业大学资源学院教授袁嘉祖等人的研究，不用单位面积森林单位时间内可吸收多少碳作为标准，而是采用计算森林碳汇功能成本效应的方法进行衡量，以便从经济效益的角度来看森林对二氧化碳的吸收作用。通过计算得出，每储存 1 吨二氧化碳的社会经济效益为 11. 18 美元。

2. 造林成本法

造林成本法是依据所造林分吸收大气中的二氧化碳的数量与造林费用之间的关系来推算之间的关系来推算森林固定二氧化碳的价值。有一些学者使用造林成本法计算森林固定二氧化碳的价值。泰特斯（Titus）的研究表明，造林成本碳为 38 美元/吨，联合国粮农组织（FAO）研究表明，热带森林固碳的造林成本为 24 ~ 31 美元/吨碳；美国国家环保局研究结果，北寒带、温带和热带各类森林固定二氧化碳成本小于 30 美元/吨碳。国家环保总局南京科学研究院研究员薛大元则根据中国人工营造杉木林、马尾松、落叶松、泡桐、杨树、桉树等成本估算，固定 1 吨纯碳成本约为 25 元。由于目前国际上碳税有筹资和刺激的目的，中国尚未制定有关碳税的法令，所以采用造林成本法更接近森林固定二氧化碳的实际价值。当然，各地区造林成本并不一样。

3. 碳税率法

碳税率法是根据政府部门为了限制向大气中排放二氧化碳数量，而征收向大气中排放二氧化碳的税费标准来计算森林植物固定二氧化碳的经济价值。欧洲共同体、挪威和瑞典等都曾向联合国提议对化石燃料征收碳税，以减缓温室效应：挪威碳税率为227美元/吨碳，瑞典的碳税率150美元/吨碳，美国碳税率仅为15美元/吨碳，环境经济学家们通常使用瑞典的碳税率。因此，有部分学者建议以碳税额作为森林固定二氧化碳经济价值的计算标准。显然，碳税只是控制碳排放的一种手段，它应该小于二氧化碳本身引起的温室效应危害。

4. 碳税法和造林成本法均值法。

一些学者则结合上述方法，采用两者的均值或者范围作为碳汇功能的经济价值体现。中国科学院生态环境研究中心系统生态重点研究室的肖寒等运用瑞典碳税率，估算尖峰岭地区热带森林生态系统每年固定二氧化碳价值为2190.21万元；使用中国造林成本价格为251.40元/吨碳，估计每年固定二氧化碳价值为442.26万元，取两种方法的平均值得到该地每年固定生态系统固定碳的总价值分别为31.14×108和148.20×108，可以认为海南岛生态系统每年固定碳的总价值介于二者之间。

目前，关于森林碳汇功能的经济价值与效益评估方法可谓多种多样，但是，并没有一种方法为世界各国所公认，还有待于进一步研究和探讨。

（四）森林碳汇市场

按照《京都议定书》的要求或出于自愿行为，交易双方（或经中介）在市场上相互买卖经核证的碳信用指标或投资进行减排增汇的活动，就形成了碳市场。世界范围内并不存在单纯的森林碳汇交易，任何一宗碳汇交易都是某个碳交易市场的一部分，而且它与国际气候变化政策的进程紧密联系在一起。

1. 特征

森林碳汇服务市场主要有以下特征：市场价格的变化主要与单个交易有关，而并非由供求决定；项目的投资及由此产生的“碳信用”缺乏流动性；碳汇信用的买方提供整个项目资本，并参与到项目的全过程。

2. 类型

现有碳市场类型包括京都和非京都市场。国际碳市场由京都市场和非京都市场构成。欧盟排放贸易体系（European Union Emission Trading System，EUETS）是目前全球最大的温室气体减排市场，旨在帮助成员方完成《京都议定书》规定的减限排目标及为公司和政府提供碳交易经验。非京都市场主要是由一些政府、企业或组织为达到一定减排目标或树立企业良好形象而启动的区域市场。

项目和准许市场。碳市场根据类型可分为准许市场和项目市场，二者区别在于是否有相关的管理机构和实体。准许市场即受到有关机构控制和约束的碳市场；项目市场内，只要买卖双方同意买方以获得温室气体减排信用指标为条件向项目提供资金，就能完成碳交易。准许市场有EUET和美国芝加哥气候交易所（Chicago Climat Exchange，CCX）等；项目市场主要通过清洁发展机制（CDM）和联合履行机制（Join Implementation，JI）以及其他义务减排机制实现。

综上所述，碳市场可分为项目市场和准许市场，其中项目市场包括京都规则下的清洁发展机制和联合履行机制，以及非京都规则下的义务减排机制；准许市场包括京都规则下的排放贸易机制（Emissions Trading，ET）和EUETS，以及非京都规则下的CCX等。

3. 交易形式

碳汇交易有两类：一是通过政府向二氧化碳排放单位收取二氧化碳排放税，然后补偿给碳汇生产单位；二是建立排碳权交易所，由碳源、碳汇单位直接交易。碳税和“限量—交易”的区别在于，前者是政府设定排放物价格，市场决定排放物总量，而后者是政府确定排放物总量，让市场决定排放物价格；二者在森林碳汇服务货币化方面的有效性也有所不同。有的学者认为目前森林碳汇市场属于买方寡占市场，政府需要设计合适的碳税政策，对排污企业征收碳税，使企业在缴纳碳税和购买森林碳汇之间选择。也有学者设想了一种碳银行的交易方式，与普通银行相似，只不过碳银行存取的是每年森林的碳净吸收量。

世界碳汇市场现状。根据1998～2004年5月交易的碳项目总数来看，非京都市场比重远大于京都市场，国际碳市场形成了以非京都市场为主流市场，京都市场为辅助市场的基本格局。近来国际碳市场发展迅速，世界银行在《2009年碳市场现状与趋势》报告中指出：2008年全球的碳市场总额达到1260亿美元，规模是2007年的两倍。笔者根据该报告数据整理所得，结果显示在2007～2008年，从交易量和交易额看，准许市场占整个碳市场的大部分，其中欧盟市场占准许市场的比重大，而在项目市场中京都项目比重大。从价格上看，准许市场的平均交易价格比项目市场要高，其中项目市场中CDM项目平均交易价格远远高于自愿交易项目，准许市场中欧盟市场平均交易价格远远高于其他准许市场。可见近两年国际碳市场形成了以准许市场为主、项目市场为辅，以京都市场为主流市场、非京都市场为辅助的新格局；且准许市场相对项目市场的平均交易价格要高，京都市场的平均交易价格远远高于非京都市场。

当前无论是欧盟排放贸易体系还是美国芝加哥气候交易所，都不是完全意义的国际碳排放交易体系，全球性碳交易体系尚未形成。综观《京都议定书》框架下的国际碳交易市场，大都是减少排放的工业项目，而森林碳汇项目因规则、方法有待进一步研究及不确定性、不稳定性等诸多因素，目前交易项目少。且第一承诺期（2008～2012年）合格的CDM林业碳汇项目仅限于造林和再造林。

中国碳汇市场现在尚未建立森林碳汇市场，但近几年已始积极推进林业碳汇试点项目。2004年国家林业局碳汇管理办公室在广西、内蒙古、云南、四川、宁夏、山西6省（自治区）启动了林业碳汇试点项。其中广西和内蒙古的林业碳汇项目于2006年联合国CDM执行理事会注册，成为严格意义上的京都项目，随后四川的造林再造林项目于2008年成功注册。

2011年《“十二五”控制温室气体排放工作方案》中已经明确“努力增加碳汇，加快植树造林，扩大和巩固退耕还林成果，继续实施生态建设重点工程，开展碳汇造林项目”。目前，中国7个碳交易试点都认可森林碳汇CCER，但各试点对其交易量是有限定的，主要体现在交易量限制比例和来源地限制。重庆的碳排放交易市场在建立之初就已经明确将森林碳汇纳入交易。2014年9月1日北京市出台《北京市碳排放权抵消管理办法》中规定，重点排放单位可使用的经审定的碳减排量包括核证自愿减排量、节能项目碳减排量、林业碳汇项目碳减排量。1吨二氧化碳当量的经审定的碳减排量可抵消1吨二氧化碳排放量。重点排放单位用于抵消的经审定的碳减排量不高于其当年核发碳排放配额量的5%。同时明确用于抵消的林业碳汇项目碳减排量应同时满足以下要求：来自本市辖区内的碳汇造林项目和森林经营碳汇项目；碳汇造林项目用地为2005年2月16日以来的无林地；森林经营碳汇项目于2005年2月16日之后开始实施①。从1949年至今，随着森林资源的消长，中国森林生物量碳库也呈现U形的变化轨迹。其中20世纪70年代中后期是这一曲线的转折点，从70年代末开始，中国森林碳库开始了净增长。就森林的固碳能力而言，当前中国森林龄小、平均碳密度低的特点，是约束森林固碳能力的主要原因，而一般认为正是这些不利因素和我国人工林面积大的特点，使未来中国森林生物量增汇潜力巨大（徐冰等，2010；郭兆迪等，2013）②。

（五）森林碳汇的开发路径与政策支持③

广义上有四类林业经营过程、活动或机制能够促进森林碳汇供给：第一，通过造林和再造林增加森林碳储量（A/R）；第二，通过保护现有的森林，减少毁林和森林退化的碳排放（REDD）；第三，通过强化森林经营提高森林固碳能力（IFM）；第四，发展农林复合系统（AF）。扩大森林碳汇供给的政策措施或者策略都是从上述几点出发，实施的途径一般可分为市场途径、政府途径及自主治理的途径。市场途径主要是规则市场和志愿市场上的森林碳汇项目交易；政府政策途径一般包括各种类型的生态补偿项目、税收、补贴，以及市场交易规则和林业政策的制定；自主治理包括政府间的气候谈判，也包括区域或社区志愿发起的生态补偿项目，或非政府组织发起或资助的生态补偿项目等。

在我国森林碳汇发展的政策建议方面：（1）林业发展战略的转变从功能定位上，需要由生产导向型，转变为生态服务供给导向型。从结构优化上，需要淘汰落后产能，优化三次产业结构，大力发展林业碳汇和农林业休闲旅游为代表的第三产业；（2）制度创新，森林法的修订需要与应对气候变化的国际法律制度相协调，体现出森林生态服务在应对气候变化和生态文明建设中的基础性作用，同时还需要肯定市场机制在森林资源配置中的作用，为中国林业产业战略转型和林业碳汇发展提供法律保障；（3）适应性治理，林业建设和森林资源管理需要从以往行政命令推行和管制为主，逐渐转变为适应性治理，由集权转变为分权，注重

① 李华、陈飞平：《中国森林碳汇交易市场分析》，载于《农业与技术》，2018年第9期，第61~62页。

② 姜霞：《中国林业碳汇潜力和发展路径研究》，浙江大学博士论文，2015年。

③ 本部分内容引自姜霞：《中国林业碳汇潜力和发展路径研究》，浙江大学博士论文，2015年。

公共政策制定和执行中自下而上形成的“自生秩序”，建立社会公众共同参与、相互监督、责任共担、成果共享的林业发展机制；（4）多中心治理系统，建立起多中记的治理系统，在这个系统中政府、市场、社会群体和其他组织都在公共资源治理中，发挥着各自的作用，并且通过彼此间的多元互动，决定了系统的最终产出。

三、草原碳汇的含义与发展情况简述

（一）草原碳汇的含义与发展现状①

草地是地球上广泛分布的主要植被类型之一，贡献了陆地生态系统生产力的30%，在全球碳循环中起着重要作用。然而，在《京都议定书》中，草地的固碳潜力并没有被考虑在能减缓气候变化的增汇减排之列。近年来，中国政府在与气候变化相关的国际谈判中面临着巨大的压力。通过加强草原管理，促进草地生态系统良性循环，草原固碳能力和土壤蓄积碳能力就会增强，草地生态系统就是一个巨大的吸收碳汇。反之，如果草原生态环境持续不断恶化，草原固碳能力降低，土壤有机质减少，草地生态系统就可能成为较大的温室气体排放源。草地生态系统明显区别于其他生态系统的特征之一，就是草地生态系统的碳储量绝大部分集中在地下根系和土壤中，地上碳库不明显。青藏高原草原碳储量占全国草原总碳储量的50%左右，每年固定约55.9克/平方米。学者根据44年草原土壤有机碳数据确定北美大平原草原为重要的碳汇，总的碳固持率为每年每公顷0.39～0.46吨碳。采取合理的草原管理措施，可以增加土壤有机质含量，极大地提高草原的固碳能力。

根据2017年中国国土绿化状况报告显示，农业部印发《关于切实做好2017年草原保护建设重点工作的通知》，加强草原生态系统保护和修复。启动第二次全国草地资源清查，13个主要草原牧区省区268个牧区半牧区县的外业清查基本完成。继续实施新一轮草原生态保护补助奖励政策，全年安排草原补奖资金187.6亿元，落实禁牧面积8000万公顷、草畜平衡面积1.7亿公顷。农业部以“加强草原管护，推进生态文明建设”为主题，开展“大美草原守护行动”，依法严厉打击破坏草原的违

① 《草原建设应重视碳汇功能》，中华人民共和国农业部，http://jiuban.moa.gov.cn/fwllm/jjps/201009/t20100925_1662434.htm［2010/09/25－2018/06/24］。

法行为，通报10起破坏草原资源犯罪案件。2017年，全国草原综合植被盖度达55.3%，较上年增加0.7个百分点；天然草原鲜草总产量达10.7亿吨，较上年增加2.5%，连续7年稳定在10亿吨以上。草原保护重大工程区草原植被盖度比非工程区高出15个百分点，单位面积鲜草产量高出85%①。

（二）草原碳汇的特征

1. 分布的广泛性

草地是地球上广泛分布的主要植被类型之一，贡献了陆地生态系统生产力的30%，在全球碳循环中起着重要作用。2017年，全国草原综合植被盖度达55.3%，较上年增加0.7个百分点；天然草原鲜草总产量达10.7亿吨，较上年增加2.5%，连续7年稳定在10亿吨以上。草原保护重大工程区草原植被盖度比非工程区高出15个百分点，单位面积鲜草产量高出85%。

2. 分布的差异性

中国草地生态系统总的碳储量约为44.09亿吨碳，其中约有51%分布在高寒草甸、高寒草原和温性草原。从省（区、市）来看，产草量居前10位的依次是内蒙古、新疆、四川、西藏、青海、云南、甘肃、黑龙江、贵州和广西。与上年相比，广西产草量超过湖北进入前十名，其他排名没有变化。10省（区）天然草原鲜草产量72248.61万吨，占全国鲜草总产量的70.28%，较上年增加0.88%，折合干草22688.99万吨，载畜能力约17825.17万羊单位。内蒙古、新疆、四川、西藏、青海、甘肃六大牧区鲜草总产量57310.13万吨，占全国鲜草总产量的55.75%，较上年减少0.76%，折合干草18143.01万吨，载畜能力约14250.52万羊单位。

3. 储碳的地下性

草地生态系统的碳储量绝大部分集中在地下根系和土壤中，地上碳库不明显。据估算，草地生态系统中的碳大约有92%储存在土壤中，生物量中不到10%。

4. 碳汇功能发挥的动态性

在全球气候变化和人类活动影响日趋严重的情况下，中国草原正面

① 《2017年中国国土绿化状况报告》，中国林业网，http：//www.forestry.gov.cn/main/72/content-1082032.html［2018/03/12=2018/06/24］。

临严峻的退化和沙化威胁，其碳汇功能可能降低甚至转化为碳源。应采取措施对草原加以保护，恢复退化草原植被，增加植被覆盖度；应科学合理地利用草场，避免草原继续退化，减少温室气体排放，提高草原土壤固碳能力。

（三）草原碳汇的开发路径及政策建议①

1. 加强法制建设水平，促进草原碳汇发展

建立健全草原碳汇法律法规。应将草原碳汇的发展纳入相关法律规范之内，运用法律和必要的行政手段保证草原碳汇项目的正常运营。制定草原碳汇发展方面的专门法律法规，并注意与国际法的衔接，严格准入，公正执法，完善制度和措施将草原碳汇的发展纳入法制化、规范化、合理化的轨道，保障草原碳汇发展的主体地位。

2. 成立专门的草原碳汇管理机构

成立草原碳汇管理机构，赋予相关机构及其工作人员一定法律职责与职权，各机构相关部门严格按照草原碳汇法律法规的规定公正执法，对有关草原碳汇发展方面的工作进行有效的管理。

3. 明确草原碳汇交易规则

以法律法规明确草原碳汇的交易过程中具体的交易对象、交易规则及主管机构应该承担的法律责任，以及应履行的法律义务。

四、耕地碳汇的含义与发展情况简述

1. 耕地碳汇的含义与发展现状②

耕地固碳涉及农作物秸秆还田固碳部分，耕地生产的粮食每年都被消耗了，其中固定的二氧化碳又被排放到大气中，秸秆的一部分在农村被燃烧了，只有作为农业有机肥的部分将二氧化碳固定到了耕地的土壤中。《全国农作物秸秆资源调查与评价报告》指出，中国农作物秸秆理论资源量为 8.2 亿吨，折标后约合中国年煤产量的 11%③。因此，耕地

① 魏颖、马军：《发展我国草原碳汇的公共政策研究》，载于《内蒙古农业大学学报》（社会科学版），2013 年第 6 期。

② 王绮、魏冶：《基于非经济生物量的中国耕地碳汇空间分布研究》，载于《资源开发与市场》，2017 年第 8 期。

③ 王绮、魏冶：《基于非经济生物量的中国耕地碳汇空间分布研究》，载于《资源开发与市场》，2017 年第 8 期。

在提供相应物产时也具有较强的二氧化碳吸收功能。

中国耕地碳汇总量约为21636.98万吨，耕地碳汇总量呈现“东西部偏小、中部偏大”的空间差异性。其中，黑龙江、河南、山东的耕地碳汇量最大，分别为4071.42万吨、3352.62万吨、3982.12万吨；其次为广西2719.05万吨、河北2513.09万吨、吉林2454.15万吨、内蒙古2261.17万吨、安徽2218.55吨、西藏62.54万吨、上海86.79万吨、北京87.01万吨、天津130.89万吨、海南192.88万吨、宁夏349.29万吨、福建930363.45万吨。碳汇量最大值的黑龙江约为最小值西藏的65倍。经济发达的东部省份和经济欠发达的西部省份耕地碳汇量都较少，反而是经济发展水平处于中等的中部省区耕地碳汇量较大。这是由于经济发达省份耕地面积较小，而经济欠发达省份的资源比较贫乏、人口少、耕地相对较少，使耕地碳汇功能不能得到发挥，反而是经济处于中等水平的省份耕地较多，非经济生物量产量大，相应的碳汇量也大。

2. 耕地碳汇的开发路径与政策建议

（1）应重视耕地碳汇功能的发挥。全国非经济生物量109909万吨，耕地碳汇量约为21637万吨，耕地碳汇效率1.78吨/公顷，非经济生物量碳汇效率为0.39。由此可见，耕地的碳汇功能相当可观，不可忽视。

（2）碳汇功能发挥地区差异较大。应积极寻找产生差异的原因，适度调整地方政策措施，促进耕地碳汇功能发挥。

（3）制定促进耕地碳汇功能发挥的政策。要在环境政策中考虑耕地的碳汇效应，将耕地碳汇功能列入温室气体调控政策当中，并逐步推广秸秆还田、浅耕、免耕、化肥的合理施用等促进耕地碳汇功能发挥的技术与政策。

（4）分区域制定引导政策。针对不同区域应采取不同的政策引导，能有效提高当地更低碳汇量。

五、海洋碳汇含义与发展情况简述

1. 海洋碳汇的含义与发展现状

海洋碳汇是指一定时间周期内海洋储碳的能力或容量。海洋储碳的形式包括无机的、有机的、颗粒的、溶解的碳等各种形态。海洋中95%的有机碳是溶解有机碳（DOC），而其中95%又是生物不能利用的惰性溶解有机碳（RDOC），目前世界大洋中RDOC的储碳量大约是6500亿吨，储碳周期约5000年，它们与大气二氧化碳的碳量相当，其数量变动影响到全球气候变化。地球上的碳元素主要存在于大气圈、水圈、岩石圈、生物圈中。虽然全球的碳元素主要以碳酸盐岩石的形式存在于地壳中，但其中的碳元素几乎处于静止状态，较少参与碳循环。海洋是除地质碳库外最大的碳库，也是参与大气碳循环最活跃的部分之一。碳元素在海洋中主要以颗粒有机碳、溶解有机碳和溶解无机碳三种主要形态存在。焦念志的研究团队在研究好氧不产氧光合异养菌（AAPB）的生态分布时获得启发，提出了这一海洋储碳的新机制，为增加海洋碳汇提供了新思路①。

2. 海洋碳汇发展前景与政策建议②

海洋碳汇主要包括两个方面，一个是海洋的自身功能。据研究统计，海洋是吸收二氧化碳的主体，占全球面积大约 2/3 的海洋吸收了约 93% 的温室气体。日本学者苏诺盖（Sunogai）通过研究海域碳循环的基本过程以及渔业对碳汇的贡献等内容发现，东海是大气二氧化碳的净汇区，仅每年吸收大气二氧化碳的量约为 3000 万吨。可见，仅通过海洋的自身功能就减少大量空气中的碳。另一个是海洋生物的碳汇功能。中国是海洋碳汇研究的发起国，目前主要针对通过物理泵和生物泵机制的海洋碳汇研究。焦念志（2016）认为，海洋微型生物生态过程将活性溶解有机碳转化为惰性溶解有机碳，可长期储存在海洋中，时间可达 5000 年，总量可与大气二氧化碳的总碳量相当，构成海洋储碳，并且微型生物碳泵与“溶解度泵”相比，不会导致海洋酸化。这一提法已经得到国际专家的高度认可，国内外科研机构对此也在开展相关研究，通过海洋捕获和储存的碳，可以储存上千年，而陆地上仅仅只能被储存几十年或几百年。据有关专家统计，按照现有贝藻产量比例计算，海水养殖每年从水体中移出大约 230 万吨碳。预计到 2030 年，中国海水养殖产量将达到 2500 万吨；到 2050 年，海水养殖总产量预计达到 3500 万吨，将进一步带动碳汇渔业的增加，海水养殖碳汇总量可达到 400 多万吨，其中贝类固碳 180 万吨，藻类固碳 235 万吨。海洋碳汇的巨大市场潜力为海洋碳金融的

① 焦念志、李超、王晓雪：《海洋碳汇对气候变化的响应与反馈》，载于《地球科学进展》，2016 年第 7 期。

② 高学文：《海洋碳汇中碳金融发展前景与对策》，载于《中国国际财经》，2018 年第 4 期。

发展提出了广阔的前景。

2015 年，海洋碳汇被纳入国家战略；2016 年，国家“十三五”规划正式把“海洋碳汇”列为研发重点之一。目前，国家海洋局等有关部门正在组织编制海洋碳汇工程规划，其内涵包括了减排增汇、环境安全、自然生态系统与沿海经济和社会的协调与可持续发展。

海洋碳汇中碳金融发展的建议：

（1）大力推进海洋碳汇技术创新发展。加强海洋可再生能源开发技术研究，尤其是对海洋蕴藏的海浪能、潮汐能、洋流能、海风能、海水温度差能和盐度差能等大量可再生能源充分开发，提高海洋碳汇的能力。

（2）制定海洋碳汇计量规范体系。包括制定海水物理固碳的核准标准、海洋生物固碳的核准标准、碳减排指标的审核、认证体系信用评估体系等，为开展海洋碳汇交易提供技术规范。

（3）建立健全海洋碳汇交易制度。强化海洋生态环境资源管理，探索符合国情和国际交易规则的海洋碳汇交易模式，并考虑适时设立海洋碳汇交易试点。

（4）创新金融支持方式。创新碳金融产品，鼓励和引导金融资金进入海洋碳汇领域。支持有条件的地区建立各类投资主体广泛参与的海洋碳汇产业引导基金。分类引导政策性、开发性、商业性金融机构，各有侧重地支持和服务海洋碳汇经济发展。引导海洋碳汇产业与多层次资本市场对接，拓展涉海企业融资渠道。

第三节　非有机循环碳汇产业发展

一、二氧化碳资源化的发展

二氧化碳在地球大气中储量巨大且分布很广，主要存在于大气及水中。据估测地球上大气和水中的二氧化碳含量约为 3.67×10^{14} 吨（其含碳量约为 10^{14} 吨），而地球上所蕴藏的石油、煤炭等矿物中，大约含碳 10^{13} 吨，地球上二氧化碳含碳量是煤和石油含碳量的 10 倍左右。另外，二氧化碳的潜在资源碳酸盐在自然界中分布极广，其含碳量更高，碳酸

盐中约含碳 10^{16} 吨。如此巨大的储量一旦可以实现工业资源转化将会一方面对社会再生产形成巨大推进，另一方面从根本上缓解碳排放给全球暖化造成的压力。二氧化碳在自然界中循环，但目前并未形成良性循环，每年排放的二氧化碳有一部分在大气中积累。据测算，目前每年排入大气中的二氧化碳约有一半存留于大气中。据估测 2003 年全球排入大气的二氧化碳高达 290 亿吨，使大气中二氧化碳的含量逐年提高，工业化前大气中二氧化碳的浓度是 0.028%，目前已高达约 0.037%。

二氧化碳的用途广泛，在物理、生物、化学以及其他方面都有着广泛的用途。

1. 物理应用

第一，可以用作惰性气体，二氧化碳可用用电弧焊接，灭火材料，灭菌气体。第二，可以用作冷却剂，二氧化碳可用为原子能反应堆的冷却剂、食品的冷却冷冻，也可应用于低温粉碎（如废轮胎经液态二氧化碳处理后易粉碎，以回收橡胶）、冷配合、金属冷处理、管道冷却技术、低温手术、干冰用于人工降雨等。第三，用作压力剂，二氧化碳可用作粉末灭火剂的压出剂、喷枪喷射剂、呼救船的气源、碳酸饮料、鲜啤酒压出剂、混凝土破碎。第四，用作临界萃取剂，临界萃取已成为一门新兴的分离技术，它是利用流体处于超临界状态时具有很强的溶解能力而黏度又很低的性质来萃取分离某些物质的方法。利用二氧化碳提取茶叶中咖啡因、大蒜油及用于食用油和香料的抽提等。第五，用作清洗剂超临界，二氧化碳可以用为一种清洗剂清除半导体晶片上的光刻胶，可对光学零件、电子器件、精密机械零件进行清洗。液态二氧化碳可用于衣物的干洗，以取代能致癌和污染地下水的传统全氯乙烯干洗剂，在美国用液态二氧化碳的干洗机已很普遍。第六，用于提高石油采收率，高石油采收率（enhanced oil recovery，EOR）近来在发达国家推广运用较快，将高压二氧化碳注入油田后，与油、水相混，当油与水内溶解大量的二氧化碳时，它们的黏度、密度和压缩性都得到改善，有助于提高采收率，特别是经过一次采油及二次采油后的衰老油井，通过压入二氧化碳对残留在井下的石油可进行第三次开采。二氧化碳占其使用总量的 35%；其他如二氧化碳可用作泡沫材料的发泡剂，二氧化碳可使烟气中水分蒸发、细胞膨胀、提高香烟等级，用二氧化碳代替惰性气体 Ar 用于转炉炼钢吹炼气（此技术在日本已广泛应用），可大幅度降低炼钢成本。

2. 生物应用

首先，可用作气肥，二氧化碳可用覆盖植物的气肥，能提高光合作用的效率，使产品早熟，产量提高；其次，用作果蔬保鲜剂，二氧化碳是国际上广泛应用的现代化保鲜方法，通过注入高浓度二氧化碳，降低氧气含量，以抑制果蔬中微生物呼吸和病菌发生，因不含化学防腐剂且使水果储藏时间变长而深受人们欢迎；最后，二氧化碳还可用作呼吸促进剂、灭杀害虫、柿子脱涩、二氧化碳培菌等。

3. 化学应用

第一，传统的化学应用主要是合成尿素；苯酚羧化的科尔比反应；用二氧化碳与金属或金属氧化物反应生成 $MgCO_3$、Na_2CO_3、$NaHCO_3$、$CaCO_3$、K_2CO_3、$BaCO_3$等无机材料，以及其他一些化工产品，如白炭黑、轻质氧化镁等。第二，合成醇，二氧化碳在催化剂条件下加氢气制得醇，如在 CuO、ZnO、Cr_2O_3与 Al_2O_3组成的混合催化剂条件下二氧化碳与氢气反应生成甲醇。在 KCl、Mo、SiO_2 组成的混合催化剂条件下，二氧化碳与氢气合成乙醇、丙醇。王常有教授研制出了在 Cu—Co—Zn—Al 催化剂作用下二氧化碳加氢气合成高级醇。第三，合成有机酸，二氧化碳在钯的络合物催化剂作用下，在叔胺存在条件下与氢气及水作用可合成甲酸，二氧化碳和甲烷合成醋酸，二氧化碳与乙烯发生氢醛化反应合成丙酸。第四，合成酯，二氧化碳与环氧丙烷加压反应可制得碳酸丙烯酯，二氧化碳在卤化季铵盐、卤化钙、或卤化镁催化条件下与环氧乙烷反应可制得碳酸亚乙酯。第五，合成胺，二氧化碳在 Cu/Al_2O_3催化剂条件下与 H_2、NH_3反应可转化成胺类。二氧化碳在 Mo—Cu 催化作用下与乙烯、H_2、NH_3反应生成丙胺，二氧化碳与 $C_6H_{11}NH_2$在一定条件下反应可制得碳酸环已胺（$C_{12}H_{36}N_2O_2$）。第六，共聚，把二氧化碳作为单体合成高聚合物已引起人们广泛的兴趣，如在特殊的催化剂条件下，二氧化碳与环氧化物共聚成高分子量的聚碳酸酯，二氧化碳与氮杂环丙烷类共聚生成含有氨基甲酸乙酯键的聚合物，在吡啶和亚磷酸酯的存在下，二氧化碳和二胺类共聚可得到合成聚脲，另外，二氧化碳在特殊催化剂条件下通过共聚可制得聚酯、聚酮、聚醚。第七，合成液态烃和汽油，把二氧化碳转化为可作燃料的液态烃及汽油很有吸引力，通过研究发现二氧化碳与 CH_4在适当的催化剂作用下可制得 C_4H_{10}，二氧化碳与氢气通过催化转化可得到汽油。第八，转化为一氧化碳，一氧化碳是用途很广的基本化工原料，从一氧化碳出发可以制得很多化工产品，二氧化碳与碳在一定的条件下反应可制得一氧化碳。第九，转化为金刚石，最近有报道，中国科学技术大学以二氧化碳为碳源在低温、高压条件下成功合成出250微米的大尺寸金刚石，该成果是人工合成金刚石领域的重大突破，美、英、法等多国媒体均给予了高度评价，有关成果目前已申请国际专利；其他应用，如电解还原、光化学还原、生化技术等，利用光、电等对二氧化碳进行还原，制得所需产品，在这个领域发展比较快，如二氧化碳用汞金属电极还原可以在接近100%的电流效率下生成甲酸，二氧化碳在二甲基甲酰胺溶液中，在铅阳极上能还原成草酸，同时副产甲酸，用RnO_2/TiO_2作电极，$KHCO_3$为电解质，二氧化碳能电解还原为甲醇，在一定波长光的照射下，在半导体P－GaP阴极上，二氧化碳光电还原成甲酸，近来人们致力于提取和合成光合作用所需的酶，以开发生物固定二氧化碳技术，也有利用微生物技术固定二氧化碳或利用海藻类植物固定二氧化碳，如美国利用海洋生物技术在深海中大量繁殖生长藻类，并将藻类转化合成天然气或其他产品，美国电力研究所已完成了开放式海洋藻类牧物的概念设计，包括一个大面积的浮游海洋藻类养殖区，为供应生长所需的养料及其辅助系统和每天将25000吨鲜藻转化成合成气的设施。

尽管受困于技术约束目前的二氧化碳资源化发展还十分有限，但全球暖化压力的出现和低碳经济的兴起为这一方向带来了新的动力。20世纪90年代开始，几乎每年要召开国际性的二氧化碳专题会议，其讨论的内容涉及二氧化碳的捕集、处理、转化、利用等方面。世界上许多国家对二氧化碳资源的利用十分重视，如加拿大、美国、英国、日本等积极开展回收和转化二氧化碳的研究工作，有的国家还通过立法（如挪威对排放二氧化碳征收碳税）及国家财政支持引导人们加快二氧化碳转化工作的开展。

二、碳封存和碳捕捉技术的发展

全球经济的发展离不开化石能源，尤其是中国、印度等发展中国家正在经历工业化和城市化的进程，化石能源是实现经济起飞的前提。二氧化碳捕集与封存（carbon capture and storage，CCS）技术因此越来越被重视，并且被越来越多的人认为可以成为解决当前日益增长的能源需求和控制二氧化碳排放量这对矛盾的有效解决方案。CCS 技术是指将二氧化碳从化石燃料、工业流程或火电厂的排放废气中分离汇集，再输送到一个封存地点，长期与大气隔绝的一个过程。

（一）CCS 技术的分类

1. 二氧化碳捕集技术

二氧化碳捕集技术又可以分为三类：燃烧前捕集、燃烧后捕集和富氧燃烧捕集。

（1）燃烧前捕集：首先化石燃料（如煤）经过气化或重整转化成主要成分为二氧化碳和氢气的煤气，然后利用水煤气变换反应大大提高二氧化碳的浓度，二氧化碳分离后得到的富氢燃气燃烧发电。对于天然气，可以在燃烧前将天然气分离为氢气和二氧化碳，然后氢气将作为发电用燃料，二氧化碳则被捕集和封存。该方法可应用于以天然气为燃料的发电厂。

（2）燃烧后捕集：该方式的首选分离方法是化学溶剂吸收法，类似于燃煤电厂的烟气脱硫，这种技术路线适合于传统的蒸汽锅炉发电和现代发电厂，在烟气排放前捕集氢气。

（3）富氧燃烧捕集：采用氧气代替空气，作为化石燃料燃的分离纯化过程。缺点在于需要建设一个昂贵而且耗能的空分厂，另外二氧化碳回收压力较低，需要增压运输。

2. 二氧化碳封存技术

二氧化碳封存技术也可分为三类：地质封存（封存在地质构造中，例如废弃石油和天然气田、不可开采的煤田以及高盐含水层构造）；海洋封存（直接释放到海洋水体中或海底）；二氧化碳固化成无机碳酸盐。其中，地质封存技术最为成熟。

（1）地质封存：在地质构造封存二氧化碳使用的技术，已经由传统石油天然气开发商开发出来，并且已经证实在特定条件下是经济可行的。但将二氧化碳封存于煤层中，其技术可行性尚未经证实。

（2）海洋封存：该种封存方式可以经固定管道或移动船只将二氧化碳注入到水体/海底中（以 1000 米以下最为理想）。但海洋封存的有效性及其生态影响尚处于研究阶段。

（3）将二氧化碳固化成无机碳酸盐。二氧化碳可以与金属氧化物通过反应产生稳定的碳酸盐。金属氧化物富含于硅酸盐矿石中，并可从废弃物流中少量获取。这项技术目前仅处于研究阶段。

（二）CSS 的示范项目

据预测，CCS 技术的应用能够减少 10% ~55% 的二氧化碳排放量。欧盟已经将 CCS 作为其在 2020 年降低 20% 二氧化碳排放量的关键技术，并建设 10 ~12 个 CCS 示范性项目。

1. 法国 Lacq CCS 示范性项目

2007 年 2 月法国道达尔（Total）石油公司宣布正式在法国西南部 Lacq 盆地启动 CCS 试验性项目。这个试验性项目是在法国第一次集合使用了二氧化碳富氧燃烧捕集技术和岸上地质二氧化碳封存技术。由于法国发达的核能发电产业，目前其二氧化碳排放量比德国少 2.2 倍，比英国少 1.4 倍，而且自 2000 年后就没有出现显著地增长。但在欧盟提出了在 2020 年降低 20% 二氧化碳排放量的前提下，法国政府制定了"2004 ~2012 年气候规划"以确保法国的二氧化碳排放量能够满足《京都议定书》的各项要求。CCS 技术作为控制二氧化碳排放量的一种解决方案，Tota 公司在经过两年的技术研究和工作准备后，2008 年底正式启动该试验项目。Total 公司希望能利用该试验项目达到 3 个目的：掌握富氧燃烧捕集二氧化碳的技术，特别是观察其在特稠油开采中的应用；能够比现有工艺流程降低 50% 的二氧化碳排放量；开发相关监测设备和监测方法，以用于判断二氧化碳长期封存技术的稳定性和可靠性。

2. 挪威 Sleipner CCS 示范性项目

Sleipner 油田位于北海，距离挪威斯塔万格市西部约 250km 处。该油田由挪威国家石油（Statoil）公司负责运营。挪威 Sleipner 项目可以被称为是所有 CCS 示范性项目的鼻祖。自 1996 年开始，挪威 Sleipner 油田采用醇胺法（MDEA）脱碳工艺，将二氧化碳从生产的天然气中剥离，然后将二氧化碳封存在地层中。目前该项目每年二氧化碳的封存量为 100 万吨。Statoi 公司主要出于以下三个原因，决定启动 Sleipner CCS 项目：一是 Sleipner 气田生产的天然气二氧化碳（二氧化碳）浓度大约在 9% 左右，但用户从 Statoil 购买的天然气二氧化碳含量不能超过 2.5%；二是挪威政府为鼓励企业降低碳排放量，对排放到大气中的二氧化碳征收每吨约 55 美元的强制税；三是 Sleipner 气田存在一个高盐含水层，有利于封存二氧化碳。Statoil 公司为了避免支付挪威政府二氧化碳排放强制税，同时也为了试验 CCS 技术，自 1996Sleipner 气田投产之时起，就开始将所有分离出来的二氧化碳重新注入封存到海平面下1000米的Utsira高盐含水层。

（三）CCS未来发展前景

二氧化碳捕集与封存技术能否发展成为一个新兴的能源产业，成熟的技术、宽松利好的政策环境和良好的经济效益可以被认为是其三大必要条件。Total公司和Statoil公司在CCS试验性项目的成功经验，可以证明CCS在技术层面是可以信赖的。那么，二氧化碳捕集与封存技术的未来发展将主要取决于政策和经济两方面的因素。二氧化碳捕集与封存技术本身就是环保政策的产物。在各国政府越来越重视全球变暖现象的大环境下，相信CCS技术未来在世界范围内将会有更多的利好政策出台。政策应该不会成为CCS技术未来发展的障碍。经济效益可能是最大的发展障碍。根据目前全球范围内CCS试验性项目的经济数据分析，CCS整个工艺流程不仅需要耗费60～100欧元/吨二氧化碳，而且还需增加10%～40%的能源消耗量。其中，二氧化碳捕集的成本最大，大约占总成本的90%。根据IPCC的研究结果，只有将成本控制在25欧元/吨二氧化碳左右，CCS技术才有可能发展成为一个新兴的能源产业。目前世界发达国家正在极力研发新型材料，以降低CCS项目建设成本，相信CCS技术前途是极为光明的。

（四）CCS对中国的意义

随着《京都议定书》的生效，气候变化已不再是一个简单的科学问题和环境问题，而是事关经济社会发展的根本问题。自2007年以来，欧盟、美国、日本和澳大利亚都先后提出倡议，都强烈要求中国、印度等发展中新兴大国一致参与行动。中国作为全球第二大二氧化碳排放国，2012年以后很可能要承担减排义务。中国将来在气候变化领域会面临越来越严峻的形势。

面对国际社会不断升温的气候变化应对行动，中国需要重新审视和调整能源战略，把减少二氧化碳排放作为制定国家能源战略的重要目标，落实相应的科技规划和产业规划。尽管CCS技术目前的成本较高，而且还会增加能源消耗，但我们不应因噎废食。CCS技术作为一种有效的二氧化碳减排方式，一旦在某些关键技术取得突破，建设和运营成本能够得到有效控制，经济效益能够得到良好体现，CCS技术就有可能像风电、太阳能光伏发电一样成为投资热点。

不同于目前其他的新兴能源产业，传统石油天然气生产商在开发利用 CCS 技术方面具有先天优势。传统能源生产商是采用各种工艺千方百计从地壳中采出石油或天然气，而 CCS 技术则是将二氧化碳注入并封存在地壳中。这中间的技术有很多是成熟而通用的。由于目前全球范围内 CCS 技术尚处于研发阶段，现在投入研发还不算太晚。中国传统的石油天然气生产商完全可以迎头赶上当前的世界发展潮流。根据其他公司的经验，发展 CCS 技术是需要长时间准备的。中国发展 CCS 技术也可以制定长短期目标。短期目标可以以二氧化碳捕集技术及二氧化碳封存技术为研发方向，并对国内地质封存潜力进行调查和评估，优选并规划封存地点。长期方向则是可以建立若干试验性项目，利用捕集技术获得二氧化碳，采用地质封存方式在优选地点封存。在推动政府建立相关配套政策的前提下，提高中国 CCS 产业的竞争力。

第三部分

低碳经济生产要素维度

第八章

低碳金融

第一节　碳金融的价值和含义

一、碳金融的意义

社会再生产是社会生产力与社会生产关系相互作用的复合系统。市场经济的社会生产关系生产部门或者转化部门被称为金融行业，其功能是将个体所有产权进行市场风险评估并转化为可供市场生产组织的市场信用。市场信用（即货币）在社会再生产中直接发挥生产组织功能，通过从生产要素所有者手中雇佣劳动力、租赁机器设备、土地和购买原材料和资源将生产力三要素组合在一起形成社会再生产，即形成社会生产关系。金融化是任何社会部门融入市场经济体系的标志，其前提是该部门社会财富产权化和可交易。

在市场经济体系下发展低碳经济就必须将碳这一关系人类安危和国家可持续发展的关键内容金融化，变成市场经济系统的重要组成。否则，低碳经济发展就可能演变成一种政治风向，在全民热潮时风头强劲，而热潮褪去又偃旗息鼓。更为重要的是，只有通过碳金融将低碳经济纳入市场经济体系，才能在低碳经济发展中发挥市场资源配置效率的高效作用，而市场经济体系正是我国低碳经济发展的真正倚靠。

二、碳金融的含义

与所有部门金融化步骤相通，碳金融的发展同样遵循“个体产权明细——交易市场构建——信贷——衍生金融”这样的基本过程。基于这一过程碳金融具有广义和狭义两种定义：广义是指所有推进以上碳金融发展基本过程的行为和政策；狭义是指基于碳权利的交易所交易、信贷和衍生金融产品开发及交易。具体来说，碳金融探讨生活在一个碳限制世界里，一个排放二氧化碳及其他温室气体必须付出代价的世界中产生的金融问题。不同学者在进行碳金融的定义时往往包括：（1）代表环境金融的一个分支；（2）探讨与碳限制社会有关的财务风险和机会；（3）预期会产生相应的基于市场的工具，用来转移环境风险和完成环境目标。

本书的碳金融定义遵循广义含义，这与大多数学者从金融外在表现的定义外延基本相同。如2006年世界银行对碳金融进行的定义是碳金融是提供给温室气体减排量购买者的资源（World Bank，2006）。高建平（2013）的界定代表了国内最为普遍的提法，即碳金融泛指所有服务于限制温室气体排放的金融活动，包括直接投融资、碳指标交易和银行贷款等。陈柳钦（2009）的界定更为具体，他认为，碳金融是指服务于旨在减少温室气体排放的各种金融制度安排和金融交易活动，主要包括碳排放权及其衍生品的交易和投资、低碳项目开发的投融资以及其他相关的金融中介活动。袁鹰（2008）的界定具体展开了其他相关的金融中介活动，他指出，碳金融就是与减少碳排放有关的所有金融交易活动，既包括碳排放权及其衍生产品的买卖交易、投资或投机活动，也包括发展低碳能源项目的投融资活动以及相关的担保、咨询服务等相关活动。李威（2009）偏重于“应对”含义，即碳金融可以理解为应对气候变化的金融解决方案，包含了市场、机构、产品和服务等要素，是金融体系应对气候变化的重要环节。陈荣（2009）则加入了一个渊源，碳金融是指由《京都议定书》而兴起的低碳经济投融资活动，也称碳融资和碳物质的买卖，即服务于限制温室气体排放等技术和项目的直接投融资、碳权交易和银行贷款等金融活动。王宇和李季（2008）从广义和狭义两个方面界定了碳金融的内涵：从狭义上说，世界银行把碳金融定义为提供给购买温室气体减排项目的资源；广义的碳金融是指气候变化的市场化解决方案。同时，他们又指出了碳金融的四大功能：一是减排的成本收益转化功能；二是能源链转型的资金融通功能；三是气候风险管理和转移功能；四是国际贸易投资促进功能。

三、碳金融对低碳经济发展的作用

目前，中国正处在为发展“低碳经济”寻找突破口的关键时期，必须通过强有力的市场主体、制度安排和创新工具，大力发展碳金融，促进低碳技术、资金的流动和聚集，推动低碳经济发展的进程。

（一）促使企业履行节能减排责任

通过碳金融的相关工具及制度，可以实现对企业履行社会责任的监督和约束，带动低碳经济的发展。银行信贷作为间接融资，是支持低碳经济发展的重要方式之一，在贷款的审批上，在对企业的固定资产进行抵押的基础上，还要考虑按照该企业碳减排量进行授信，同时，将项目所实现的碳减排额（CERs）作为还款来源，从而实现对企业承担环保责任的软约束。在直接融资方式上，可以将耗能和碳排放量标准作为企业发放债券或公司上市必须达到的强制性指标之一，以此形成对企业履行节能减排责任的硬约束。

（二）增强向低碳项目“输血”的功能

随着城市环保规模的不断扩大和节能减排工作的快速发展，金融机构对低碳技术项目的支持已不能满足低碳建设的资金需求，必须拓展融资领域和渠道，动员清洁发展机制项目融资、风险投资和私募基金等多元化融资方式的金融资源能力。碳交易特别是清洁发展机制，为引进域外投资提供了一种新的渠道，不但降低了发达国家的减排成本，同时可以促进减排技术和资金向发展中国家转移，从而确保低碳经济发展有充足的“血液”。据统计，截至 2009 年 11 月 25 日，中国已获得核发 CERs1.69 亿吨，以现货价格为 11 欧元/吨左右计算，每年能为中国提供大约 18.6 亿欧元的资金，这些资金对解决“低碳”转型过程中资金约束的问题有着重要的现实意义。

（三）推动低碳产业结构的优化升级

碳金融的发展与成熟加快了清洁能源、碳素产业的低碳化升级改造和减排技术的研发及产业化，增强了企业对减排目标约束的适应能力，减少了经济发展对碳素能源的过度依赖，提升了可持续能源发展的能力，使能源链从“高碳”环节向“低碳”环节转移。从而依托商业银行、信托基金等国内金融机构和国际金融机构之间联动、互动的碳金融机制，更好地引导投资趋势，通过投资倾向和流动加快技术创新，推进产业结构优化升级和转变经济发展方式。

第二节　碳交易市场发展和一般机制

一、碳交易市场的发展

碳交易市场形成的前提是碳排放个体产权的赋予，《京都议定书》对发达国家的减排要求为国家间碳交易市场的开启创造了条件。1997 年 12 月《联合国气候变化框架公约》第 3 次缔约方大会在日本京都召开，149 个国家和地区的代表通过了旨在限制发达国家温室气体排放量以抑制全球变暖的《京都议定书》。2005 年 2 月 16 日，《京都议定书》正式生效。《京都议定书》规定，2008～2012 年，所有发达国家二氧化碳等 6 种温室气体的排放量，要比 1990 年减少 5.2%。为了促进各国完成温室气体减排目标，《京都议定书》允许采取以下四种减排方式：一是两个发达国家之间可以进行排放额度买卖的“排放权交易”，即难以完成削减任务的国家，可以花钱从超额完成任务的国家买进超出的额度；二是以“净排放量”计算温室气体排放量，即从本国实际排放量中扣除森林所吸收的二氧化碳的数量；三是可以采用绿色开发机制，促使发达国家和发展中国家共同减排温室气体；四是可以采用“集团方式”，即欧盟内部的许多国家可视为一个整体，采取有的国家削减、有的国家增加的方法，在总体上完成减排任务。

为实现对国际社会承诺的温室气体减排目标，2003 年 10 月 13 日欧洲议会和理事会通过 87 号指令（Directive 2003/87EC），规定了从 2005 年 1 月 1 日开始实施温室气体排放许可交易制度，简称欧盟排放交易体系（EU ETS）。欧盟 EU ETS 分两个阶段实施。第一阶段从 2005 年 1 月 1 日至 2007 年 12 月 31 日；第二阶段是从 2008 年 1 月 1 日至 2012 年 12 月 31 日。EU ETS 是世界上最大的排放交易计划，即限量和交易（Cap－and－Trade）计划。该计划对成员方设置限额，各国限额之和不超过《京都议定书》承诺的减排量。考虑各成员方的历史排放、预测排放和排放标准等因素，欧盟 12000 个工业设施分到了减排额度，第一阶段的配额免费。如果企业实际排放量小于分配的排放许可额，剩余部分可以进入市场卖掉；反之则要购买排放权，否则将受到重罚。欧盟通过衔接指令函（EU linking directive），并于 2004 年 11 月 14 日生效。允许 EU ETS 框架下的成员方从 2005 年起可以购买 CDM 和 JI 项目的核证减排指标，实现了欧盟交易体系和 CDM、JI 机制的衔接。目前，欧盟已进入排放权交易计划第二阶段。总的趋势是严格了排放限量，配额总量会少于第一阶段，并试图将该体系覆盖到更多的行业，尤其是近年来排放增长迅猛的航空业。

2003 年芝加哥气候交易所（Chicago Climate Exchange，CCX）成立。CCX 是世界上第一个，也是北美地区唯一一个自愿参与温室气体减排交易，并对减排量承担法律约束力的机构和交易平台。作为世界上第一个包括 6 种温室气体的排放注册、减排和交易体系，自 2003 年 12 月 12 日开始，CCX 进行排放许可和抵消项目的电子交易。在 CCX 的减排计划中，许多北美公司和其他实体（市政当局）自愿做出了有法律约束力的减少温室气体排放的承诺，以保证 CCX 能够实现两个阶段目标：第一阶段（2003～2006 年）所有会员单位在基准排放水平的基础上实现每年减排 1% 的目标；在第二阶段（2007～2010 年）所有的会员单位将排放水平下降到基准线水平的 94% 下。与之相类似的还有加拿大 GFRT 计划、美国排放交易体系，等等（见表 8－1）。

表 8－1　　除欧盟排放权交易市场外的其他碳交易市场

碳交易市场	启动时间（年）	类别	供需范围
北欧电力交易所 Nord Pool	1996	强制	电力企业交易市场
加拿大 GERT 计划	1998	自愿	北美地区、可再生能源和能源替代项目
美国 CVEAA 计划	1999	自愿	奖励信用额、碳汇
澳大利亚 SFE 交易所	2000	自愿	澳大利亚、新西兰、日本的碳捕获项目 CCS
BP 石油公司	2000	自愿	公司内部 12 家子公司参与
壳牌集团 STEPS 计划	2000	试点	壳牌化工、冶金、开采和生产子公司的交易
丹麦电力行业试点	2001	强制	美国部分州参与的内部市场，已立法

续表

碳交易市场	启动时间（年）	类别	供需范围
英国排放交易体系	2002	自愿	英国 6000 家的企业交易、补贴和碳汇
欧洲能源交易所 EEX	2002	强制	电力、能源企业交易
英国 CCX 交易所和艾奥瓦州	2002	自愿	美国公司为主的能源部门和土地利用项目，可从全球项目中购买
挪威排放交易体系	2005	强制、自愿协议	挪威冶炼、水泥和石化企业内部交易，与 EU ETS 衔接
欧洲气候交易所 ECX	2005	强制	EUA、CER 交易
法国未来电力交易所 Powernext	2007	强制	电力企业交易市场
国际环境衍生品交易所	2008	强制、自愿	排放权现货、期货及其他金融衍生品交易

资料来源：转引自周宏春：《世界碳交易市场的发展与启示》，载于《中国软科学》，2009 年第 12 期。

世界碳交易市场发展迅疾。欧洲排放交易市场是世界上最为活跃、交易规模最大的排放权交易市场。有关研究表明，到《京都议定书》生效前的 2004 年底，在联合国注册的温室气体减排项目仅 1 个，2008 年二级市场交易规模 48 亿多吨二氧化碳当量。2005～2008 年，市场规模从近 100 亿美元迅速攀升至 331 亿美元，2008 年达到 1263 亿美元（见表 8－2）。碳交易成为世界最大宗商品势不可挡，而碳交易标的的标价货币绑定权以及由此衍生出来的货币职能将对打破单边美元霸权促使国际货币格局多元化产生影响。

表 8－2　世界碳市场规模和市值

市场名称	市场规模（百万吨）			市值（百万美元）		
	2006 年	2007 年	2008 年	2006 年	2007 年	2008 年
自愿 OTC 市场	143	43	263	585	2584	397
CCX	103	23	69	383	72	309
自愿市场合计	246	43	54	967	263	397
欧盟交易市场 EU ETS	1044	2060	3093	24436	49065	91910
一级 CDM 市场	537	552	389	5804	7433	6519

续表

市场名称	市场规模（百万吨）			市值（百万美元）		
	2006 年	2007 年	2008 年	2006 年	2007 年	2008 年
二级 CDM 市场	25	240	1072	445	5454	26277
联合履约 JI	16	41	20	141	499	294
西南威尔士	20	25	31	225	224	183
全球市场合计	1667	2984	4811	31148	63007	126345

资料来源：据世界银行 2009 年碳市场之现状及趋势中公布的数据校正（Ecosystem Market, New Carbon Finance World Bank）。

由于缺乏系统细致的约束性要求，目前中国尚没有建立标准统一的碳排放交易市场，低碳经济的大潮推动了市场自发交易市场的建立。2008 年 8 月 5 日中国首家环境权益交易机构北京环境交易所在北京金融大街正式挂牌，成为国内首家专业服务于环境权益交易的市场平台。9 月 25 日，天津排放权交易所成立。2008 年 12 月 12 日北京奥运会期间“绿色出行碳路行动”所产生的 8895 吨二氧化碳，作为生态补偿指标在北京环境交易所挂牌交易。随着中国政府对碳排放的日益重视，随着中国政府在哥本哈根会议上对减排的庄严承诺，全国统一的碳排放交易市场建立是非常重要的。

二、碳交易市场的一般机制

作为排放权交易市场的一种特殊形式，碳市场具有其一般属性，欧盟排放交易体系（EU ETS）即较多的借鉴了美国排污权交易体系的运行机制。美国的排污权交易市场由四种政策机制组成，即补偿政策、气泡政策、净得政策和排污银行政策。贯穿这四项政策有两个重要因素：一是减排成本差异的选择，由于不同行业、不同区域的市场主体在减排成本上有着显著差异，在碳排放指标既定的情况下就有着一种低成本高效率的选择性可能，碳排放交易制度即提供了这种可能，排放权价格相当于排放单位追加碳排放的机会成本，排放单位会在排放权价格和边际减排成本相同点上决定排放量，从而达到所有减排成员的边际减排成本相等这一市场资源最佳配置状态。二是“排污削减信用”（emissions reduction credits），作为排污交易政策机制的事务处理媒介，其承担着排污权交易的“货币”功能。当排污主体将排污水平减到政府规定或赋予配额以下时，差额部分经确认即可成为排污削减信用在市场进行交易或存入排污银行以备以后交易，反之，当排污主体的排污水平超过政府规定或赋予配额就需要购买污染物削减信用，如无法购得即会接受严厉的处罚。

目前相对成熟的欧盟排放交易体系（EU ETS）碳市场交易机制，具有以下几个基本构成部分。

1. 交易主体和行业的确定

明确的交易主体是市场供给需求的基础，交易主体是碳交易市场的交易者。碳市场是权利市场，由权利生成利益，利益在交换中实现。什么类型的经济主体拥有碳资源的排放权利，是碳市场交易体系必须首先界定的问题。理论上讲，减排是每一个企业的责任，但从可执行的角度，任何一个国家不可能将所有行业和企业同时纳入碳市场的交易范围。基于碳市场设计的目的是有效降低排放，交易主体一般主要限于能源密集型的排放行业，如欧盟排放市场27个成员国参与排放的涉及10500项设施，涉及的行业包括发电加热业以及燃烧、炼油、炼焦、钢铁、水泥、玻璃、石灰、砖瓦、陶瓷、纸浆和造纸等能源密集型产业，覆盖到几乎占了欧盟碳排放量的45%和所有温室气体排放量的40%以上，深度覆盖对确保碳排放交易机制的有效性是必不可少的。交易主体的产生源自对市场需求者严格的碳排放约束。正是由于欧盟国家有着执行《京都议定书》相关条款和履行减排承诺的趋向，欧洲的碳市场才得以蓬勃发展。出于一定的战略考虑，欧盟国家一直将低碳作为其重要区域战略看待，特别予以重视。《京都议定书》对所有欧盟国家均提出了明确的碳排放限定，这为欧盟碳市场的建立奠定了坚实基础。与之相比较，其他国家由于没有碳排放的强制性约束，更多的市场都是建立在企业自愿的减排承诺上，规模上有限，但即便是这样的碳市场，会员企业一旦承诺即具有强制性，也必须严格遵守。

2. 交易额度的公平分配机制

配额制是交易机制的基础，是交易产权明晰的同义语。基于配额的市场具有排放权价值发现的基础功能。配额交易市场决定着碳排放权的价值。配额多少以及惩罚力度的大小，影响着碳排放权价值的高低。尽管以CDM为主体的一级市场项目制在整体交易中占有一定比重，但其特点是开放系统的碳指标输入，并不构成内部市场交易体系的基础组成。交易额度的公平分配设定通常来自不同地区立法机构根据地区情况设定，而通常交易市场机制也设定固定的机构进行配额管理。

3. 交易机制

《京都议定书》所规定的基于配额的交易和基于项目的交易同样适用于普遍的碳交易机制，即同时允许的场外交易和场内交易。所谓基于配额的交易即指买家在“限量与贸易”体制下购买由管理者制定、分配（或拍卖）的减排配额，譬如《京都议定书》下的分配数量单位（AAU），或者欧盟排放交易体系（EU ETS）下的欧盟配额（EUAs）。所谓基于项目的交易即指买主向可证实减低温室气体排放的项目购买减排额，最典型的此类交易为京都议定书中CDM以及联合履行机制下分别产生核证减排量（CERs）和减排单位（ERUs）。

4. 可核查机制

核查体系是碳排放交易的基础环节之一，所有交易和惩罚都是建立在可核查的基础之上的。碳排放权是一种信用，其所代表的财富的大小取决于这种信用的稀缺性和由稀缺性决定的价格，所以保证碳排放资源的稀缺性是碳信用具有价值的前提。如何才能够做到使碳排放权具有稀缺性，排放主体的排放行为必须受到严格的限制，作为限制的重要组成部分是排放的可核查机制。如果企业排放行为不受监控或者不可核查，企业可能就会选择超排，同时对碳排放有需求的企业也没有积极性购买碳排放权，排放权市场也就随之不能形成。所以，实际排放量的监测、报告与验证是碳排放市场最重要的制度建设之一，是碳市场成功运作的基本保证。

5. 惩罚机制

作为一种事后处理手段，惩罚机制给予了市场参与主体不履行约束的可预测博弈结果，惩罚机制是整体机制不可缺少的环节。如果经检测和验证，碳实际排放量超过了所分配的额度，应有相对应的处罚制度和措施。欧盟的规定是（European Commission，2004），在第一阶段排放交易期间，每超出1吨二氧化碳应缴罚款40欧元，第二阶段则提高至100欧元。除了缴纳罚款之外，还有责任不可免除的强制性条款，即超额排放部分不会因缴纳罚金而免于承担该责任，必须在下一年的额度中予以扣除。

基于上述归纳，我们可以得到碳市场交易的一般机制（见图8－1）。

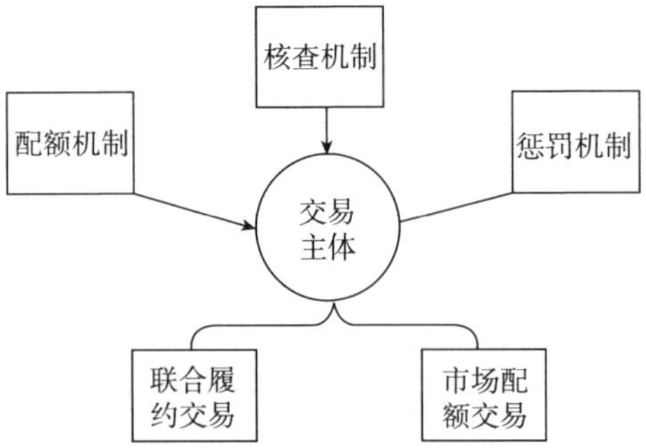

图 8-1　碳市场的一般机制

三、碳交易市场的特征

1. 稀缺性

由于碳排放权交易的实质就是对环境容量使用权的获取，当环境容量使用相对宽松的时候，其污染物排放对环境的危害性也相对较小。随着人口增加，经济增长污染排放的积累达到环境容量的许可上限时，其对外部环境危害也相应地表现出来。而环境容量的稀缺性也相应地提高。人类意识到其稀缺性表现则在于共同签署《京都议定书》。限制温室气体排放，在一定环境容量许可的范围内认可碳排放权的交易，可以肯定随着环境的持续恶化，碳排放权的稀缺性也会随着环境容量使用的日益稀缺而增强。

2. 强制性

如果在环境容量稀缺度不断提高的情况下，不能对环境容量进行产权界定，就无法对环境容量实现合理定价和有偿使用，其结局就是所有人无节制的争夺使用有限的环境容量。国家为了避免“公地悲剧”的重演则需建立起强制性的以法律规范的形式表现出来的对碳排放权交易的规定。在《清洁发展机制项目运行管理办法》第二十四条规定，鉴于温室气体减排量资源归中国政府所有，而由具体 CDM 项目产生的温室气体减排量归开发企业所有，因此，CDM 项目因转让温室气体减排量所获得的收益归中国政府和实施项目的企业所有。在这种强制性的背后表现了国家产权界定的决心和产权实施过程的法律准备。

3. 排他性

碳排放权的排他性于其他所有权的排他性是一致的。即碳排放许可的所有人，阻止其他的排放主体享有对特定排放额度的占有、处分、收益的权力。而这种排他的对象也是多元化的，除了某一个主体外其他一切个人和团体都在被排斥对象之列，而这种排他性的实质就是碳排放权的主体行为人的对外排斥性和对特定减排额度的垄断性。

4. 可交易性

碳排放权作为当前碳贸易市场中的交易客体具有明显的可交易性。作为一种独立的产权，碳排放权是权利行为主体在可交易市场环境下对其减排额度的交易，即发生所有权的改变。这种可交易性为现实进行交易提供了可能。既是可交易的必定存在价格上的波动，作为商品的表象特征，价格的起伏也必将贯穿碳贸易的始终。而这种可交易性也为不同行为主体间的交易提供了保障，从而保障了所有权属高度的自由性。

5. 可分割性

碳排放权作为减排配额的权利体现，相对其他可交易的权属也存在数量的可分割性，作为一个减排项目来说，可以同时行使全部减排额度也可以将减排的额度分别转让给不同的企业。据《日本经济新闻》报道，三菱商事向欧洲和加拿大企业销售了300万吨温室其他减排权，这是该公司在中国山东与新日本制铁联手开展氟利昂处理业务而取得的每年1000万吨二氧化碳排放权的一部分，并计划将另外500万吨碳排放销售给日本国内的电力和钢铁企业，而只有200万吨排放权由新日本制铁自行使用。

四、碳交易的实施条件

虽然碳排放权交易对市场机制的利用最充分，但它的实施依然需要合适的条件：

1. 合理分配排污权

按照“污染者付费”原则，排污权通过拍卖等手段，有偿分配给排污者。但由于较高的获取成本使得排污权持有者有惜售心理，从而影响交易市场的形成。现实中往往采取根据一定的条件无偿分配的方式发放排污许可证。这样一来，又产生两个问题：一是违背了“污染者付费”原则；二是新老污染源由于获取排污权方式的不同而处于不平等的竞争地位。因此，合理分配排污权，既能体现“污染者付费”原则，又不会由于获取成本过高而影响交易市场的形成，这是实现碳排放权交易的重要条件。

2. 完善的市场条件

排污权既然可以买卖，而且从长期来看其价格呈上升趋势，就会有人炒卖排污权许可证，甚至有可能出现某些人通过垄断排污权市场牟取暴利的现象。排污权的价格应该有市场决定的，但碳排放权交易的交易秩序需要良好的交易环境。因此，完善的市场是排污权顺利交易的重要条件。

3. 政府部门的有效管理

污染者之所以要购买排污权，是因为没有排污许可证不能排污。如果政府无法确定目前排污许可证的分布状况，或者虽然可以确定，但是无法制止无证排污，那么碳排放权交易就根本开展不起来。因此，政府对污染者排污的有效管理，就成为碳排放权交易的第三个条件。

五、碳交易的优点

作为一种以市场为基础的经济政策手段，碳排放权交易明显不同于以命令控制型为特征的政策手段，同以政府调控为主的经济手段（例如，排污收费）也有很大区别。具体来说，排放权交易具有以下主要的优点。

1. 碳排放权交易有利于政府利用市场经济行为进行宏观调控

由于信息的不对称性，政府在决策时可能出现失误，也可能落后于形势，而政府制定的污染源排放标准和排污费征收标准的修改由于受一定程序的限制，需要一段时间，存在“政策时滞”的影响。另外，标准的修改涉及各方的利益，因而有关方面会力图影响政府的决策，从而迟迟得不到结果，不利于政府针对环境质量的突发变化而做出灵活的反应。实行碳排放权交易以后，一方面，政府可以采用类似中央银行公开市场业务的做法，通过排污权的市场买卖，对环境保护工作中出现的问题做出较及时的反应。例如，环境标准过低，导致发放排污权总量偏高，政府可以买进排污权；反之，环境标准过高，可以卖出排污权。另一方面，政府可以通过少量的碳排放权交易，对环境生态状况进行微调。经过一定时期的实践，证明调整后的环境状况可以兼顾环境保护和经济发展的双赢，可以将其确定为正式的环境标准。

2. 碳排放权交易具有公平性和普遍性

碳排放权交易市场放开后，参与碳排放权交易的主体是非常广泛的，企业、个人均可以参加。对企业来讲，可以根据自身利益来确定购买排污许可证的数量和进行污染治理的数量，比较便于选择；对非排污者而言，如果希望降低污染水平，也可以进入市场购买排污权，然后将排污权控制在手中不卖出，可以达到参与控制污染、保护环境的目的。这种解决方法是有效率的，因为它通过支付意愿反映了人们的选择。

3. 碳排放权交易有利于降低企业治理污染的成本

对一个企业来说，如果它治理污染的成本比市场上的排污权价格要高，很显然它不会治理污染而是买进排污权以降低成本。如果它的污染治理成本比市场上的排污权价格低，那么它应该力争多治理污染，同时将自己富余的排污权在市场上出售获得利润。如果没有碳排放权交易市场，每个企业都必须自己治理污染以达到总量控制标准，那么，那些治理成本高的企业将不堪重负，而治理成本低的企业又不愿意多承担治理责任，这样不利于降低整个社会的污染治理成本。碳排放权交易的实质是使治理任务在各个企业之间实行再分配，让治理成本低的企业承担较多的治理任务，这样有利于社会福利的增力口。

4. 碳排放权交易有利于污染治理技术的进步

污染治理对企业来说是一种责任与负担，现行的环境经济政策使企业只见投入不见收益，企业往往寻找各种借口来逃避治理责任，而碳排放权交易却使企业的污染治理变得有利可图，企业治理污染的积极性将大大提高。由于企业竞相采用先进的治理技术，先进的治理技术的需求将极大增加，这又为技术开发商提供动力，形成一种良性循环。从美国Sq碳排放权交易来看，Sq交易价格最低时为69美元/吨，这远远出乎污染治理技术专家180美元/吨的预料。可见，在决定污染治理成本时，市场显然比专家高明得多。

5. 碳排放权交易能有效地减少过度治理

环境经济学家认为，环境容量也是资源，对环境容量利用不足，与对环境容量过度利用一样也是资源配置的低效率。在不可交易的许可证制度下，某污染源的破产并不会导致其他污染者排污权的增加，这就会导致环境容量资源的利用不足，也就是过度治理。而在碳排放权交易的条件下，由于排污权被市场赋予了经济价值，污染源破产清理时，排污权将会被当作资产出售或分配给股东，从而可以重新回到市场。

第三节 中国碳市场的设计

基于以上碳市场一般机制和中国低碳经济的发展目标可以进一步对碳市场进行设计。

一、交易主体

1. 以企业为交易主体

与欧盟等以国家（区域）减排指标为基础的碳排放交易市场不同，中国作为统一集权国家与美国类似，生产要素在区域间的流动是无障碍的，企业作为市场参与者的条件完全具备；同时，区域行政主体作为市场参与者也非常缺乏效率，基于企业的碳排放交易易于发挥市场对资源的高效配置性，模仿芝加哥气候交易所采用企业会员治理应成为优选。

2. 以高排放产业和战略性新兴产业为主要领域

与发达国家以消费为主体的碳排放不同，中国的碳排放以产业碳排放为主体，产业低碳化是中国低碳经济发展的战略重点。基于本文研究，实现中国产业低碳化需要在产业碳强度降低和产业结构调整两个方面同时着手，其中前者主要针对国民经济有着重要支撑的高排放产业（如能源化工业、交通运输业、非金属矿物质制品业和有色冶金业等），后者主要针对低碳、低能耗和高附加值的战略性新兴产业（如清洁能源、装备制造业、电子及通信设备制造业和医药制造业等）。这些产业既是国民经济支柱，又是碳排放主体，同时还包括未来经济可持续发展的方向，以其为核心的碳市场构建既能对地区减排起到实际政策机制作用，又体现了成本效益原则，因此会员企业应来自这些产业。

3. 逐步将森林碳汇、碳捕捉封存和二氧化碳资源化等碳汇项目纳入交易体系

尽管基于马克思社会总资本再生产理论，碳汇产业发展是实现经济碳平衡发展的基础，但在中国很长一段时间其不具备可行性。当前的碳汇展业主要包括森林碳汇、碳封存技术和二氧化碳资源化，其中前者尽管人力干预活跃，但碳储存容量有限，1949 年以后，尽管中国投入了大

量资金和劳力进行植树造林，但森林覆盖率仅提高了4%，而且造林地段的自然条件都比较好，考虑到全国有1/3沙漠和1/3高原，未来大幅提高森林覆盖率的困难非常大。因此考虑到政策执行的成本问题，可以考虑将碳汇项目随着技术发展逐步纳入市场交易体系。

二、配额机制

配额机制是交易机制的核心内容，是对交易主体排污削减信用的赋予，即交易对象。配额赋予必须保证科学性、公正性和引导性，即一方面要基于产业发展的实际差异，另一方面要有客观统一的标准，同时还要兼顾对产业发展的导向。

以产业碳强度作为配额赋予的绝对基础既满足了可量化于可交易性，又在一定条件和配额机制下可以实现中国产业低碳化的发展目标，即碳排放与经济发展的脱钩。

令 i 产业的碳强度变化率为 X_i，且具有稳定性；产业比重变化率为 Y_i，且具有稳定性；对不同产业赋予基于产业状况和引导趋势的变化率，应用式8－1可以得到对 n 年后区域整体 m 个产业的整体碳强度预期：

$$T_n = \sum_{i=1}^{m} [T_i \times (1 - X_i)^n][G_i \times (1 - Y_i)^n] \quad (8-1)$$

设2020年碳强度较2005年基期下降45%，基于分析政策目标缺口的存在，每个产业的碳强度下降都必须在原有基础上扩大幅度，设进一步下降比率为 Z，则其满足式（8－2）。

$$Z \times \sum_{i=1}^{m} [T_i \times (1 - X_i)^n][G_i \times (1 - Y_i)^n] = T_{2005} \times (1 - 45\%) \quad (8-2)$$

此时，产业 i 在第 n 年的碳强度配额就是 $T_i \times (1 - X_i)^n \times Z$。

三、核查机制

结算期。结算期是对碳市场主体进行核查的基础，通过对一个结算期核算产业增加值可以计算配额授予量，继而核查该企业碳账户余额，查看其是否达到了减排标准（即碳账户不能为负值）。

碳排放和产业增加值核查机构。配额授予的前提是对企业产业增加值和碳排放总量的核查，需要设立或确立权威和公正的中介机构核查企业申报数据，确保真实性，维护碳交易市场机制的有效运行。

法律机制。应明确与相关法律法规的适用，对不实申报查处做到有据可查，对不实申报行为起到震慑作用。

四、调控机制

以公共碳基金为主的政府调控手段（含惩罚机制）。公共碳基金作为中国碳排放市场的调控机制主要发挥着以下几个作用：

一是强制性销售机制。对结算期内未完成减排约束的企业进行强制性碳销售，销售价格为结算期期末价格和碳基金购买成本（招标成本）加成价的高者。

二是调控碳市场价格。根据国家经济发展要求，作为市场主体进入碳市场通过参与期权交易和现碳交易调控市场的投机过度行为，同时实时储备碳配额，在结算期末进行强制性销售。

三是重大碳汇项目和新能源开发项目招标。对国家作为重点碳平衡发展的碳汇项目和新能源开发项目进行招标，同时形成公共碳基金自身的碳账户结余。

四是重大节能减排技术研发投资。对于具有高风险的技术研发，企业个体有与风险承担能力的有限性往往无法投资，公共碳基金应发挥这一功能，对推进提高国家竞争力和实现国家战略的重大节能减排技术进行投资。

五是境外碳汇购买。如需为实现国家整体的减排目标，可按照政府要求在国外购买被国际组织认可的碳汇指标，从而实现相关国际协议对我国的要求。

碳基金的来源除来自强制性碳排放权销售外，还包括政府财政拨款、社会各界公益性捐助以及对奢侈性消费所征收的碳消费税（如高排量小轿车和超大面积住宅等）。

五、履约机制

以交易所拍卖为核心的市场配置体制。采用拍卖机制，供需双方讨价还价所得的交易价格是一种均衡价格。购买方的出价是真实的，也就是其对排污权商品的真实评价，资源为最优配置。政府或市场组织者只需设计一个激励相容的拍卖机制，交易参与者讲真话是其占优策略，不管其他参与者如何，自己讲真话都是最有利的，这种机制下的均衡是系统最优解。在市场环境下，市场参与者的信息收集非常困难，例如卖方的成本函数和买方的收益函数估计，政府是无法准确完成的。而通过市场交易，双方通过真实报价，确定合理价格，就能实现资源的高效率配置。拍卖碳排放权是一种合理、有效的销售方式。投标人的出价大小依据碳排放权对其的价值，边际污染治理成本高但经济效益也高的排污企业以较高出价竞标得到排污权，而边际治理成本高且经济效益低的排污企业将逐步被淘汰。此后，通过排污权的交易，环保资金优先流向边际污染治理成本低的企业，排污权优先流向经济效益高的企业，使区域总的环保资金和环境容量实现优化配置。

市场交易体制包括现碳市场、碳账户和期碳市场三部分。现碳市场是指碳账户有余额的企业在市场上对其账户余额的出售；碳账户是会员企业自身自动取得配额（排污削减信用）和购买所得配额的余额，由于本文机制设计采用碳强度配额，自身取得配额必须在结算期末经过核算机构认定，碳账户余额可在后续结算期使用；期碳市场是会员企业根据自身对未来碳账户余额和价格的估计交易的碳排放期权。现碳市场、碳账户和期碳市场共同组成了碳排放交易市场。同时，机制允许不进入交易市场的联合履约行为，但仅限于会员企业之间。

以上交易机制，可以表示为图 8－2。

六、机制对政策目标的实现

基于以上中国碳排放交易的机制的设计可以达到对政策目标实现的作用：

第一，交易机制保证了社会总资本的再生产，通过排放权交易，高排放产业节能减排的技术投入和战略性新兴产业的预付资本都可以在这一机制下获取社会平均利润，社会总资本的再生产是中国社会经济可持续发展的根本保证。

第二，交易机制抓住了低碳经济的发展重点，基于产业低碳化的机制设计凸显了产业低碳化在中国低碳经济发展中的战略地位，由高排放产业和战略性新兴产业组成的交易主体，充分反映了产业低碳化发展的两条路径。

第三，通过配额机制的设计，交易机制保证了中国对世界减排承诺的实现，使得政策机制与政策目标之间保持了可控性。

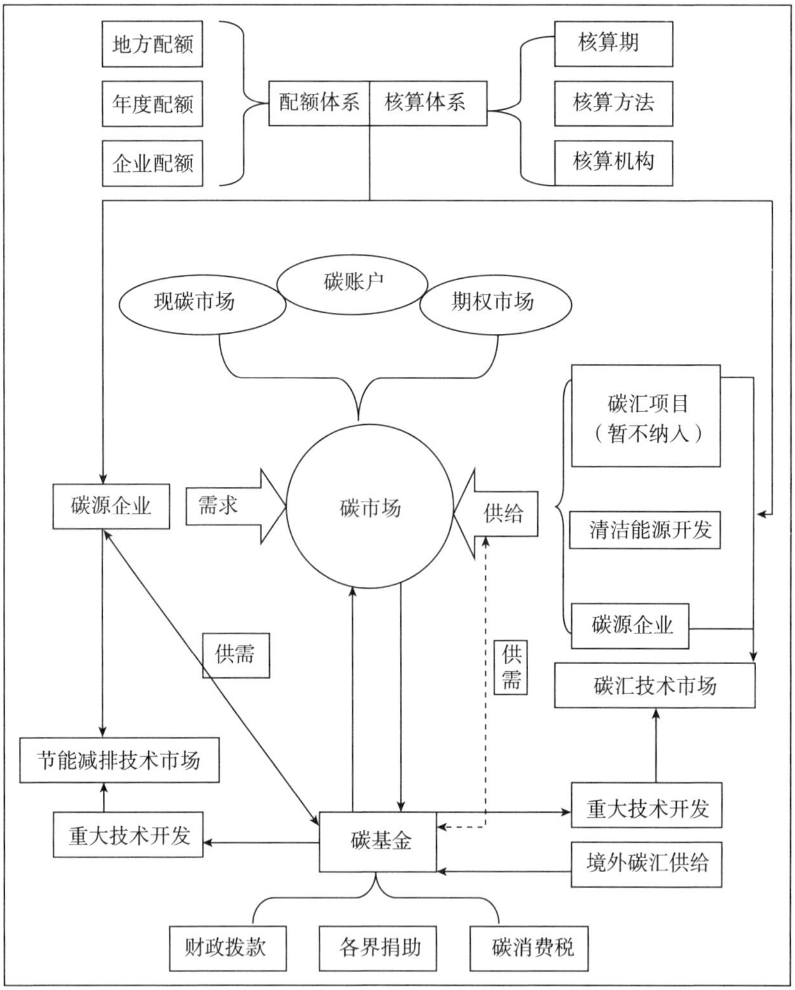

图 8－2　中国碳市场设计的运行机制

第四节　碳金融体系的参与者

一、私营部门主要参与者

私营部门参与者主要包括遵约参与者、商业银行、碳基金、投机商、项目开发商与整合商、股票研究、碳经纪商、交易所、信用评级机构和保险公司。

工业遵约导向的市场参与者是碳市场的主体，与国家政府一样，是碳金融活动的来源。碳市场主要影响的高排放行业（如水泥、陶瓷、钢铁、天然气、纸浆与造纸、电力和炼油）都是关系国计民生的重要领域。这些公司不论是做多还是做空，也不论追求的是内部减排策略还是利用市场来满足遵约目标，或者准备在一年中如何交易和确定他们的定位都是影响价格和整体市场情况的主要因素。英国和德国的能源公司拥有大量的欧盟排碳配额，因此欧盟排碳配额价格与德国电力合约以及英国天然气价格息息相关。在欧盟排放交易计划第一年，主要遵约交易者是公共事业和能源公司，尤其是已经没有能源交易柜台的业者必须借由交易欧盟排碳配额规避排放遵约的财务风险。

随着碳市场逐渐成熟，配额制的接受程度提升，碳产权被普遍接受。商业银行必然会开始参与排放减量计划的组合与融资。以爱尔兰银行为例，银行与 Edenderry 电厂签订协议，同意以欧洲气候交易所的欧盟排碳配额报价编制的指数价格，提供 Edenderry 所缺少的排放配额。这个协议提供 Edenderry 价格更加稳定的保障，使其可以更有效率地处理排放遵约的财务。荷兰银行把碳市场列为具有战略利益的领域，退出一系列永续经营的全球性私募股权基金，并参与碳交易，以汇率为基础的碳交易结算，以及由欧洲企业买主预先支付碳信用的融资。比利时富通银行是建立碳市场早期的参与者，提供交易、交易对手服务、结算和碳金融类的融资。许多其他的欧洲商业银行，尤其是拉博银行、巴克莱银行和汇丰银行也急起直追，尤其注重于企业碳银行业务与顾问服务等方面。

专业碳基金的崛起是 2005 年和 2006 年颇受瞩目的现象。这类基金源自世界银行的原型碳基金，现在已是全球《京都议定书》市场减排权证和减排单位的主要资金来源。这些基金的投资人通常是大遵约买主，想外包或者分散他们的信用购买活动（如 Natisource 公司的温室气体信用聚集基金霍州欧洲碳基金），或将碳价格上涨视为获利来源的投机者。

任何新兴市场都会吸引风险资本和早期投资商，碳市场也不例外。一些欧洲和美国的对冲基金以及私募投资公司都会涉及碳市场中来，部分以持有碳公司的股份的方式，部分则购买并交易碳信用。对未来碳市场的期待促使新基金纷纷成立。2006 年初，公开上市的对冲基金 Alpha 资本公司与荷兰银行共同宣布，将在伦敦证券交易所上市一种新对冲基金，以开发包括排放市场等新领域的商机。随着市场日益成熟，流动性及参与增加，预料越来越多主流投资者、退休基金、基金会和其他计划赞助者将积极投入，这种过程和以往的商品和抵押担保证券等市场的发展如出一辙。

和商业银行一样，主流股票研究公司也较晚进入这个市场。不过，随着市场一拿愈来愈多资金，参与市场的公司开始寻求财务顾问和筹措资金的协助，使许多银行机构的兴趣转浓：摩根的欧洲公司研究团队于2006年1月11日发表《碳金融大全：主要问题解答》报告指出，对欧洲公司而言二氧化碳将成为愈来愈重要的问题，范围涵盖所有产业，而非仅止于电力行业，也因此对股票和信用市场愈来愈重要。摩根士丹利欧洲股东集团发表《新兴碳市场的股票操作》报告，探讨新兴碳市场的背景、排放配额要求的基本动力，并开始研究数家碳产业公司。美林的商品集团则举办了一场“碳市场电话会议”，由商品研究部主管和排放交易部主管讨论市场基本要素，以及美林对未来价格走势的看法。美林接着又发表一份交易报告，详述该公司认为从基本面看来，欧盟的排放价格仍偏低。如今多数银行的研究团队竞相发表深入的碳市场研究报告，而随着市场持续扩张，投资机构的深度和品质势必会更高。

有数家经纪商专精于碳市场，在广泛的排放与环境产品市场中，他们将策略重点放在碳市场上。这些经纪商同时活跃于欧盟排放权交易计划和《京都议定书》计划市场，在这类仍然告诉结构化的交易中，专业经纪人的附加价值极受重视。市场中买和卖以及双方的中介的关系十分重要，且受到多项因素的影响，包括成本、信任、市场只是和交易结构技术。不管对买方还是卖方客户来说，经纪商是极其重要的市场情报来源，尤其是清洁发展机制和联合减排这类交易通常高度结构化、规模较大、执行期较长的市场，《京都议定书》计划以及区域性碳市场，未来可能成为碳经纪商的主要目标场地。

碳排放规范可能影响工业公司和长期信用，因而促使信用评级机构——标准普尔、穆迪、惠誉，将碳金融纳入他们的研究程序。这对公共事业和电力或者能源业的分析而言至关重要。惠誉全球电力的北美小组在撰写的排放交易特别报告中，提供发展中或已经开始营运的各排放市场的概述。惠誉的看法是“我们预期，日益严格的污染管制规范将导致应运与资本成本增加。妥善构建的排放交易计划，能协助公司管理并减少遵守环境法规的资本支出”。两大主要信用评级机构标准普尔和穆迪的参与则属于观察性质居多，两家公司都已经准备将碳金融因素纳入各自的债券评级中，并已经开始追踪碳排放交易市场，尤其是欧洲的市场。

保险与再保险业参与到碳金融中的背后有两大推力：必须了解气候变化趋势对财产、灾害、人民和健康等保险的潜在影响，以及觉察碳市场的成长可能带来的新商机。两家世界最大的再保险公司瑞士再保险公司和慕尼黑再保险，初期采取较广泛的市场建立者角色，以深入了解气候变化的经济影响，并探讨特别为碳市场舍利的新保险产品。美国再保险业最大公司美国国际集团（AIG）也跟进。在市场迅速扩大之际，特别是在情节发展机制中，对买方或卖方用以转移未交割风险的碳信用交割保证需求随之增加。交易对手愈来愈需要规避未交割风险，而保险在次环节可扮演重要角色。随着对保险产品的需求增加，保险经纪人的角色也日益加重。在 2005 年和 2006 年，各界对碳市场的兴趣助长了保险公司竞逐碳金融业务，而 AIG 和苏黎世保险等大型公司也相继宣布退出自己的碳交割保证以及计划保险产品。随着碳市场的规模和范围成长，加上不遵约和不良风险管理的财务后果愈来愈受重视，风险管理以及保险服务也变得越发重要。许多受排放权交易计划影响的工业公司，不把排放营运视为核心策略，反而日益重视将风险转移给能协助他们达成遵约义务的第三者。大型保险公司拥有良好的信用评级、承担风险的能力、市场知识、客户和投资人关系，以及全球可及，在市场开发上先天就扮演重要角色。开发整合型的风险管理产品，以规避所有气候风险对大型保险公司来说是格外有吸引力的成长领域。

二、公共部门的主要参与者

公共部门的主要参与者包括国家政府、国家级企业协会、多边银行等。

国家政府长期以来一直都是碳市场的主角，是早期的碳信用购买者，也是《京都议定书》的构建者。《京都议定书》附件 I 国家的排放目标。可直接或通过中介购买减排权证和减排单位。直接购买通常通过竞标或者直接采购。丹麦政府的做法是典型的例子，该国政府 2006 年初透过招标程序，购买未透漏数量的减排权证和减排单位。荷兰等国政府也是受瞩目的国家级碳信用购买者，早在《京都议定书》未执行前，就已经通过竞标购买减排权证和减排单位。间接采购活动是通过代表政府管理基金的第三方机构。荷兰政府在间接购买碳信用上也很活跃。在欧洲复兴开发银行内部成立专门购买碳信用的单位。该单位积极向中欧和东欧的联合减排计划购买减排单位，其他政府也纷纷效仿。在2003年秋季世界银行和意大利环境与国土部签订协议，成立一个供意大利私营企业与公共机构从情节发展机制和联合减排计划购买碳信用的基金。

除了自行采购信用额，政府也鼓励国家级的企业协会和其他机构跨入碳市场。例如2006年初，瑞士政府成立气候分布基金会，设定到2012年向清洁发展机制和联合减排计划购买1000万吨温室气体排放减量的目标。该基金会2005年10月以四大瑞士企业协会资助计划的形式开始运作，成为纯私营、遵约导向的买主，每年将由石油与柴油进口征收每升0.015瑞郎的税，预计总额1亿瑞郎，将投资在瑞士和海外的气候保护计划。同样的，日本的碳基金成立于2004年，代表数家日本私营企业和公共贷款机构，包括东京电力公司、日本国际商业银行和日本开发银行。在德国，政府银行集团KFW与德国联邦政府合作设立一个碳基金，以便向联合减排和清洁发展机制计划购买排放信用额。参与这个基金的公司有3/4是德国公司，其余来自奥地利、卢森堡和法国。大部分公司是电力公司，化学与水泥公司也参与其中。该基金拥有8000万欧元资金可用于购买信用，并在2005年10月签订第一桩交易，向印度的氢氟化合物23计划购买排放减排权证。

世界银行的原型碳基金是一种提供政府和公司取得碳信用的低风险工具，至2006年7月管理的资产大约1.8亿美元。这个基金使世界银行直到2005年底在《京都议定书》计划市场占有支配性地位。之后世界银行的各种购买工具被并进新设的世界银行碳金融事业部，以及陆续成立的其他碳基金，包括社区发展碳基金、生物碳基金和多个国家级别的碳基金。世界银行的私人投资部门国际金融公司也通过其碳金融工具活跃在碳金融市场上。这些工具至2006年5月大约管理8000万美元的资产，主要用于代表荷兰政府购买减排量权证和减排量单位。同样的，欧洲投资银行很早就致力于发展碳基金，方式是与世界银行成立泛欧碳基金，以支持欧洲各地的气候友善投资计划。多边碳信用基金将开放给公共和私营部门参与，并将雇用国外私营碳经理人来处理特定的营运活动。

三、专业第三方服务

纯粹市场化体系多将市场管理交给第三方完成，会计师和律师因此成为市场经济体系管理的基石，是金融体系运行的关键部门。与碳市场相匹配的市场信用体系支撑部门在碳金融体系中更加必不可少，最为典型的就是碳审计。碳审计是碳金融所要求的对以往会计师和律师第三方服务的延伸，要求第三方在执行一般市场信用审核时同时进行专业化的碳核算和碳审计以帮助碳金融体系各参与方完整、准确地获取企业参与碳市场的详细信息。碳审计是碳市场主体履约和碳市场参与各方行为的依据，或者说它是碳金融体系得以运行的信用制度基础。完善的碳审计制度和碳审计行业将会极大程度的推进碳金融领域的发展。

第四部分

低碳经济发展维度

第九章

低碳城市发展

第一节　低碳城市的内涵与价值

一、低碳城市的内涵

城市是人口和其他生产要素的空间聚集，是经济发展自然演化和宏观规划主动选择的两方面结果。伴随着现代市场经济体系的形成和发展，现代意义的工商业城市占据了城市类型的主导。在功利效应、运输成本、溢出效应、学习效应、多样性偏好和规模经济的推动下，城市对于今天的社会化大生产效率提升而言已经成为必须。由于生产要素的空间聚集，自然环境无法赋予城市有效的熵值降解能力，通勤成本、碰撞成本和环境超负等导致的“城市病”开始大量出现。城市生产生活体现出高效率和高成本二律背反的特征。

低碳城市正是针对了城市生产生活两大对立统一特征而展开：首先，城市的高效率形成了全社会再生产的主要部门集中在城市，城市成为碳排放形成的主要区域；其次，城市的高成本赋予了低碳化措施在这一区域具有更为广阔的空间和更大的发展潜力。两方面特征的对立统一理应成为低碳城市概念的中心内核，这就是不否定城市形态、城市功能的前提下推进城市低碳化建设，既要利用城市的高效率经济生产功能，还要规避城市的高消耗、高排放内在冲动。低碳城市的定义由此展开。世界自然基金会（the World Wide Fund of Nature，WWF）将低碳城市定义为，城市在经济高速发展的前提下，保持能源消耗和二氧化碳排放处于较低的水平。更多低碳城市的概念则从形式上或外延上对城市低碳实现路径进行了阐释。气候组织（2009）提出，低碳城市就是在城市内推广低碳经济，降低城市碳排放，甚至零排放，城市在经济发展、能源结构、消费方式、碳强度四个方面实现低碳转型。秦耀辰等（2010）认为低碳城市是以城市空间为载体，能源、交通、建筑、生产、消费为要素，技术创新与进步为手段，通过合理的空间规划和科学的环境管治，在保持经济社会有效运转的前提下，实现碳排放与碳处理动态平衡的发展模式。低碳城市作为多系统、多尺度高度耦合的复杂动态开放巨系统，具有一定的经济性、安全性、系统性、动态性和区域性（付允等，2010）。低碳城市建设的目标是在制定实施低碳的政策和规划的基础上，城市经济增长和碳基能源消费实现脱钩，通过广泛应用低碳技术，减少各种废弃物和温室气体的排放，低碳理念和行为贯穿生活和消费过程等（刘钦普，2014）。集约的±地利用方式、健全的基础设施、完善的公共交通网络，革新能源利用方式，降低新能源的使用成本，提高能源利用效率，实现传统能源的清洁、安全利用，发展绿色建筑，提倡绿色消费，是低碳城市具备的重要特征（李增福等，2010）。表9-1是国内学者从生产、生活和消费等不同领域、能源、建筑、交通、工业等不同行业，以及城市发展模式、城市规划、城市管理等不同角度对“低碳城市”的概念内涵进行概括的进一步梳理。

表9-1　　国内学者对低碳城市的界定

视角		观点	代表人物
城市发展模式	低碳经济	在城市实行低碳经济，包括城市生产及居民消费，低碳社会	夏堃堡（2008）
		城市经济以低碳产业和低碳化生产为主导模式，市民以低碳生活为历年和行为特征、政府以低碳社会为建设蓝图的城市。低碳城市发展旨在通过经济发展模式、消费历年和生活方式转变，在保证生活质量不断提高的前提下，实现有助于减少碳排放的城市建设模式和社会发展方式	庄贵阳（2008）

续表

视角		观点	代表人物
城市发展模式	低碳经济	通过在城市发展低碳经济，创新低碳技术，改变生活方式，最大限度减少城市的温室气体排放，彻底拜托以往大量生产、大量消费和大量废弃的社会经济运行模式，形成结构优化、循环利用、节能高效的经济体系，形成健康、节约、低碳的生活方式和消费方式，最终实现城市的清洁发展、高效发展、低碳发展和可持续发展	付允等（2008）
		以低碳经济为发展模式与方向、企业以低碳技术和低碳生产为准则、市民以低碳生活为理念和行为特征、政府以低碳社会为建设目标与蓝图的城市	蔡博峰（2011）
	低碳交通	在交通模式上彻底改变以小汽车为主的交通模式下发展，形成新的低碳城市发展模式	崔耀杰（2009）
	低碳消费	通过消费理念和生活方式的转变，在保证生活质量不断提高的前提下，有助于减少碳排放的城市建设模式和社会发展方式	戴亦欣（2009）
城市碳排放水平		经济增长与能源消耗增长及二氧化碳排放相脱钩，如果化石燃料使用及二氧化碳排放量的增长相对于经济增长或城市发展是非常小的正增长，就属于相对脱钩；如果是零增长或负增长，就属于绝对脱钩	诸大建（2009）
城市管理角度		在中国从高碳经济向低碳经济转变的过程中，低碳城市是重要的一个方面，包括低碳能源、提高燃气普及率、提高城市绿化率、提高废弃物处理率等方面的工作	胡鞍钢（2007）

资料来源：路超君：《中国城市低碳发展阶段与路径研究》，河南大学论文，2016 年。

二、低碳城市的特征

1. 经济发展低碳化

经济发展低碳化是指经济的发展不以高能源消耗为代价，相反，应以最少的能源消耗换取最大的经济产出，即实现经济的高效化和集约化。要达到高效化和集约化这一目标，需要在经济发展过程中，不断优化产业结构，实现产业结构升级，努力将重化工业向集约化、轻工业化的转型，将第一、第二产业规模的占比缩小，使第三产业所占比重不断增大，持续提高经济效率。

2. 城市基础设施低碳化

城市基础设施是城市发展的物质载体，是城市经济发展正常运行的基础。基础设施的低碳化主张把“低碳化”的理念贯穿到城市规划和城市基础设施建设过程中，融合城市“紧凑、舒适、合理、宜居”的发展目标，充分运用科技创新来引领绿色建筑和公共交通的新风尚。

3. 生活方式的低碳化

居民消费观念、生活方式的变化，对城市的能源消耗有举足轻重的影响。人类低碳化消费理念和行为的形成将有助于实现二氧化碳等温室气体的减排目标。低碳化生活方式有助于引导人们转变原有消费观念，促使生活方式由高消费、多浪费，转向自觉、积极消费相关低碳产品，促使低碳消费习惯的养成，同时有助于促使人们更多追求精神文化消费，提高生活质量，进而实现生活方式的低碳化，最终有助于减少城市的能源需求总量。

4. 低碳技术的产业化开发与规模化运用

低碳技术是指可以改善公众生活品质，推动清洁能源发展，促进能源使用效率提高，最终降低温室气体排放量的高科技技术。低碳城市的各个方面（如经济低碳化、建筑低碳化、交通运输低碳化、低碳产品及环保等方面）都不可或缺低碳技术。因此，探索建立多元化、宽领域的低碳技术体系，是低碳城市建设的题中之意和迫切要求。

5. 完善的低碳政策制度

低碳城市建设不仅仅需要政府和企业参与其中，更需要得到全社会的广泛支持。因此，制定合理完善的配套低碳政策制度，有助于明确低碳城市发展的目标，让相关事宜都变得有章可循，如美国能源制造税收中心的技术鼓励政策。在其他一些国家，如在加利福尼亚的太阳能供给站会对安装太阳能板的消费者提供优惠折扣服务，这种做法会使太阳能代替电力，并且减少污染产生。因此，制度的完善本身就是一种明确的经济信号，促使政策目标更好的被全社会所理解，引导企业、个人及风险投资者等主体积极投身到低碳城市建设的发展蓝图中。

6. 具备良好的生态环境

低碳经济的根本目标，就是要通过减少温室气体的排放，尽可能早的解决全球气候变暖问题。良好的生态环境可以增加自然碳汇，实现自然生态系统的固碳作用，缓解全球气候变暖趋势，保证居民的生活质量。因此，良好的生态环境应作为（低碳经济重要内容的）低碳城市所追求的主要目标之一。

第二节　低碳城市的评价体系和发展路径

一、低碳城市的评价体系

在对低碳城市内涵理解和低碳城市特征认识基础上，朱守先和梁本凡（2012）通过权重赋值，使各离散指标有机整合成一体，形成了定量、可比的低碳城市综合评价指标体系。本节重点对此进行介绍①。

低碳城市评价指标体系所采用的城市低碳发展评价与考核指标体系包含五个一级指标：（1）经济转型指标；（2）社会转型指标；（3）设施低碳指标；（4）资源低碳指标；（5）环境低碳指标。其中，经济转型指标表征低碳技术水平和发展阶段：社会转型指标表征消费模式和社会发展公平程度；设施低碳指标表征低碳资源禀赋及开发利用情况；环境低碳指标表征城市绿色发展水平。在一级指标层面之下，各遴选两个成分指标并赋予相应的权值（见表9－2）。

表9－2　　中国城市低碳发展指标评价体系　　单位：%

一级指标	比重	二级指标	成分指标	比重
经济转型指标	60	（1）碳经济强度指标	单位GDP碳排放强度	45
		（2）人均碳排放指标	人均碳排放水平	15
社会转型指标	10	（3）消费结构指标	城市居民低碳消费支出比重	5
		（4）就业贡献指标	单位碳排放提供的就业岗位数	5

① 需要说明的是从权威性与丰富性来说，中国社会科学院城市发展与环境研究所设计的低碳城市标准与评价体系更为权威，指标系统更为丰富。但由于该评价系统过于复杂，且中国社会科学院城市发展与环境研究所已经于2013年通过社会科学文献出版社出版了反映该评价体系的著作《重构中国低碳城市评价指标体系：方法学研究与应用指南》一书，该书厚达248页，较为全面系统的对中国社会科学院所设立的低碳城市标准与评价体系进行了反映，故限于篇幅，本文不再赘述，有兴趣的读者可参阅：中国社会科学院城市发展与环境研究所著：《重构中国低碳城市评价指标体系：方法学研究与应用指南》，社会科学文献出版社2013年版。

续表

一级指标	比重	二级指标	成分指标	比重
设施低碳指标	15	（5）低碳建筑指标	建筑物能耗密度	8
		（6）低碳交通指标	出行公交偏好与公交效率	7
资源低碳指标	10	（7）低碳能源指标	非化石能源比例	6
		（8）森林碳汇指标	森林覆盖率	4
环境低碳指标	5	（9）水体环境指标	COD 的排放强度	3
		（10）大气环境指标	SO_2 的排放强度	2

由于指标体系的出发点是用于国内城市的低碳发展现状评价，更多的着力点在低碳发展现状的相对评价。本处对朱守先等人的论文进行介绍①。朱守先和梁本凡（2012）设计了中国第一套定量、可比的综合评价指标体系设定了绝对值的评价标准和权重。指标体系的计算方法采取（实际值－最小值）／（最大值－最小值）的方法。其中碳经济强度、人均碳排放、低碳建筑、水体环境、大气环境五个指标为逆向指标；消费结构、就业贡献、低碳交通、低碳能源、森林碳汇五个指标为正向指标。

1. 指标权重确定方法

在多属性决策中，各指标权重的确定是其核心问题。权重的确定方法主要分为主观赋权法和客观赋权两类。其中主观赋权法是指基于决策者的知识经验或偏好，按照重要性程度对各指标进行比较、赋值和计算得出其权重的方法，主要包括专家调查法（Delphi 法）、层次分析法（AHP 法）、偏好比率法、环比评分法、二项系数法、比较矩阵法和重要性排序法等。本研究指标权重确定主要采用专家调查法与层次分析法相结合的方法。

2. 一级指标权重赋值

对低碳指标体系权重赋值的指导思想是：突出体现低碳发展特征的核心指标的重要性，同时又要全面反映城市各方面低碳发展进程与转型特征，以及国家相关政策的要求。在操作上采用分层控制的方法，先对五个一级指标赋权，以专家集体讨论的方式权衡与比较五个一级指标在城市低碳发展中的相对重要性、引导力、关联性和达到目标值等难易程

① 朱守先、梁本凡：《中国城市低碳发展评价综合指标构建与应用》，载于《城市发展研究》，2012 年第 9 期，第 93～98 页。

度，给出每一个一级指标的权重。例如，经济转型指标是反映低碳发展水平的基础指标，占整个指标体系的权重为60%。

3. 二级指标权重赋值

（1）碳经济强度指标：指单位GDP碳排放强度，是衡量低碳化的核心指标，这一指标将能源消耗导致的碳排放与GDP产出直接联系在一起，能够直观地反映城市社会经济整体碳资源利用效率的提高，同时也能够衡量城市在某一特定时期的低碳技术的综合水平。作为约束性指标纳入国民经济和社会发展中长期规划，并制定相应的国内统计、监测、考核办法。所以，该指标在10个二级指标中所占的权重最大为45%。

（2）人均碳排放指标：是反映碳排放总量和人口总量的指标，也是国际进行低碳发展水平比较的核心指标之一。它的价值表现在三个方面：第一，内含碳排放总量指标，弥补了碳强度指标的不足。第二，将人口放到了指标之中，体现了人类生存权对碳空间的公平分配要求，反映了不同地区人口的碳足迹差异。第三，这是一个国际通用指标，可以用于国际对比。所以，这个指标的重要性仅次于碳强度指标，给以15%的权值。

（3）消费结构指标：指城市居民低碳消费支出比重。目前居民消费总体上正从传统的基本生活消费逐步向发展型消费转变，但由于内部消费结构不平衡对整体消费的扩大产生了重要影响，由于体制和需求层次提高等原因，其中教育、医疗支出等过快增长，占据大量消费支出比重，因此把教育和医疗支出作为低碳消费支出的核心内容，城市居民低碳消费支出结构与偏好的变化，对城市低碳发展方向具有引导与指示功能，该指标权值为5%。

（4）就业贡献指标：单位碳排放提供的就业岗位数，指碳排放的岗位产出，是对城市社会低碳发展质量的考核。就业是中国社会稳定的基础，也是实现公平与自由的前提条件。提高就业率，是任何一个国家宏观经济调控的重要目标，所以，该指标也给了5%的权重。

（5）低碳建筑指标：指单位建筑面积的运行能耗。建筑能耗有广义和狭义之分：广义建筑能耗是指从建筑材料制造、建筑施工到建筑运行的全过程能耗。狭义的建筑能耗，即建筑的运行能耗是建筑能耗中的主导部分。中国房地产业十分发达，建筑节能的空间十分巨大。地方实施起来主动性强，是一个考核地方城市低碳发展业绩的好指标，权重为8%。

（6）低碳交通指标：低碳交通可以从能源利用效率、公交车辆利用效率、人们使用公交出行偏好等指标来考核。考虑到前面单位碳排放的GDP产出和人均碳排放水平两个指标包含了城市交通能源利用的效率因子，这里只需重点考核公交车辆利用效率和人们使用公交车出行的偏好。与低碳建筑指标一样，交通低碳化地方实施起来主动性强，该指标是一个考核地方城市低碳发展业绩的好指标，权重为7%。

（7）低碳能源指标：由于资源禀赋的差异，能源消费结构的调整短期内很难完成，因此选择非化石能源比例和发展程度作为低碳能源指标的考核内容。2009年11月，中国政府提出通过大力发展可再生能源、积极推进核电建设等行动，到2020年我国非化石能源占一次性能源消费的比重达到15%左右，是城市非化石能源利用的重要参考指标。除了核能与大型水电设施建设以外，在风电、太阳光热能、地能、生物质能等的开发利用方面，地方城市大有作为。所以，该指标权重为6%。

（8）森林碳汇指标：森林是陆地生态系统中最大的碳库，在降低大气中温室气体浓度、减缓全球气候变暖中，具有十分重要的独特作用。扩大森林覆盖面积、增加森林覆盖率是经济可行、成本较低的重要减缓措施。在计算森林覆盖率时，森林面积包括郁闭度①、0.2以上的乔木林地面积和竹林地面积，国家特别规定的灌木林地面积、农田林网以及四旁（村旁、路旁、水旁、宅旁）林木的覆盖面积，该指标权重为4%。

（9）水体环境指标：对中国目前发展状况而言，低碳发展从概念上与环境污染没有必然联系，但考虑到即使碳排放总量和强度很低，但环境遭受严重污染，就不能称之为科学的低碳发展，因此引入水体环境和大气环境两个指标。化学需氧量（Chemical Oxygen Demand，COD），是利用化学氧化剂（如高锰酸钾）将水中可氧化物质（如有机物、亚硝酸盐、亚铁盐、硫化物等）氧化分解，然后根据残留的氧化剂的量计算出氧的消耗量，是表示水质污染度的重要指标。COD的单位为毫克/升（ppm），其值越大，说明水质污染程度越重。该指标权重为3%。

（10）大气环境指标二氧化硫（SO_2）主要由燃煤及燃料油等含硫物

① 郁闭度是指林地中乔木树冠遮蔽地面的程度。它是树冠投影面积与林地面积的比值，常用十分法表示，从0.1~1.0。

质燃烧产生，是考核大气环境的核心指标。该指标权重为2%。

4. 评价结果

基于以上指标体系和权重赋值，朱守先和梁本凡（2012）对中国110座城市进行了低碳发展测评（见表9-3）。

表9-3 2009年城市低碳发展水平综合得分

排名	城市名称	综合指标得分	排名	城市名称	综合指标得分
1	台州	80.53	28	张家界	57.35
2	珠海	74.47	29	威海	57.34
3	深圳	74.29	30	昆明	57.32
4	厦门	73.82	31	烟台	56.92
5	北京	73.45	32	天津	56.78
6	温州	71.80	33	绍兴	56.25
7	海口	70.62	34	连云港	56.08
8	湛江	70.38	35	桂林	55.41
9	延安	69.79	36	九江	55.06
10	福州	69.21	37	常德	54.97
11	三亚	67.44	38	宜昌	54.66
12	汕头	67.21	39	无锡	53.99
13	杭州	66.05	40	湖州	53.91
14	上海	65.88	41	嘉兴	53.67
15	中山	65.54	42	南昌	53.29
16	广州	65.23	43	大连	52.92
17	泉州	64.48	44	武汉	52.27
18	成都	63.54	45	合肥	51.42
19	长春	61.78	46	北海	51.22
20	南宁	60.43	47	苏州	50.73
21	西安	60.15	48	保定	49.95
22	宁波	59.77	49	宝鸡	49.72
23	青岛	59.64	50	常州	49.70
24	南通	59.45	51	济南	48.63
25	长沙	58.56	52	宜宾	47.71
26	扬州	57.90	53	重庆	47.67
27	佛山	57.49	54	沈阳	47.56

续表

排名	城市名称	综合指标得分	排名	城市名称	综合指标得分
55	潍坊	47.54	83	赤峰	39.50
56	株洲	47.36	84	西宁	39.41
57	开封	47.06	85	石家庄	39.14
58	绵阳	47.01	86	日照	39.13
59	徐州	46.62	87	兰州	38.87
60	韶关	46.47	88	枣庄	38.31
61	泰安	46.31	89	呼和浩特	36.61
62	哈尔滨	46.31	90	平顶山	36.53
63	南京	46.04	91	金昌	36.46
64	芜湖	45.76	92	大同	36.09
65	牡丹江	45.66	93	淄博	35.78
66	泸州	45.50	94	攀枝花	34.85
67	郑州	45.19	95	鞍山	34.72
68	岳阳	45.01	96	银川	34.37
69	秦皇岛	44.82	97	阳泉	33.88
70	柳州	44.76	98	太原	33.62
71	咸阳	44.46	99	抚顺	33.46
72	洛阳	43.45	100	焦作	33.37
73	贵阳	43.43	101	长治	33.34
74	遵义	42.97	102	邯郸	32.95
75	吉林	42.88	103	安阳	31.48
76	荆州	42.70	104	临汾	30.52
77	曲靖	42.41	105	乌鲁木齐	28.35
78	济宁	42.12	106	唐山	26.95
79	齐齐哈尔	41.95	107	马鞍山	26.12
80	铜川	40.42	108	包头	24.51
81	湘潭	40.31	109	克拉玛依	24.22
82	大庆	40.14	110	石嘴山	14.37

二、不同类型城市的低碳化发展路径①

根据城市功能和不同特点，可分为综合型城市、资源型城市、旅游型城市，不同类型城市的低碳发展路径各有不同。

1. 综合型城市低碳发展路径

能源消耗是城市碳排放最直接的原因和主要来源，也是城市低碳发展要解决的核心问题。因此，综合型城市的低碳发展路径应从以下几个方面减少能源消耗。

第一，降低城市工业用能。通过加快城市产业结构调整，降低第二产业所占的比重，逐步向第三产业过渡。工业企业开展循环经济和清洁生产，从产品生命周期进行资源、能源和污染物的源头控制、过程控制和结果控制，提高市场准入，严格高污染高耗能高排放行业和产品的准入，淘汰落后产能，减少对能源的消耗。促进节能减排技术创新，提升技术水平，提高工业能源利用效率，减少工业碳排放。

第二，降低城市交通用能。减少城市交通用能的关键是发展城市公共交通，优化城市交通结构。在所有的交通工具中，公共交通是最为节能的方式。因此，加快城市轨道交通建设，如地铁、轻轨等。这类轨道交通比一般的交通工具能耗低、速度快、运量大。快速公交系统与轨道交通有着类似的优势，但造价、运行成本和建设周期等方面要更优于轨道交通。通过城市路网的改造，挖掘城市交通节能潜力。此外，城市空间规划对交通通勤起决定作用。紧凑型城市规划可减少交通路程，从而减少能源消耗。

第三，降低城市建筑用能。城市建筑节能具有相当大的潜力。通过优化建筑设计，如自然通风、自然采光的优化设计，利用新型建筑结构材料，实施采暖季供暖节能改造，提高供热效率，降低能耗。采用先进技术改造大型公共建筑的空调系统、照明系统等耗电设施，降低住宅能耗。

第四，降低居民消费用能。生活行为对能源消费和碳排放具有重要的间接影响作用，通过倡导低碳消费方式，引导居民生活行为，在购买家用电器时，优先选择能耗低的家电产品，鼓励购买环保型私家车（新

① 路超君：《中国低碳城市发展阶段与路径研究》，河南大学博士论文，2016年。

能源小轿车）。在购买住房时，购买适度面积的房子，减少对热能和电能的需求。提倡选择公共交通、自行车、步行等出行方式。

2. 资源型城市低碳发展路径

自然资源要素是资源型城市赖以生存和发展的根本，资源型城市的发展受自然资源要素的限制，中国的资源型城市为国家经济发展提供了重要的资源和能源支持，但随着资源的衰减，城市的发展面临更多的矛盾和问题（张文忠等，2016）。因此资源型城市的低碳转型，更应因地制宜，整合资源。

第一，对传统资源型产业进行扶持和优化升级改造。依托资源优势和地理优势，通过价格补贴、税收等一系列优惠政策和财政补贴在培育支柱产业的同时扩充延长产业链，构建新的主导产业，使产业构成多样化。

第二，通过政府制度推动，加快城市低碳转型。创建专项资金，为资源型城市转型和经济结构优化提供资金。发挥市场配置资源的决定性作用，实施重大低碳建设工程、产业减碳计划、企业低碳行动、低碳科技创新行动。

第三，全力推广低碳工艺技术，大力引进巧开发资源产业低碳发展关键技术。加快资源整合，企业规模化、集约化发展，提高资源产业的集中度。

第四，加快低碳社会建设，通过资源再利用，降低对能源的消耗，优化能源结构，提高能源效率，增强碳汇能力，积极开发利用洁净能源。

3. 旅游型城市低碳发展路径

旅游型城市顾名思义城市是旅游发展的空间载体，旅游是城市功能的重要组成部分。旅游型城市的低碳转型，减少旅游业的碳排放，不仅仅解决旅游城市发展与产业发展之间的不协调问题，同时减缓旅游业对气候变化的影响。蔡萌等（2010）认为旅游城市的低碳转型，要着眼于城市旅游公共服务、城市旅游设施、城市旅游吸引物、城市旅游体验环境以及城市旅游消费方式等旅游城市发展要素的低碳化建设与引导。旅游城市如何低碳发展，更重要的是控制城市旅游发展过程中碳排放量。制度方面，编制旅游城市低碳化规划和相关政策，指导和保障旅游城市转型发展的低碳化指向减少旅游城市碳排放。提高旅游区碳汇能力，增加城市自然生态或公共绿地的比例。推进旅游城市接待设施、能源供给等公共设施的技术改造能源供给，提高城市清洁能源使用的比例。推进宾馆酒店碳减排，倡导低碳旅游消费方式。

第三节　低碳城市的国际实践①

一、苏格兰：立法式治理②

苏格兰政府力图在降低温室气体排放上走在世界前面。2007 年，苏格兰制定了《气候变化框架》（Climate Change Framework），设立了 2007 ~ 2015 年的减碳目标，并将减排纳入完整的战略框架体系中。这一框架涵盖了碳减排领域所涉及的一系列活动，包括能效、可持续建筑、空气质量、废物处理及交通等。2009 年 7 月，苏格兰议会通过了《气候变化法（苏格兰）》。迄今为止，苏格兰已将碳问题作为一项中心议题，从立法层面制订了一整套控制碳排放，应对气候变化的行动方案。第一，目标体系。苏格兰政府温室气体减排的目标体系包括 2050 年目标、过渡期目标，以及年度目标。长期目标规定苏格兰在 2050 年实现减排 80%。为实现这一目标，苏格兰设定了过渡期目标，即到 2020 年减少 42% 温室气体排放。这是目前发达国家所设立的最高的目标。而自 2010 ~ 2050 年，苏格兰政府还将制定年度目标。以上目标都是在综合考虑技术发展、经济社会发展，以及环境政策等方面因素的基础上制定的。此外，苏格兰政府还设立了一个“境内减排目标”（domestic effort target），即每年的减排目标中，必须保证有 80% 的温室气体来源于苏格兰境内。

第二，行动主体。苏格兰气候变化委员会（SCCC）是关于气候变化的顾问机构。它由苏格兰政府各有关大臣指派人员构成，负责向其提供有关气候变化的相关政策建议，并向议会报告各项减排目标的实施情况。自 2011 ~ 2050 年，政府大臣每年要根据 SCCC 的建议向议会提交报告，

---

① 王玮玲：《西方低碳城市治理机制研究》，上海交通大学硕士论文，2011 年。

② Bulkeley，H.，Kern，K.（2006）“Local government and the governing of climate change in Germany and the UK”，Urban Studies 43（12）：2237 – 2259.

说明上一年度目标的实施情况，详细报告各类温室气体的排放量及测量方法，以及各部门在能效、发电、土地及交通方面的政策实施情况及效果。同时，在苏格兰，与气候变化问题有关的公众组织（public body）也承担了一定的义务。它们依据相关大臣对其的指导原则，在制定和实施气候政策及减排目标时予以配合。此外，大臣们还可以任命个人或机构来监督公众组织履行应尽的义务。

第三，适应项目（adaption program）。苏格兰相关部门大臣要向议会提交一份关于气候变化项目实施的适应方案，其中包括应对气候变化准备采取的政策措施，对政府工作人员、工会组织等利益相关人的安排的组织安排，公众参与该项目的机制，以及风险应对机制等。为了推动苏格兰政府对气候变化及基础设施的投资，苏格兰政府还设立“苏格兰未来信托”来加大政府对能源环境及基础设施的投资。“苏格兰未来信托”初期作为一个非盈利机构设立，其主要功能是为政府的公共服务提一个金融平台，专注于基础设施的建设与投资。“苏格兰未来信托”第二期将设立“苏格兰未来信托公司”，吸收私营部门参与，以此为平台组建不同的基础设施的项目融资公司。苏格兰政府每年有10%左右的政府预算作为“资本支出”投资在基础设施。比如，2009～2011年这3年的财政年度，苏格兰政府分别预算32.6亿、35.8亿、36.6亿英镑用于基础设施投资，同期，苏格兰政府预算中还有12亿英镑用于地方政府的投资。用好政府预算投资，提高基础设施的投资效率，这是设立“苏格兰未来信托”机构的出发点。在立法的推动下，苏格兰首府爱丁堡，以及苏格兰的大城市格拉斯哥、阿伯丁等市政府纷纷采取措施应对气候变化。

二、德国弗莱堡：示范式治理①

弗莱堡位于德国南部，被誉为德国的环保“硅谷”和“欧洲太阳能之都”，是世界绿色运动的发源地，也是世界环境科学和太阳能研究的中心之一。早在1986年，弗莱堡政府就计划放弃核能，将太阳能作为城市的主要能源，并成立了德国第一个环境保护办公室。1992年，弗莱堡因其在环境科学方面的杰出成就，被评为“德国环境之都”。早在环境问

① Bulkeley, H., Kern, K. (2006) ‘Local government and the governing of climate change in Germany and the UK’, Urban Studies 43 (12): 2237－2259.

题还没有进入全球视野时，弗莱堡政府就已经将保护环境当作是政府的一项重要工作。其气候政策有三大支柱：节约能源、提高能效及运用可再生能源取代化石燃料。政府在制定和实施环境政策时，注重通过重点项目，甚至是建设示范区的方式，不断探索新的发展领域，稳步推进计划的实施。

弗莱堡在利用太阳能方面拥有丰富的实践经验。政府推出了大量重要项目，促进各类太阳能的应用，如太阳能光电板、太阳能热力（用于热水）、日光浴室或“冬景花园”、被动式太阳能设计、太阳能制冷、太阳能透明隔热（将多余太阳能的热量转化为有用的热能）。在发展示范区方面，弗莱堡的弗班区（Vauban）被誉为德国可持续发展小区的标杆。该区是距弗莱堡市中心 3 公里的一个南部小区，约 60 万平方米。原为法军军事基地，后经过政府改造，成为低碳节能的可持续发展小区。弗班区以住房合作社制度闻名，弗班区所居住的 2000 户共 5000 位居民都是社区的拥有者和设计者。他们自行构成小组，向政府申请购买建筑用地，并严格遵循政府提出的高效节能理念设计和建造房屋，这样的房屋至少可以节能 30%。社区还拥有自己的热电厂（以 80% 木屑、20% 天然气为能源），良好的隔热及有效的供暖减少了约 60% 的碳排放。为打造低碳交通体系，弗班区提倡“生活不需要车”（减少 35% 车辆）的交通理念，提供各种替代的运输方式（如有轨电车）。为减少交通工具的使用率，弗班区还开辟了机动车禁驶区，区域中心建有基本的社会及商业设施，如市场和邻里中心，使居民能够在短距离内满足生活所需。而颇具特色的“弗班论坛”则广泛发动民众积极参与各类气候项目，了解气候变化知识。同时，市政府通过“弗班论坛”推动“弗班区可持续发展模式计划”，在节能减碳、减少机动车的使用、社会整合及创造永续邻里等方面都相当成功。在政府的决策过程中，弗班区发展出一种“学习式规划”的模式，认为决策是一个逐步发展的过程。通过引导居民参与，不断调整和改进政策实施的方案，在全民参与的背景下实现政策的最优化。

三、瑞典维克舒尔：支持行动+立法政策式治理①

瑞典小城维克舒尔是欧洲人均排碳量最低的城市，2007年，被欧盟委员会授予“欧洲可持续能源奖”。

早在1969年，维克舒尔政府就全票通过了实施有关环境政策的决定。20世纪80年代，生物能源进入城市供热系统。2005年，可再生能源在供热系统中占88%。目前，维克舒尔的环境政策主要由该市所成立的瑞典首家气候委员会负责。其气候政策框架主要包括三个领域的内容：日常生活、自然环境、“维克舒尔零化石燃料计划”。其中，“维克舒尔零化石燃料计划”是该市于1996年颁布的一项世界领先的项目，在供热、能源、交通商业和家庭中停止使用化石燃料，降低碳排放，使能源消费对气候变化不造成任何影响。该计划的目标是在2010年实现碳排放比1993年减少50%，到2025年减少70%，并有望在2015年成为世界上首个零化石燃料的城市。为此，政府展开了一系列行动：（1）在政治领域达成全国共识，影响公众意见的形成；（2）逐步取消电力直接供热；（3）在采购或租赁环节采用环保型机动车；（4）环保型机动车可免费停放于市区停车场；（5）刺激对能源经济的需求；（6）向市民提供能源建议；（7）交通设计及道路指挥体系要有利于步行、自行车及公共交通系统的使用。“维克舒尔零化石燃料计划”包含一系列设计缜密的行动计划，在以下几个领域设有完整的时间表：（1）生物燃料支持区域供热/制冷系统；（2）能源效率；（3）机动车；（4）交通拥堵及公共交通；（5）生物燃料；（6）自行车。

为跟进环境政策的实施，确保能源目标的实现，维克舒尔政府发展出一套城市环境管理的生态预算模式。该模式遵循“计划—行动—评估—政策”的循环，具体分为三个阶段：（1）建立环境预算；（2）实施计划方案；（3）年度环境核算。政府每年制定生态预算，用于完成环境政策中的各项计划指标。每隔半年，政府会对预算及环境政策的实施效果进行评估与考核。具体指标分为三类：（1）预算指标；（2）环境资产

① Baker, S., Eckerberg, K. (2007) ‘Governance for sustainable development in Sweden: the experience of the local investment program’, Local Environment 12 (4): 325–342.

指标；（3）能效指标。通过政府可持续的行动计划，目前维克舒尔能够超前完成大部分环境目标。已经有51%的能源来自生物能、水能、地热和太阳能。1993～2006年，维克舒尔的碳排量减少了30%，人均排量仅为3.232吨，远低于欧洲（8吨/年）和世界（4吨/年）的平均水平，成为欧洲，乃至世界上人均排碳量最低的城市。

第十章

低碳农村发展

第一节　低碳农村的含义

一、中国农村现状

低碳农村经济是低碳经济的重要组成部分。中国作为一个农业大国，农村人口接近半数，农村低碳化至关重要，农村人口的低碳化消费、农业的节能减排和发挥农业的碳汇作用，对中国实现低碳经济发展具有十分重要的意义。

（一）农村发展现状

据国家统计局 2017 年数据统计，中国农村人口达到 5.76 亿，数量庞大；农村居民家庭人均纯收入 13432 元，长期实现稳步增长；现有耕地面积 11222 万公顷，保持整体稳定；全国粮食总产量 61791 万吨，粮食产量实现逐年稳步提升。

（二）农村能源消费的未来预期

根据赵行姝（2005）的研究指出，中国达到人均 GDP 为 1 万美元，即约为 2050 年农业人口占社会总人口的比例低于 35%，那时中国的人文发展水平将处于较高状态。根据由此得出的各项社会经济指标并应用能源终端需求模型，可以估算出满足人文发展潜力下中国农村的终端能源和一次能源的需求及结构，进而可以估算出二氧化碳排放需求。

根据赵行姝（2005）的数据，计算得出在 2050 年，农村的终端能源需求包括生活用能和生产用能 455.22 百万吨标准煤，农村人均用能量为 0.84 吨标准煤（见表 10－1）。在农村用电结构中，总的终端能源总量为

131.02，相当于1.70亿吨的二氧化碳排放量（见表10-2）。另外，未来农村地区二氧化碳排放需求的增长还来源于能源商品化。预计2050年，中国人均GDP达到1万美元时，农村地区一次能源需求量为7.08亿吨标煤，相应的二氧化碳排放量约4.11亿吨（见表10-3）。若不改进能源技术、并且没有能源结构优化，即按照2000年农村能源消费结构，2050年二氧化碳排放量不到3亿吨。由此可以得出，未来农村能源商品化造成的二氧化碳排放增量至少1.3亿吨。

表10-1　2050年农村终端能源需求估算　单位：百万吨标煤

能源分类	生活用能	生产用能	总计
煤炭	110.7	54	164.7
电力	131.02	47.3	178.32
油品（石油、汽油）	54.72	15	69.72
天然气	12.91		12.91
其他	1.09	28.5	29.59
总计	310.42	144.8	455.22
人均用能量（吨标煤）	0.57	0.27	0.84

注：从一次能源到终端能源的中间效率为64.3%。

资料来源：赵行姝：《农村社会转型与低碳排放路径》，载于《环境经济》，2005年第3期。

表10-2　2050年农村用电结构及二氧化碳排放量

能源分类	所占比重（%）	终端能源总量（百万吨标煤）	一次能源总量（百万吨标煤）	二氧化碳排放量（百万吨）
煤电	68.4	89.6	224	152.32
核电	7.1	9.3		
气电	14.7	19.26	42.8	17.50
新能源发电	3.5	4.59		
水电	6.4	8.39		
总计	100	131.02		169.82

注：农村用电结构按照2050年全国发电量结构计算，预计2050年气电效率可达到45%，煤电效率达40%。

资料来源：赵行姝：《农村社会转型与低碳排放路径》，载于《环境经济》，2005年第3期。

表 10－3　　2050 年农村地区一次能源需求及二氧化碳排放量

能源分类	消费总量（百万吨标煤）	二氧化碳排放量（百万吨）
煤炭	256.14	174.18
油品	108.43	58.55
天然气	20.08	8.21
电力		169.82
总计	708	410.77

资料来源：赵行姝：《农村社会转型与低碳排放路径》，载于《环境经济》，2005 年第 3 期。

二、低碳农村的含义

（一）低碳农村的概念

1991 年丹麦的低碳组织——大地之母（GAIA）投资信托基金给出了低碳村的概念：低碳村是在农村及农村环境中可持续的居住地，它重视及恢复在自然与人类社会中四种组成物质的循环系统：土壤、水、火和空气的保护，它们组成了人类生活的各个方面。因此，低碳农村是社会、经济、自然复合低碳系统，它包括庭院低碳系统、村落低碳系统、农业低碳系统、经济低碳系统、社会低碳系统，其功能主要表现为生产、生活低碳的内部功能及旅游、教育示范等外部功能。

发展低碳经济不仅需要发展低碳生产，同时也要倡导低碳生活；不仅要建设低碳城市，更要建设低碳农村。因此，笔者把低碳农村定义为，以技术创新带动的农村生产和消费两方面的节能减排，建设资源节约、环境友好型绿色生态农村，实现农村的可持续发展。

（二）低碳农村的特征

1. 宏观角度的特征

低碳农村是低碳经济发展的重要组成部分。它具有与低碳经济共同的特点，从宏观角度讲，它具有以下特征：

（1）经济性。经济性是以最少的资源和能源换取最大的经济产出。低碳发展必须保证经济发展，最重要的是保证人们生活水平和福利水平的不会下降。

（2）技术性。通过技术创新、技术进步去提高能源效率同时降低温室气体排放。只有提高技术水平，才能改变传统的低效率、高污染、高排放的粗放发展方式。

（3）目标性。在充分利用现有的资源的基础上，是一种能够维系生态永不破坏、环境永不恶化，人与自然能够和谐共处，从而实现人口、资源、环境和社会的永续发展。

2. 微观角度的特征

低碳农村与低碳经济相比，它的发展特点更具有针对性，更具有自己的发展特点。所以，从微观角度讲，它具有以下特征：

（1）农业生产是农村发展的重要环节，因此，农业生产用品的低碳环保则是低碳农村的核心特征，其中包括农家肥替代化肥；用生物农药、生物治虫替代化学农药；用可降解农膜替代不可降解农膜；开展测土配方施肥和平衡施肥等。

（2）种植业和养殖业是农村发展的两大支柱产业，所以，先进的生态立体种植和养殖技术的提高对于低碳农村建设至关重要，这种生态立体种植和养殖技术可以充分利用土地、阳光、空气、水，并能拓展生物生长空间。

（3）农村生活和生产过程中也离不开能源。传统农村的能源主要以积碳能源为主，而低碳农村的能源呈现多样化结构和清洁型的特征，其中多样化体现在风力发电、秸秆发电、秸秆气化、沼气、太阳能的利用，而清洁性则主要是指这些能源的使用过程中对环境造成较少的污染和无污染。

第二节　基于碳源的低碳农村发展方式

低碳农村的建设需要从两个方面来着手：一是在农业生产方面要大力发展生态农业以及循环农业，做到农业生产方式的低碳化；二是在农民生活方面要提倡节约能源减少排放，做到农民生活方式以及消费方式的低碳化。中国是一个城镇化水平相对较低的农业大国，低碳农村建设的成败，关系到低碳社会建设的全局。所以，我们借鉴发达国家发展低碳经济、建设低碳农村的经验，并结合中国经济发展、新农村建设的现状为低碳农村的发展提供相关建议。

一、农业生产的低碳化

农业生产是农村发展的重要环节，低碳农业则是低碳农村发展的重中之重。韦宁卫和李萍（2013）对低碳农业给出的概念是“低碳农业是一种现代农业发展模式，通过技术创新、制度创新、产业转型、新能源开发利用等多种手段，尽可能地减少能源消耗，减少碳排放，实现农业生产发展与生态环境保护双赢”。他们进一步解释说，低碳农业是生态农业、绿色农业的进一步发展，不仅像生态农业那样提倡少用化肥农药、进行高效的农业生产，而在农业的能源消耗越来越多，种植、运输、加工等过程中，电力、石油和煤气等能源的使用都在增加的情况下，低碳农业还更注重整体农业能耗和碳排放的降低。据联合国粮农组织统计，低碳农业还可抵消80%农业温室气体，耕地释放出大量的温室气体，超过全球人为温室气体排放总量的30%，相当于150亿吨的二氧化碳。

当前，在中国的农业生产方式中，有一些生产习惯不符合低碳的要求，既不节约又污染环境。建设低碳农业的重点，是彻底改变大量消耗能源资源大量排放温室气体的生产方式。下面我们从投入的减量，生产过程的低碳化，以及对最终污染物所采取的措施来分析。

（一）建立节肥、节能、节水、节地新模式

1. 化肥、农药的减量

中国亩均化肥的施用量比国际社会的平均水平高出许多，由于无限增大的投入和不科学的施肥方法，使化肥的有效率只达30%，化肥的其他部分造成大量的面源污染。化肥中除作物吸收利用和土壤残留外，约有50%以上的氮没有被作物吸收而流失到农田外，引发了一系列环境及食品安全问题，如水体富营养化、土壤板结、温室效应、农产品品质下降等。在农业发展的“十二五”规划中，应力主化肥的减量并且大力推广测土配方施肥技术，给土地营养配餐，让其既“吃得好”，又不浪费。

例如，亚洲最大的缓控释肥生产基地——金正大集团研发并推广的上百种缓控释肥产品，适合中国大田作物。缓控释肥可根据作物养分需求控制养分释放改变了化肥因溶解过快、养分流失而难以满足作物各生长阶段对养分不同需求的缺点，可以大大提高肥料的利用率、保护环境、节约能源、简化农作物生产技术、帮助农民节本增收。

2. 传统的节能生产方式

秸秆还田是把不宜直接作饲料的软质秸秆直接或堆积腐熟后施入土壤中的一种方法。秸秆还田具有显著的经济效益和社会效益：秸秆是一种很好的有机肥料，可以增加土壤的肥力，防止风蚀和水蚀，减少化肥的使用，从而减少农业生产成本；同时，秸秆还田避免了长期以来农民焚烧秸秆所造成的大量二氧化碳排放，有利于低碳农村的建设，具有很好的社会效益。另外，采用深耕作与中耕作物轮作，引入蚯蚓、微生物共同熟化探层土壤，扩大作物根系营养能力，也是一种节约机械耗能的好方法。这样一方面可以减少农业生产过程中对能源的消耗，间接地限制二氧化碳的排放；另一方面，可以提高农产品质量，回归自然。

3. 节水模式

减少水的简单和粗放使用，以提高水的利用率，从而保证有限水发挥出最大效益。比如发展节水型农业采取科学的工程措施，积极发展砼防渗渠道和管道输水，成功地减少了水的渗漏与蒸发；改造落后的机电排灌设施，推广节水灌溉、喷灌、微喷灌、滴灌技术，较大限度地提高了水资源的利用率等。这样，改变了传统的灌溉方式，极大地节约了水资源的浪费，为农业的节能减排做出突出贡献。

4. 节地模式

一是采用速生丰产优质品种，缩短农作物生长周期，可采用育苗移栽、套种复种和温棚地膜等农艺性和保护性工程措施以延长生长时间，充分利用光热资源，实现一年多熟；大力发展肉、乳产出率较高的速生优良畜禽，采用科学安全且符合动物福利的配方饲料、隔热增温、合理密度、最佳出栏时间等饲养管理措施缩短饲养周期。二是利用农作物、林种之间特有的共生互利、相成互补关系，以及高矮胖瘦、喜光耐荫等不同生长特性和生态习性进行间作、混种，如玉米大豆间作。道路渠旁等发展农田林网，发展多种形式的立体农业，如稻田养鸭、林粮间作、林下种菇、果园养鸡等。

（二）发展低碳养殖和种植业

根据国际粮农组织的统计，畜禽养殖生产活动产生的温室气体占全球温室气体总量的18%，其中氧化亚氮约占65%，甲烷约占37%，而氧化亚氮和甲烷的“增温效率”分别是二氧化碳的310倍和21倍，可见农村禽畜养殖对气候变暖的影响之大。另外，畜禽养殖造成的有机污染也十分严重，已相当于全国工业污染的总量。据农业部有关数据显示，中国农村仅猪、牛、鸡三类畜禽粪便的年排放量就多达30亿吨左右，有30%直接排入地表水体的污染。据调查养殖一头牛产生并排放的污水超过22个人生活产生的污水，养殖一头猪产生的污水相当于7个人生活产生的污水①。因此，必须改变传统的高碳养殖方式，利用先进的养殖技术开展低碳养殖。

1. 以沼气为纽带的低碳种植业

沼气是有机物质在厌氧条件下经过微生物发酵生成以甲烷为主的可燃气体。在有机物发酵的同时，还产生另外沼渣和沼液。一是沼气，以甲烷为主，是一种清洁能源；二是沼液，含可溶性氮、磷、钾，是优质肥料；三是沼渣，主要成分是菌体、难分解的有机残渣和无机物，是一种优良有机肥，并有土壤改良功效。在过去由于农作物种植使用化肥，使得动物粪便无用武之地，随意堆放的结果就是造成环境污染和排放温室气体甲烷等。所以我们要设置一个养殖场，然后在周围确定足够数量的种植地，养殖场配套粪便处理装置，再将处理后产生的甲烷和沼水分别用作燃料和肥料，这样一方面减少了甲烷排放，降低了温室效应，另一方面减少甚至避免使用化肥，又减少了氧化亚氮的排放。

2. 以沼气为纽带的低碳养殖业

以畜禽养殖为主，配套相应规模的饲料草生产基地和畜禽粪污消纳基地，能实现清洁养殖。采用干清粪工艺和粪污固液分离技术；利用规模化养殖场将畜禽粪便转化为活性有机肥料，污水经厌氧发酵产生沼液、沼渣，产生的沼气用于日常生活和生产。这样，有效治理养殖污染，实现零排放和养殖废弃物资源化利用，达到无害化处理，促进养殖场低碳良性循环。

二、农村生活的低碳化

低碳农村就是要提高农村整体生活水平，通过科学规划和有效实施，最大限度减少环境污染，促进农村经济健康可持续发展，提高农民的整体生活质量。它要求在现有的生活资源的基础上，避免浪费能源、高碳排放，它倡导一种低消费、低物质的生活方式。我们不仅通过各种方法

---

① “浅谈新农村建设中的环境保护问题”，载于《中国环境报》，2016年8月9日。

和途径来减少废弃物，降低碳排放，而且通过再利用机制，使废弃物变废为宝，降低物质的输入，以达到促进生态平衡，提高消费质量，促进消费和谐、社会和谐的目标。

（一）合理处理农村废弃物

目前，农村存在的最大问题就是垃圾堆放十分严重。随着生活水平的提高，农村垃圾不仅是种类增加，而且像废木、秸秆之类很多农村传统燃料也成了废弃物。而这些含碳废弃物如果长时间堆放腐烂，就会产生甲烷这种温室效应较高的气体。粪便也是一样，由于化肥的大量使用，使得粪便被大量无序倾倒，不仅粪便产生甲烷，而且化肥本身也产生氧化亚氮这类温室气体。造成这种情况的主要原因是农村人口居住分散，居住环境缺少规划，集中配套设施少，生活废弃物难以集中处理，能源利用效率低。这种现象在城市就会相对好些，主要因为城市通过在垃圾、污物回收上具有完整的收集、回收系统，就可以很好的解决。如通过污水、粪便、垃圾等的集中处理，比如建立垃圾填埋发电、沼气发电项目，可以产生很好的减排效应。所以农村生活方式应该逐步向城市化方向发展，在规划、有序的方式下发展。在充分看到节能减排成本的情况下，农村环境改造是一项代价巨大的工程，对农村生活方式进行改造也就成了一项具有长远效益的工作。

（二）推广节薪灶、节煤炉，提高能源利用效率

2000 年有关部门的调查表明，农村能源消耗总量达 3.7 亿吨标准煤，其中薪柴占 21.76%，秸秆占 33.41%，煤炭占 31.9%，电力占 9.31%，成品油占 2.04%，液化气、沼气占 1.58%。近几年，又对 25 个省份的 2.1 万户农村居民用能情况作了调查，其中，烧薪柴为主的占 47%（包括秸秆），烧煤为主的占 24.5%，用电为主的占 1.9%，燃气为主的占 6%，其他占 3.5%。鉴于目前中国农村的能源消费结构，以及在短时期内无法从根本上改变这一状况，我们需要在提高主要能源即薪柴（包括秸秆）以及煤炭的利用效率上下功夫，推广使用节薪灶和节煤炉，并以此代替传统的低效率的薪灶和煤炉，减少温室气体的排放和资源的浪费。

（三）发展以沼气为主的清洁能源，促进农村能源低碳化

沼气是广大农村地区应该充分利用的最主要的生物质能。《全国农村沼气工程建设规划（2006～2010 年）》中已阐明，到 2010 年全国将有 400 万户用上沼气，每年可产生约 154 亿立方米的沼气，相当于替代

2420 万吨标准煤的能源消耗和 1.4 亿亩土地的年蓄积量。沼气的主要成分是甲烷，其本身是一种温室气体如果不加利用直接排放到大气中，对大气危害极大，但其燃烧后的温室气体排放因子远低于煤和石油。因此，发展沼气产业能够在满足农民日常生活能源需求的同时，产生巨大的减排温室气体的效果。

1. 沼气产业的运作机理

种植业中的秸秆可过腹转化为牲畜粪便或直接入池发酵，产生的沼气可用于农户炊事或照明，也可发电用于农产品加工业，从而减少了外界能源的输入。微生物发酵在产生沼气的同时，也会产生沼液、沼渣。沼液、沼渣也有其他效用，如沼液能防治病虫害、进行地面施肥、提高种子发芽率、提高作物抗冻性等；沼渣含有丰富的养分和有机肥，不仅可做肥料，还可用来养鱼喂猪等。

2. 发展形成沼气经济

沼气经济是指以沼气工程为纽带，将作物种植、农民生活、农产品加工等多种活动整合起来的经济模式。通过发展沼气经济，可以为粮食生产提供优质肥料，增加清洁能源供给，生产生态食品，减少农民的生活与生产成本，从而实现经济效益、生态效益、能源效益的统一。因此，沼气的多功能生态效益为推动村民由传统落后型的生活方式向清洁文明型的低碳生活方式的转变奠定了坚实的基础。

（四）提倡建造节能建筑

据国家有关资料显示，目前建筑能耗已经占全国总能耗的 32%。建筑节能已成为影响能源安全、优化能源结构、提高能源利用率、保护生态环境的关键因素。节能建筑的建设比普通建筑的建设需要更多的成本，但其带来的经济效益和环保效益却是显而易见的。根据麦肯锡公司的研究，通过节省能源成本，许多建筑改造项目的前期投资大约可以在 10 年后收回。中国农村地区建筑节能有很大的潜力可挖。目前在广大农村，住宅建设考虑舒适度较多，考虑节能较少。农村住宅建设动辄上百或几百平方米，房屋的高、大、空不仅造成土地资源的浪费，而且对保温取暖等设备的使用来说是不经济的，需要消耗大量的能源，因此农村建设节能建筑势在必行。

例如，中国东北寒冷地区研究开发出的苯板、稻草板、稻草砖等节能材料已在农村节能住房建设中得到推广应用，并不断规范化和完善，现已应用到双层建筑和不同框架结构的农村建筑中。目前，草砖节能住宅建筑技术已在黑龙江大庆市林甸县、吉林白山市、辽宁本溪市南芬区等国家可持续发展实验区推广示范，其中，大庆市林甸县三合乡胜利村节能住宅已建409户，取得良好的效果。

草砖节能建筑有以下优点：一是可就地取材，节约建筑成本。东北地区大量的农作物废弃物稻秸、草甸草、湿地芦苇等都可用作建筑墙体原料，可大量节约建筑材料和减少建筑废弃物排放。二是用稻草砖作为建筑墙体材料冬暖夏凉，可大幅度降低燃煤用量，据应用统计，冬季每户可节煤40%以上。三是冬季具有较好的保暖效果，既可提高住宅舒适度，又可减少空气中碳、硫排放，有效改善农村居住环境。四是结合新农村建设，集成太阳能、沼气能、节水、绿化技术应用，建设新型农村生态社区。五是可以带动草砖、草板加工设备生产和加工企业的形成与产业发展，促进农村经济、社会、生态和环境建设。

第三节　城乡互动与农村碳汇产业的发展

一、低碳经济下的城乡互动

城乡互动是低碳农村发展的又一个视角。农村建设的根本困局恰恰正是农产品市场空间的有限性、低附加值和乡镇企业的高污染、低效率，缺乏市场引致的生产要素配置直接导致了新农村建设缺乏基础、路径和抓手，不能形成与扩张的、产品多样性增长的城市经济、工业经济的良性互动，而低碳经济的提出赋予了新农村建设新的内涵。

图10-1揭示了工农业和城乡之间在碳循环过程中的相互关系，在现有技术条件下农业和农村碳汇是实现碳环境平衡的最行之有效的办法，基于《京都议定书》的CDM项目主要集中在了森林碳汇和农村小水利项目之上证明了这一点（特别是小水利项目易于核算，更受欢迎），2009年之前陕西省农村小水利的CDM项目，占到总体31个项目的77.5%。同时，林业碳汇CDM项目也是当前热点，截至2010年先后有广西、贵州、四川等五个省区开展了森林碳汇CDM项目。

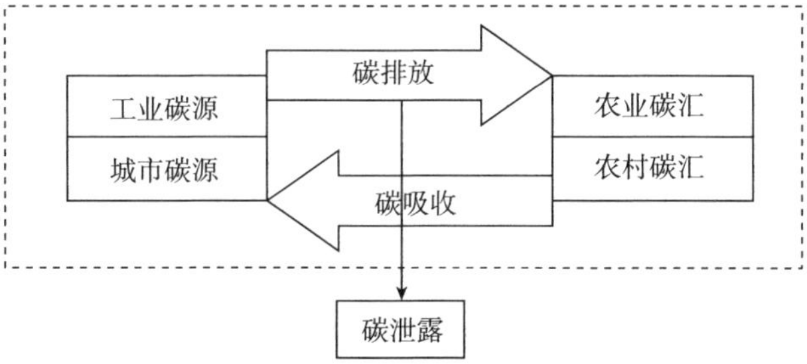

图 10－1　碳过程循环

农业生产，包括农林牧副渔在内的共同特点就在于其在一般商品生产的同时还进行着对以碳环境为代表的生态补偿，这与工业生产形成鲜明对照，后者尽管在一般商品生产上体现着多样性和高附加值的特点，但与之伴随的却是大量的碳排放和环境破坏。作为社会经济可持续发展的内在要求，经济产出增加和环境改善是两个基本目标，需要同时加以实现，由此导致了以往单一方向的二元经济转化理论在发展路径设计上出现了严重困局。低碳经济所赋予新农村建设的新内涵使得这一困局具有了解决的前提条件，通过工农互动和城乡互动，两个基本目标在社会再生产过程中实现平衡关系，就可以达到经济社会可持续发展的根本目标。

基于本书第二章第一节的马克思主义政治经济学三部类平衡补偿理论，从实物补偿层面、农业（农村）和工业（城市）具有如下关系：

农业（农村）　投入（AⅠA＋AⅡ）→产出（AOA＋碳源）

工业（城市）　投入（ⅡA＋Ⅲ）→产出（ⅠOⅠ＋碳汇）

其中，AⅠA 和 AⅡ分别代表农业的农业产品投入和工业产品投入，AOA 代表农业产品产出，ⅡA 和Ⅲ分别代表工业的农业产品投入和工业产品投入，ⅠOⅠ代表工业产品产出。由于当前技术条件下，只有农业碳汇具有大范围的可行性，碳汇可以作为农业产出，而工业以化石能源为基础，工业产品生产的同时还产生碳源。

社会可持续再生产的要求：一方面要求社会工农业产出分别至少满足两个产业的工农业需求；另一方面要求农业的碳汇产出大于或者至少等于工业的碳源产出，社会预付资本在产业间的安排不论是何种配置形式（计划或市场）均应满足这一要求。基于这一机制，碳汇作为农业中不具备替代效应的产出具有重要意义，社会对农业的要素配置不再只基于满足人口基本生活的农产品，而是与日益多样化的工业产出结合在了一起，工业产出的增加必须以农业产出增加为前提，农村建设在低碳经济下有了新的内涵。

二、农村碳汇产业发展

通过农业和农村碳汇来平衡工业和城市碳排放既有利于中国减排目标的实现和建设生态友好社会，更对建设社会主义新农村提供了具体的抓手，形成城乡和工农发展的良性互动。从碳汇方向，广义农业的农林牧副渔均具有实现碳汇的功能（见图 10－2）。

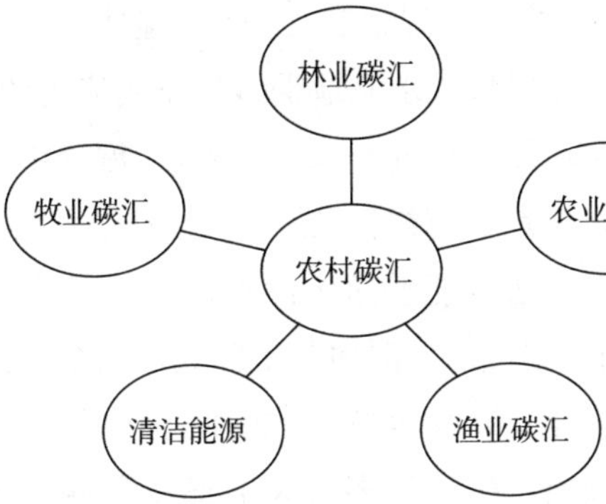

图 10－2　农业碳汇的基本构成

1. 林业碳汇

林业碳汇是目前技术条件下人类最为可控、最为经济的“碳吸收”手段。通过植树造林一方面实现原有林木的经济功用，另一方面进行碳汇实现低碳经济下新农村建设的另一产出。国际社会对森林吸收二氧化碳的汇聚作用越来越重视，如《波恩政治协议》《马拉喀什协定》都将造林、再造林等林业活动纳入《京都议定书》确立的清洁发展机制，鼓励各国通过绿化、造林来抵消一部分工业源二氧化碳的排放。2009 年 12 月，胡锦涛曾在联合国气候变化峰会上强调，到 2020 年要在 2005 年基础上增加森林面 4000 万公顷和森林蓄积量 13 亿立方米，林业已成为中国发展低碳经济的最有效途径。

2. 农业碳汇

以粮食等农作物种植为代表的生产是农业生产的核心功用，而农田生态系统也是全球碳库的一个重要组成部分，在人类耕种、施肥、灌溉等管理活动影响下，农业土壤中碳库的质和量在不断发生变化。长期以来中国政府坚持农田数量确保在18亿亩红线之上，这对于农业碳汇作用的发挥提供了基础保障。在提高农产品产量的同时，进一步增加农田的碳汇功用，是低碳经济所赋予农业生产的又一重功用。农地的适当闲置不但有利于恢复地力，也可以创造碳汇，农作物成熟后的植物残余可以将二氧化碳排入土壤，通过免耕或者少耕的土壤操作方法，农民可以减少土壤中腐烂有机质的含量，增加土壤的碳储量。

3. 渔业碳汇

湖泊、池塘和水库等湿地既是渔业养殖所需要的基础条件，也具备着碳汇的功效。《湿地公约》把湿地定义为："湿地系指天然或人工，长久或临时性的沼泽地、泥炭地或水域地带，静止或流动的淡水、半咸水、咸水水体，包括低潮时水深不超过6米的水域。"湿地生态系统是地球上三大生态系统（森林、湿地、海洋）之一，具有极高的生态效益，可以有效地蓄水、抵抗洪涝灾害；能够净化污水，调节区域小气候（如温湿度、降雨量等），控制土壤侵蚀。湿地是地球表层系统中的重要碳汇，对于吸收大气中的温室气体，减缓全球气候变暖有重要作用。全球气候变暖、洪涝灾害和赤潮频繁发生等许多重大生态安全事件都与湿地消失和生态功能丧失有关。

4. 牧业碳汇

中国草原面积为60亿亩，在世界上位居第二，约占国土总面积的41.7%，中西部草原面积47.7亿亩，占全国草原面积的近90%，是天然的草原大碳库。但长期以来，人们对牧场的理解仅仅注重草原载牲畜量和提供饲料的功能，而忽视了它调节气候、保持水土、涵养水源、防沙固沙、净化空气、维护生物多样性等生态价值和碳汇价值。据测算，60亿亩草原固碳能力为6亿吨，相当于减少二氧化碳排放量27.6亿吨。发展牧业，需要保护草场和种植草场，把草原保护和防沙治沙等工作结合在一起，做到碳汇与畜牧共同发展。①

5. 清洁能源

农村地区地域广阔，蕴藏着包括水利、太阳能、风能、地热能和潮汐能等丰富的自然清洁能源，因地制宜，充分利用这些可再生能源替代不可再生的化石能源既是减排和形成碳汇的需要，也是应对未来中国能源危机的需要。由于核算上的便利性和自然条件存在的广泛性，目前中国的 CDM 项目主要以农村小水利项目为主。

① 庆东瑞、姚宇："低碳：社会主义新农村建设发展的新内涵"，载于《生态经济》，2012 年第 12 期。

第十一章

低碳区域发展

第一节　低碳区域研究的意义和方法

一、低碳区域研究的意义

区域是城乡的复合体，也是生产、交换、消费和分配所构成社会再生产的空间集合，并且往往包含了特定的行政、文化乃至民族归属，将区域作为低碳经济发展的目标性单元是低碳经济所经常选择的研究指向。低碳区域研究的意义包括：

其一，便于行政执行的目标明确。低碳经济作为一种经济发展的方向性要求，常常与政府的管理效能联系在一起，不论这种目标来自于自治性政府的社会契约，还是集权性政府的指标逐级分配。

其二，便于行政指标的逐级分解。对于存在层级的指标分配行政管理体系，区域行政单元赋予了分配最简化也是最通行的做法，这是委托代理制基于通勤成本的内在要求，也是自下而上自治体系对灵活处置权的内在要求。

其三，便于进行投入产出法的因素分解。包括低碳经济在内社会运行目标的因素分解是归纳分析范式对问题理解的根本路径，也是寻求问题解决路径最简单易行的方式方法，而归纳本身必须有范围限定。

其四，空间赋予的人文和自然环境差异性要求研究必须以区域为对象。空间环境和社会生产力是制度萌发和演化的基础，剥离了空间差异性就是剥离了自然禀赋和历史文化，经济分析将因此成为空洞，而区域对象就是将经济研究变成具体鲜活的实在。

二、低碳区域的研究方法

低碳区域的研究意义对它的研究方法进行了规定，或者说低碳区域的研究意义正是因为它便于某种研究方法的开展。低碳区域的研究方法的中心是因素分析法。

所谓因素分析法，又称经验分析法，包含定性分析和定量分析两方面的内容。该方法主要指根据目标对象选择应考虑的各种因素，凭借分析人员的知识和经验集体研究确定影响目标的因素选择。该方法简单易行，要求分析人员对目标对象熟悉，经验丰富，特别对于影响因素复杂的巨系统中不能形成抽象演绎规律时更为适用。因素分析法是利用统计指数体系分析现象总变动中各个因素影响程度的一种统计分析方法，包括连环替代法、差额分析法、指标分解法等。因素分析法是现代统计学中一种重要而实用的方法，它是多元统计分析的一个分支。使用这种方法能够使研究者把一组反映事物性质、状态、特点等的变量简化为少数几个能够反映出事物内在联系的、固有的、决定事物本质特征的因素。因素分析法的最大功用，就是运用数学方法对可观测的事物在发展中所表现出的外部特征和联系进行由表及里、由此及彼、去粗取精、去伪存真的处理，从而得出客观事物普遍本质的概括，使用因素分析法可以使复杂的研究对象大为简化，并保持其最为重要基本的基本信息量。

第二节　Kaya 公式及其运用

一、Kaya 公式含义与应用价值

Kaya 公式最早源自日本茅阳一（Yoichi Kaya，1989）教授在 IPCC 的一次研讨会上的报告，他提出通过一种简单的数学公式将经济、政策和人口等因子与人类活动产生的二氧化碳联系起来，从而发现不同影响因素对碳排放的不同影响力，这就是后来著名的“Kaya 恒等式”①。Kaya 公式主要是用于分析特定区域内影响碳排放的相关因素与碳排放直接的贡献关系，达到基于以区域为层面的宏观层来探讨低碳经济发展的政策目的。

二、Kaya 公式的模型构建

Kaya 恒等式通过一种简单的数学公式将经济、政策和人口等因子与人类活动产生的二氧化碳排放建立起联系，具体可以表述如下：

$$CO_2 = \frac{CO_2}{PE} \times \frac{PE}{GDP} \times \frac{GDP}{POP} \times POP \qquad (11-1)$$

在公式（11－1）中，CO_2、PE、GDP 分别代表特定国家或地区二氧化碳排放量、特定国家及地区一次能源消费总量、特定国家或地区国内生产总值及国内人口总量。其中，CO_2/PE、PE/GDP、GDP/POP 又可以分别称为特定国家及地区的能源结构碳强度、单位 GDP 能源强度、人均国内生产总值。

根据微积分的有关知识，公式（11－1）右侧任意一个参数值的任意一段时间内的微小变化，每个参数总和将被认为近似等于相应期间内二氧化碳排放量的变化率，因此公式（11－1）可转化为：

$$d(\ln CO_2) = d\left(\ln \frac{CO_2}{PE}\right) + d\left(\ln \frac{PE}{GDP}\right) + d\left(\ln \frac{GDP}{POP}\right) + d(\ln POP) \qquad (11-2)$$

Kaya 公式将二氧化碳排放的影响因素归纳为公式右侧的 4 个因子，每个因子对二氧化碳排放的影响程度可以通过 Kaya 公式得到测度。通过对 Kaya 恒等式的分析，把碳排放看作是人口增长、经济增长以及能源消费量共同作用的结果，分析这些因素对碳排放的影响程度，在此基础上提出减少碳排放的政策建议。

根据 Kaya 恒等式，人口对碳排放的影响是毋庸置疑的。持续的人口增长会带来环境和能源消耗的巨大压力，大面积的树木砍伐以及大量的

① Yoichi Kaya. Impact of Carbon Dioxide Emission on GNP Growth：Interpretation of Proposed Scenarios［R］. Presentation to the Energy and Industry Subgroup，Response Strategies Working Group，IPCC，Paris，1989.

能源消耗使得二氧化碳的排放量逐渐增加。人均 GDP 对于碳排放的影响可以通过 GDP 来衡量。一个国家经济要增长必然要加大生产力度，不可避免地会带来能源的大量消耗，从而增加碳排放量。在能源消费量对碳排放的影响中，煤、石油、天然气、水电和核电对碳排放的影响是直接的，消费得越多，碳排放增加就越多。

三、Kaya 公式扩展模型

首先，姚宇和韩翠翠等（2011）将 Kaya 恒等式的分析思路引入产业低碳化究，通过将影响产业二氧化碳排放的能源结构碳强度、规模产业能源强度、单位产出的产业规模比率和产业 GDP 带入恒等式，可以得到表达式（11－3）：

$$CO_2 = \frac{CO_2}{PE} \times \frac{PE}{S} \times \frac{S}{IGDP} \times IGDP \tag{11-3}$$

公式（11－3）中，CO_2、PE、S 和 $IGDP$ 分别代表二氧化碳排放量、产业能源消费总量、产业规模及产业 GDP。其中，CO_2/PE 被称为能源结构碳强度，其数值反映了减排技术的状况，数值减小反映了减排技术的改善，反之则相反。在技术水平确定条件下，能源结构是决定能源结构碳强度的主要原因，当能源消费构成转向高碳排放的煤炭时，能源结构碳强度数值增大，当能源消费构成转向低碳排放的天然气，甚至零排放的清洁能源时，能源结构碳强度数值减小。PE/S 被称为规模产业能源强度，其数值反映了节能技术的状况，其数值减小反映了节能技术的改善，反之则相反。节能技术可以通过两个方面改善：一是产业技术的革新和淘汰高耗能的落后产业；二是在产业链上进行调整，走向产业链中的高附加值部分。$S/IGDP$ 被称为单位产出的产业规模比率，当假设产业规模产出不变时，其数值反映了社会对该产业的价值评估状况，其数值越小说明了社会对该产业的价值认可越强，单位产品的价值越高，反之则相反；当假设产业产品价格不变时，其数值也反映了产业价值创造能力的变化，其数值越小说明了该产业的价值创造能力在增强，反之则相反。对公式（11－3）进行取自然对数再微分可得表达式公式（11－4）：

$$d(\ln CO_2) = d\left(\ln \frac{CO_2}{PE}\right) + d\left(\ln \frac{PE}{S}\right) + d\left(\ln \frac{S}{GDP}\right) + d(\ln GDP) \tag{11-4}$$

这样，通过 Kaya 恒等式面向产业低碳化测度的公式改造，可将产业二氧化碳排放归结为特定产业的能源碳强度、特定产业的能源消费强度、特定产业的规模产值比这几方面因素。基于这一表达式，可以分析产业碳排放不同影响因素对碳排放的影响力，即公式右侧任意变量在任意时刻的微小变化，其变化率总和将被认为近似等于相应期间内二氮化碳排放量的变化率。

其次，任晓松和赵涛（2014）将 Kaya 恒等式扩展为不考虑人口因素的碳排放强度的因素分解表达式：

$$\frac{C}{GDP}=\frac{C}{E}\times\frac{E}{GDP}$$

$$=\sum_i\sum_j\frac{C_{ij}}{C_{ij}}\times\frac{E_{ij}}{E_i}\times\frac{E_i}{GDP_i}\times\frac{GDP_i}{GDP}\qquad(11-5)$$

公式（11－5）中，$\frac{C}{GDP}$代表碳排放强度，C_{ij} 表示第 i 产业消耗 j 种能源的碳排放；E_{ij} 表示第 i 产业第 j 种能源的消耗量，$\frac{C_{ij}}{E_{ij}}$代表二氧化碳排放系数，为固定值；E_i表示第 i 产业能源消耗总量；GDP_i表示第 i 产业的产值。因此，可将碳排放强度的影响因素分解为能源结构 $\frac{E_{ij}}{E_i}$、能源结构 $\frac{E_i}{GDP_i}$、产业结构 $\frac{GDP_i}{GDP}$ 四种影响因素。即：$CI=f(ECS, EI, IS)$。在这种分析框架下，碳排放强度（CI）的影响因素即为能源消费强度（ECS）、能源强度（EI）和产业结构（IS）。

四、Kaya 公式及其扩展型应用举例

1. Kaya 公式恒等式实证应用举例①

黄敏、廖为明、王立国、邓荣根（2010）根据 Kaya 公式，建立了三个低碳经济模型，以江西为例运用模型量化研究江西各市的碳排放量。具体介绍如下：

从 Kaya 公式可以看出，推动碳排放的因素有：人口、GDP、能源用

---

① 黄敏、廖为明、王立国、邓荣根：《基于 Kaya 公式的低碳经济模型构建与运用——以江西省为例》，载于《生态经济》，2010 年第 6 期。

量、单位能源用量的碳排放量。这种对二氧化碳排放量是采用总体计算方法，是利用人均 GDP 指标、单位 GDP 产出的能耗量及二氧化碳与能源的换算比（K）来获得，把 Kaya 公式与统计数据收集的实际情况，可建立二氧化碳排放量计量模型一，公式表述为：

$$CO_{2排放量} = GDP \times E_0 \times K_0 \tag{11-6}$$

公式（11－6）中，GDP 为地区生产总值，E_0 为本地区万元 GDP 能源的平均消耗能量，K_0 为单位能源用量碳排放量。中国长期依赖煤来供应所需要的能源，结构不合理及能源利用率较低。燃烧吨标煤排放的二氧化碳为 2.45～2.67 吨。从前面的分析可知，不同的行业，碳排放强度不同，不同的技术水平，单位能源用量的碳排放也不同。考虑到不同的行业与技术水平，对碳排放的强度不同。若有 n 个部门或行业需要计算碳排放，则模型修改为：

$$CO_{2排放量} = GDP_1 \times E_1 \times K_1 + GDP_2 \times E_2 \times K_2 + \cdots + GDP_n \times E_n \times K_n \tag{11-7}$$

公式（11－7）中，n 为自然数，代表行业数；GDP 为地区生产总值；E_n 为第 n 个行业的万元 GDP 消耗能量；K_n 为第 n 个行业的单位能源用量碳排放量。不同的能源在碳排放上有一定的差别。在这里，不同能源在计算中将折合成标准煤，煤的含碳量在 60%～90%，国家发展与改革委员会根据中国的煤炭利用比例，建议取值为 67%，即 1 千克标准煤燃烧排放 0.67 千克碳，二氧化碳与 C 的比值为 3.67，所以 K_n 系数都定为 2.4589。但是，在国际上，由于技术水平不同，建议欠发达地区采用 2.67。本研究考虑到江西处于经济欠发达状态，所以 K_n 取值为 2.6。考虑生态系统的碳汇作用。在低碳发展中，森林等生态系统能有效地吸收储存二氧化碳，减少生产和消费中产生的二氧化碳释放到大气中。所以模型增设的减排量计算，模型修改为：

$$CO_{2净排放量} = GDP_1 \times E_1 \times K_1 + GDP_2 \times E_2 \times K_2 + \cdots + GDP_n \times E_n \times K_n - C_F \tag{11-8}$$

公式（11－8）中，C_F 为年度森林碳汇：$C_F = (1 + \alpha) \sum (S_{ij} \times V_{ij} \times \delta \times \rho \times \gamma)$；$S_{ij}$ 为第 i 类地区第 j 类森林的面积；C_{ij} 为第 i 类地区第 j 类森林类型的森林碳密度；V_{ij} 为第 i 类地区第 j 类森林类型的森林单位面积蓄积量；α 为林下植物碳转换系数；δ 为生物量扩大系数，ρ 为容积系数；γ

为含碳率。

在计算森林碳汇潜力的过程中，各种换算系数取 IPCC 的默认值：(1) 森林资源蓄积扩大系数，该系数功能就是将树木蓄积量转换成以树木为主体的生物蓄积量，国际通用 IPCC 默认值为 1.90。(2) 含碳率，该系数是为了将生物量干重转换成固碳量的换算系数，国际通用 IPCC 默认值为 0.5。(3) 容积密度，该系数是为了将森林全部生物量蓄积转换成干重的换算系数，IPCC 默认值为 0.5。(4) 林下植物固碳量换算系数为 0.195，其作用是根据森林生物量计算林下植物固碳量。

笔者主要利用江西 2008 年统计年鉴和全国森林第六次连续清查的数据，从人口、*GDP*、能源消耗到森林面积、蓄积量及变化等，而且能够分行业收集这些数据，将收集好的数据做汇总后，采用 Excel 和 SPSS. 12 软件统计分析，现将计算结果汇集表 11 - 1 ~ 表 11 - 4 中。

表 11 - 1　　2007 年江西省部分市的各因素碳排放情况

地区	人口（人）	GDP（万元）	能源使用消耗排碳总量（吨）	CO_2 排放量（吨）	人均碳排放（吨/人·年）
全省	43684125	55744274	54590367.5	141934956	3.25
南昌市	4580635	13898920	13611212.4	35389152.1	7.73
景德镇市	1554391	2618517	2564313.7	6667215.6	4.29
萍乡市	1839671	3162760	3097290.9	8052956.3	4.38
九江市	4721728	5925614	5802953.8	15087679.9	3.20
新余市	1125779	2807713	2749593.3	7148942.7	6.35
鹰潭市	1102739	2202019	2156437.2	5606736.7	5.08
赣州市	8301348	7019653	6874346.2	17873300.1	2.15
吉安市	4759634	4060052	3976008.9	10337623.2	2.17
宜春市	5406058	5088563	4983229.7	12956397.3	2.40
抚州市	3850938	3679225	3603065.0	9367969.1	2.43
上饶市	6441204	5281238	5171916.4	13446982.6	2.09

表 11 – 2 **2007 年江西省部分市多部门的碳排放情况**

地区	人口（万人）	规模工业 GDP_2（万元）	非规模工业 GDP_1（万元）	E_2*GDP_2 （$E_2=2.215$）	E_1*GDP_1 （$E_1=0.4056$）	$E_1*GDP+E_2*GDP_2$ 排放量（吨）	CO_2 排放量（吨）	人均碳排放（吨/人·年）
全省	43684125	17674492	38069782	39148999.8	15441367.8	54590367.5	141934956	3.25
南昌市	4580635	4031456	9867464	8929675.0	4002311.9	12931986.9	33623166	7.34
景德镇市	1554391	868927	1749590	1924673.3	709645.8	2634319.2	6849229.8	4.41
萍乡市	1839671	1212069	1950691	2684732.8	791213.8	3475946.6	9037461.3	4.91
九江市	4721728	1805441	4120173	3999051.8	1671170.8	5670222.6	14742579	3.12
新余市	1125779	1462675	1345038	3239825.1	545556.7	3785381.9	9841992.9	8.74
鹰潭市	1102739	1343449	858570	2975739.5	348241.9	3323981.5	8642351.9	7.84
赣州市	8301348	1834086	5185567	4062500.5	2103302.0	6165802.4	16031086	1.93
吉安市	4759634	1165496	2894556	2581573.6	1174052.0	3755625.6	9764626.7	2.05
宜春市	5406058	1676048	3412515	3712466.3	1384140.0	5096586.1	13251124	2.45
抚州市	3850938	933129	2746096	2066880.7	1113835.6	3180716.3	8269862.5	2.15
上饶市	6441204	1341716	3939522	2971900.9	1597897.5	4569798.4	11881476	1.84

资料来源：《江西统计年鉴（2008）》。

表 11－3 2007 年江西部分市的碳汇碳排放情况

地区	人口（万人）	排放总量（2.6）	有林地面积	活立木蓄积增量	森林植被吸收二氧化碳（吨/年）	净排放总量（吨）	人均碳排放（吨/人·年）
全省	43684125	141934956	8716863	6364.5	26516846	115418110	2.64
南昌市	4580635	33623166	89107	50.8	211651	33411515	7.29
景德镇市	1554391	6849229.8	295685	106.2	442468	6406762	4.12
萍乡市	1839671	9037461.3	166840	271.8	1132419	7905043	4.30
九江市	4721728	14742579	785438	616.8	2569815	12172764	2.58
新余市	1125779	9841992.9	110174	88.8	369973	9472019	8.41
鹰潭市	1102739	8642351.9	184777	94.2	392472	8249880	7.48
赣州市	8301348	16031086	2715333	1899.8	7915265	8115821	0.98
吉安市	4759634	9764626.7	1412913	1186.3	4942562	4822065	1.01
宜春市	5406058	13251124	816870	631.3	2630228	10620896	1.96
抚州市	3850938	8269862.5	1032614	680.8	2836463	5433400	1.41
上饶市	6441204	11881476	1107111	737.7	3073529	8807947	1.37

资料来源：《江西统计年鉴》（2008）、江西森林第六次连续清查数据（2006）。

表 11－4　　2007 年江西省部分市的碳排放对比情况

地区	人口（万人）	GDP（万元）	CO_2 排放总量（吨）			人均 CO_2 排放（吨/人·年）		
			模型（1）结果	模型（2）结果	模型（3）结果	模型（1）结果	模型（2）结果	模型（3）结果
全省	43684125	55744274	141934956.0	141934956	115418110	3.25	3.25	2.64
南昌市	4580635	13898920	35389152.1	33623166	33411515	7.73	7.34	7.29
景德镇市	1554391	2618517	6667215.6	6849229.8	6406762	4.29	4.41	4.12
萍乡市	1839671	3162760	8052956.3	9037461.3	7905043	4.38	4.91	4.3
九江市	4721728	5925614	15087679.9	14742579	12172764	3.20	3.12	2.58
新余市	1125779	2807713	7148942.7	9841992.9	9472019	6.35	8.74	8.41
鹰潭市	1102739	2202019	5606736.7	8642351.9	8249880	5.08	7.84	7.48
赣州市	8301348	7019653	17873300.1	16031086	8115821	2.15	1.93	0.98
吉安市	4759634	4060052	10337623.2	9764626.7	4822065	2.17	2.05	1.01
宜春市	5406058	5088563	12956397.3	13251124	10620896	2.40	2.45	1.96
抚州市	3850938	3679225	9367969.1	8629862.5	5433400	2.43	2.15	1.41
上饶市	6441204	5281238	13446982.6	11881476	8807947	2.09	1.81	1.37

资料来源：《江西统计年鉴》（2008）。

2. 基于 Kaya 恒等式的产业低碳化分解实证举例①

姚宇、韩翠翠（2011）基于公式（11－3）分析产业碳排放不同影响因素对碳排放的影响力，即公式右侧任意变量在任意时刻的微小变化，其变化率总和将被认为近似等于相应期间内二氧化碳排放量的变化率。姚宇、韩翠翠（2011）以陕西省交通运输业为例展开实证研究。首先，选取以下变量，二氧化碳排放量、一次能源消费总量、产业规模，产业 GDP。其中，二氧化碳排放量参照陕西交通运输终端能源消费数据，参考 IPCC 的参考方法和部分缺省数据，估算 1998～2008 年的陕西交通运输业的二氧化碳排放量，产业规模选用陕西省的货物周转量，产业 GDP 采用陕西省交通运输业 GDP 增加值，所选取数据均来自中国统计年鉴和中国能源统计年鉴。本研究归纳整理得到表 11－5。

表 11－5　1998～2008 年陕西省交通运输业二氧化碳排放量、能源消费量及产业 GDP 对比

年份	二氧化碳排放量（兆吨：Mt）	标准煤（兆吨：Mt）	货物周转量（百万吨公里）	产业 GDP（亿元）
1998	20.49851	1.6834	53555	115.42
1999	20.2254	1.6828	54869	130.32
2000	15.6778	1.3285	59324	156.18
2001	17.8569	1.5455	70721	188.91
2002	20.8386	1.7658	81713	210.43
2003	30.2673	2.6444	86780	226.01
2004	36.1715	3.2727	103183	204.88
2005	43.7408	3.9114	111531	242.12
2006	50.3252	4.3860	117901	281.54
2007	57.1985	5.0745	136740	311.86
2008	60.3325	5.2651	214073	352.57

资料来源：根据《中国能源统计年鉴》（1998～2009 年）、《陕西省统计年鉴》（1998～2009 年）整理。

对表 11－5 数据采用公式（11－4）进行数据计算得到陕西省交通运

① 姚宇、韩翠翠：《Kaya 公式的扩展和产业低碳化发展研究——以陕西交通运输业为例》，载于《陕西行政学院学报》，2011 年 11 月第 4 期。

输业 1998 ~2008 年二氧化碳排放影响因素对排放总量的影响贡献程度，见表 11 -6。

表 11 -6　1998 ~2008 年陕西交通运输业二氧化碳排放影响因素影响力

单位：%

年份	d（lnCO_2）	d（ln$\frac{CO_2}{PE}$）	d（ln$\frac{PE}{S}$）	d（ln$\frac{S}{IGDP}$）	d（lnl GDP）
1999	-1.33	-1.30	-2.43	-9.26	12.91
2000	-22.48	-1.81	-26.98	-9.78	19.84
2001	13.90	-2.09	-2.41	-1.44	20.96
2002	16.70	2.14	-1.12	3.73	11.39
2003	45.25	-3.01	41.01	-1.12	7.40
2004	19.51	-3.44	4.09	31.16	-9.35
2005	20.93	1.18	10.57	-8.53	18.18
2006	15.05	2.60	6.08	-9.09	16.28
2007	13.66	-1.76	-0.24	4.70	10.77
2008	5.33	1.65	-42.31	33.13	12.30

资料来源：笔者研究整理。

从表 11 -6 可以看出随着时间变化二氧化碳排放总量 10 年的年均增长率为 12.65%，增速总体较快，1999 年和 2000 年除外，进入 21 世纪后就一直呈逐年上升趋势，增速整体呈波浪形，增长趋势在达到 2003 年峰值（45.25%）之后逐年有所下降，特别是 2008 年达到了最低点，排放增加率为 5.33%；能源结构碳强度整体对碳排放呈负向影响，说明能源结构和减排技术在朝着减少碳排放的方向发展，但对产业碳排放的整体影响较小，10 年均值仅为 -0.59%，说明在陕西交通运输业，能源结构整体调整力度不大、减排技术也未有明显改进；规模产业能源强度对碳排放一直呈剧烈的波动状态，并且阶段性明显，说明节能工作受非市场作用（如政策作用）影响较大，前 4 年呈负向影响，峰值为 2000 年 -26.98%，中间 4 年呈正向影响，峰值为 2003 年 41.01%，后两年又呈负向影响，2008 年甚至达到负向贡献 -42.31%，10 年整体来看，年均值为 -1.38%，负向贡献存在，但节能的趋势不明显；单位产出的产业规模比率尽管不如前者波动剧烈但也呈不稳定状态，且波动不规律，5 年呈正向、5 年呈负向，说明产业供求关系所造成的运输价格不稳定，10 年均值为 3.35%，说明运输价格整体上呈下降趋势或产业价值创造能力在下降；产业 GDP 的影响表现为持续的碳排放正向贡献，10 年均值为 12.01%，并且有 8 年正向贡献在 10% 以上或接近 10%，除 2004 年外基本保持了稳态增长的趋势，说明陕西交通运输业正处于健康快速发展阶段。从横向的年贡献差异看，1999 年碳排放增长率为 -1.33%，基本实现平衡，主要原因是行业 GDP 的正向贡献被单位产出的产业规模比率的负向贡献所抵消，即产业 GDP 增加主要是由于运输价格上升引起的，运输规模并未有较大变化，同时节能减排也对碳排放减少做了少量贡献；2000 年碳排放出现了较大幅度下降，下降了近两成以上（-22.48%），很不寻常，主要影响因素是规模产业能源强度的大幅下降，达到了 -26.98%，同时行业发展的正向贡献很大程度是由于运输价格上涨造成的，对整体碳排放变化作用减小；2001 年碳排放增长快速上升（13.9%），主要影响因素是产业 GDP 增长（20.96%），单位产出的产业规模比率变化不大，说明产业发展主要是由规模拉动而非价格拉动；2002 年碳排放继续快速增长，增长率达到 16.7%，产业 GDP 增长依然是主导因素，达 11.39%，同时单位产出的产业规模比率也有正向贡献，说明当年的运输价格是下降的；2003 年碳排放增长率达到峰值，达到不同寻常的 45.25%，规模产业能源强度和行业 GDP 增长率成为两大引擎，特别是规模产业能源强度达到 41.01%，行业出现了高能耗转向；2004 年碳排放增长率尽管比 2003 年有显著下降，但仍达到两成左右，行业规模扩大成为主导因素，尽管行业 GDP 有所下降，但单位产出的产业规模比率变化达到了 31.16%，行业发展体现了规模扩大和价格下降两个特点；2005 年和 2006 年陕西运输业碳排放仍持续以两位数增长，但造成排放增加的主导因素发生变化，产业发展和规模产业能耗率正向影响较大，单位产出的产业规模比率表现为负值，且均接近一成，反映运输业价格两年上升较大；2007 年碳排放增长率仍维持高位，但略有下降，达到 13.66%，与前两年相比，单位产出的产业规模比率由负值转向正值，其与产业 GDP 共同导致该年碳排放增加；2008 年碳排放增长率显著下降，达到 5.33%，为进入 21 世纪最低的一年，也是唯一增长率下降到一成以下的一年，但当年产业 GDP 和单位产出的产业规模比率依然保持高增长，特别是后者正向贡献达到 33.13%，反映了运输业价格显著下降，造成碳排放增长率较大下降的原因是规模产业能源强度的显著降低，其负向贡献率达到 -42.31%，反映了陕西运输产业在节能领域有较大改善。

总体来看，代表节能改善的规模产业能源强度和代表产业发展的产业 GDP 增加对碳排放变化率的影响较大，其中前者波动较大，反映了节能改善主要来自外部干预，没有稳定性；后者保持稳态，反映了陕西运输产业处在平稳的上升期。代表减排改善和能源结构的能源碳强度的影响力整体不大，且一直平稳，说明陕西运输业在减排技术和能源结构上并无太大改变。单位产出的产业规模比率在十年中也呈波动状态，反映了陕西运输业价格并非持续上升趋势，特别是 2004 年和 2008 年出现了单位产出的产业规模比率的显著降低，尽管产业 GDP 变化不大，但实际产业规模却大大增加。

3. 不考虑人口因素的 Kaya 恒等式碳排放强度的因素分解表达式①

任晓松和赵涛（2014）以扩展型 Kaya 公式为视角，采用多变量协整和向量误差修正模型测算了中国 1980～2010 年碳排放强度及其影响因素之间的长期均衡和短期波动关系，在此基础上检验了其相互间格兰杰因果关系。实证结果表明：中国碳排放强度与能源消费结构、能源强度和产业结构之间存在协整关系；碳排放强度是能源消费结构、产业结构的格兰杰原因；能源强度和产业结构是能源消费结构的格兰杰原因；碳排放强度和能源强度之间存在双向的格兰杰因果关系。

在数据来源方面，以我国 1980～2010 碳排放强度、能源消费结构、能源强度、经济结构的年度数据为研究样本。碳排放强度（CI）指单位 GDP 的二氧化碳排放量，单位是吨/万元。历年二氧化碳排放量统计数据来源于国际能源信息署（EIA），单位是百万吨；GDP 的统计数据来自 2011 年中国统计年鉴，为了消除价格因素的影响，对历年 GDP 数据按照 1980 年不变价格进行平减，单位是亿元人民币。能源消费结构（ECS）指各种能源的消费量占能源消费总量的比重，单位是百分比。文中用煤炭消费占一次能源消费比重来表示。其数据来源于 2011 年中国能源统计年鉴。能源强度（EI）指单位 GDP 的能源消耗量，单位是万元/吨。能源消费的统计数据来自《2011 年中国能源统计年鉴》，采用发电煤耗计

① 任晓松，赵涛：《中国碳排放强度及其影响因素间动态因果关系研究——以扩展型 Kaya 公式为视角》，载于《干旱区资源与环境》，2014 年第 3 期。

算法核算的一次能源消费总量数据，单位是万吨标准煤。产业结构（IS）指各大产业占 GDP 的比重，单位是百分比。本书用第三产业占国民经济的比重来表示，其数据来源于 2011 年中国统计年鉴。

研究采用单位根协整检验并给出了碳排放强度、能源消费结构、能源强度和产业结构四变量原时间序列及其一阶差分序列的单位根检验结果（见表 11－7）。文章基于 Johansen 协整方法通过特征根迹检验和最大特征值来反映协整关系的存在个数，协整检验结果以表 11－8 反映如下。

表 11－7　　单位根检验结果

变量	ADF 检验值	临界值（1%显著性水平）	临界值（5%显著性水平）	临界值（10%显著性水平）	平稳/非平稳
CI	－1.443	－3.689	－2.972	－2.625	非平稳
ECS	－0.922	－3.679	－2.968	－2.623	非平稳
EI	－0.944	－3.689	－2.972	－2.625	非平稳
IS	－1.237	－3.679	－2.968	－2.623	非平稳
DCI	－3.199	－3.689	－2.972	－2.625	平稳**
DECS	－4.190	－3.689	－2.972	－2.625	平稳***
DEI	－3.380	－3.689	－2.972	－2.625	平稳**
DIS	－3.837	－3.689	－2.972	－2.625	平稳***

注：当 t 统计量大于临界值时，表示序列不平稳。* 为 10%，** 为 5%，*** 为 1%。

表 11－8　　Johansen 多变量协整检验结果分析

协整个数	特征值	特征根迹统计量	5% 水平下的临界值	迹统计量对应 p 值**	最大特征值统计量	5% 水平下的临界值	最大特征值统计量对应 p 值**
没有*	0.621	43.376	40.175	0.023	27.151	24.159	0.019
最多一个	0.311	16.225	24.276	0.364	10.448	17.797	0.439
最多两个	0.181	5.777	12.321	0.464	5.582	11.225	0.400
最多三个	0.007	0.195	4.130	0.714	0.195	4.130	0.714

注：* 表示在 5% 显著性水平下拒绝原假设。* * 表示麦金农（1999）p 值。

如表 11－8 所示，特征根迹检验统计量和最大特征值统计量在 5% 显著性水平下均表明碳排放强度、能源消费结构、能源强度和产业结构四变量之间存在一个协整关系，协整方程表示如下：

$$CI = 0.201ECS + 0.017EI - 0.281IS \qquad (11-9)$$

公式（11－9）反映了碳排放强度、能源消费结构、能源强度和产业结构四变量之间的长期均衡关系，在这种长期均衡关系中，能源消费结构和能源强度对碳排放强度起着正向拉动作用，产业结构对碳排放强度起着负向抑制作用。从相关系数可以看出，在其他变量保持不变的前提下，煤炭在一次能源消费中所占比例增加1%，碳排放强度会上升0.201%。能源强度每增加1%，碳排放强度会相应上升0.017%。而第三产业在经济结构中所占比例增加1%，碳排放强度就会下降0.281%。相比较而言，产业结构对碳排放强度影响最大，其次是能源消耗结构，能源强度影响最小。长期来看，为了实现我国碳排放强度的降低，要从以下三方面进行政策响应。

第三节　STIRPAT分析及其运用

一、STRIPAT模型介绍

本节的模型是研究碳排放驱动因素的常用模型，即 $I = PAT$ 模型。该模型由Ehrlich和Holden（1971，1972）首次提出，它将环境影响（I）与人口规模（P）、人均财富（A）和对环境破坏的技术水平（T）① 等因素联系起来，该模型是一个被广泛认可的分析经济发展对环境影响的模型，现在仍被广泛用于分析影响环境变化的因素（York et al.，2002）。但是 $I = PAT$ 模型也存在一些不足，即通过改变一个因素，而保持其他因素固定不变来分析问题，这样得到的结果就只是对因变量的等比例影响。

为了克服 $I = PAT$ 的不足，亚克等（York et al.，2003）在 $I = PAT$ 的基础上，建立了STIRPAT模型（stochastic lmpacts by regression on population，affluence，and technology），即

$$I_i = aP_i^b A_i^c T_i^d \varepsilon_i 。\qquad (11-10)$$

该模型保留了原模型中三因素相乘的结构，却对不同因素对环境的

① 可以用单位GDP排放的污染物即污染物排放强度来度量。

影响赋予不同的权重，并引入随机因素对环境的影响。对模型两边取对数后，公式（11-10）变为：

$$\ln I_{it} = \ln a + b\ln p_{it} + c\ln A_{it} + d\ln T_{it} + \ln\varepsilon_i \qquad (11-11)$$

两边对时间变量求一阶导数可得：其中 $b = \frac{d(\ln I)}{d(\ln p)}$，$c = \frac{d(\ln I)}{d(\ln A)}$，$d = \frac{d(\ln I)}{d(\ln T)}$ 分别代表人口、人均 GDP 和技术变化对碳排放变化的影响，即碳排放的人口、人均 GDP 和技术变化弹性。

如确定将 I 确立为碳排放强度作为经济建设活动的环境影响因素关联的代理变量，并选取相关解释变量及涵盖范畴如下①：

经济总量增加。经济总量又可进一步分解为经济规模和产业机构。在工业化阶段，化石能源仍处于能源使用的主导地位，经济系统回收再利用废弃能源资源的能力有限情况下，经济增长推动经济总量提高的过程必然会产生温室气体排放。另外，工业化阶段、工业部门仍处于主导地位，旅游、金融等服务业总量还不大情况下，产业结构的不合理也会导致过量温室气体排放。

城市化过程中的人口规模增加。对于碳排放影响因素必须考虑人口规模递增，而在中国的经济建设过程中，必然伴随城市化过程，同时城市化意味着城市、城镇用地的进一步扩展以及农业向工业、制造业以及生产性服务业的进一步劳动力人口转移，以及由此带来的城市价值观、人文、文化观念转变所引致的生活方式转变，而上述因素都进一步因其碳消耗量以及碳排放的增加。为此，研究在原先人口数量变量选取基础上，引入人口规模的结构性变化对于我国经济建设过程中的碳排放影响。

科学技术水平增进方面，由于现阶段的经济生产已逐步摆脱自然生态模式，故而受到生产技术与科技，以及生态化的过程影响，前者主要变现为能源利用效能与技术，后者则主要表现为生产模式的生态化对于碳消耗及其排放的进一步削减贡献。

① 胡广阔、李春梅、惠树鹏：《基于改进 STRIPAT 模型在碳排放强度预测中的应用》，载于《统计与决策》，2016 年第 6 期。

二、STRIPAT 模型实证应用举例[①]

胡广阔、李春梅、惠树鹏（2016）基于加权平均、施瓦茨验证的后验概率选取，实施贝叶斯法对于 STRIPAT 模型的解释变量筛选，并通过剔除人口总规模、产业结构分解、生态化效应改进 STRIPAT 模型。利用该改进模型验证我国碳排放强度与选取解释变量的关联影响，并以城市化进展水平、经济增长规模、能源强度、能源一次结构等选取高稳健性、解释力变量预测未来 11 年中国碳排放强度。实证应用具体介绍如下：

本章基于原始 STRIAT 模型的变量修正后模型如下：

$$\ln I = \ln a + b_1\ln P_1 + b_2\ln P_2 + C_1\ln G_1 + C_2\ln G_2 + d_{11}\ln S_{11} + d_{12}\ln S_{12} + d_2\ln S_2 + \ln e \tag{11-12}$$

其中，I 为碳排放环境影响解释变量，一般而言，测度一国环境污染的研究主要以某类物质的排放量为基准，而基于我国经济运行和产业发展主要以煤、石油、天然气三大类型能源为主形成二氧化碳排放，且其中的水电、热电、核能、风电等相对清洁，故以环境中二氧化碳排放量测算作为对应替代性解释变量。首先，按以下公式提取我国历年碳排放累积量，据上述分析，主要以各类能源性物资及经济建设中的其他能源耗散形式进行二氧化碳折算，因此本文选取基于二氧化碳折算的碳排放强度作为其代理变量。其次，P、G、S 分别为城市化过程中的人口规模增加、财富水平增加、科学技术水平增进解释变量，其中 P 分别以 P_1、P_2 刻画人口总规模以及城市化进展水平；G 所代表的经济总量增加则以 G_1、G_2 分别刻画经济增长规模以及产业结构分解；而 S 所代表的科学技术进步分别以 S_{11}、S_{12}、S_2 刻画能源强度、能源一次结构以及生态化效应分解。

数据来源方面，选取人工以及自然排放两大类别作为碳排放模式，前者主要指的是基本能源物质的生产运作消耗、生物介质能源，同时考虑到能耗的一般形式中碳物质为主类型的能源材料占整个耗费结构的 95% 以上，为此研究针对这一变量选取作以下修正：

$$C = \sum_i E \times \omega_i \times \alpha_i \tag{11-13}$$

---

① 胡广阔、李春梅、惠树鹏：《基于改进 STRIPAT 模型在碳排放强度预测中的应用》，载于《统计与决策》，2016 年第 6 期。

其中，C、E 分别刻画碳排放以及基于标准煤化的一次性质的能源耗费总量，而 ω_i、α_i 分别刻画了第 i 类别的能源结构占比及其相应碳排放参数。数据来源于 1995 ~2013 年《中国统计年鉴》。文章选取 7 个解释变量加以贝叶斯法的改进后 STRIPAT 模型验证，即共产生 128 个不同组合模型，运用 EVIEWS8.0 实施变量对数化处理，以消除可能存在的变量间异方差，再加以 OLS 估计，以供结合改进后 STRIPAT 模型的贝叶斯估计，具体结果如表 11 -9 所示。

表 11 -9　　改进后 STRIPAT 模型的贝叶斯估计

解释变量因子	后验概率	后验均值	后验方差	符号确定率	p 检验显著性概率
In（S_{11}）	0.9987	0.6397	-0.1124	1.0000	1.0000
In（S_{12}）	0.9952	1.8465	0.4871	0.8755	0.6877
In（G_1）	0.9861	-0.3741	0.0095	0.8127	0.5971
In（P_2）	0.8294	0.7105	0.2814	0.6871	0.5001
In（P_1）	0.3665	0.3569	13.9635	0.1877	0.4847
In（G_2）	0.2721	-0.0104	0.0015	0.3904	0.0315
In（S_2）	0.2375	0.0096	-19.2391	0.6402	0.0628

根据验证结果及后验概率、后验方差排序调整，基于贝叶斯法的改进后 STRIPAT 模型解释贡献能力排序为能源强度、能源一次性结构、经济增长规模、城市化进展水平、人口总规模、产业结构、生态化效应，其中前四类解释变量的后验概率均超过 0.5，超过其对应的先验概率，具备模型的强解释能力贡献；且能源强度在四类解释变量中获得了最高的符号确定率（1.0000）和 p 检验显著性概率（1.0000），形成其最高的模型解释力，而能源一次性结构、经济增长规模两大类变量的符号确定率、p 检验显著性概率分别报告了 0.8755、0.8127 和 0.6877、0.5971，呈现出较好的改进后 STRIPAT 模型的稳健性。而剩余三类解释方法应用变量在后验概率上均未超过 0.5，具有一定程度的模型解释贡献能力，但就符号确定率、p 检验显著性概率角度而言，稳健性程度相对较低。

根据上述分析，剔除相对解释能力较弱且稳健性较差的后三类解释变量 P_1、G_2、S_2，即人口总规模、产业结构、生态化效应，形成贝叶斯法的改进 STRIPAT 模型如下：

$$\ln I = \ln a + b_1\ln P_1 + b_2\ln P_2 + c_1\ln G_1 + c_2\ln G_2 + d_{11}\ln S_{11} + d_{12}\ln S_{12} + d_2\ln S_2 + \ln e \quad (11-14)$$

并由此筛选出四类强解释变量 $P2$、$G1$、$S11$、$S12$ 获得以下对数化结果：

$$\ln I = -6.53996880913 + 0.77963625229 \times \ln P_2 - 0.3706172561 \times \ln G_1 + 0.636868085815 \times \ln S_{11} + (-4.667152)(5.1997813)(-6.325461)(6.193376)\ 1.79654769355 \times \ln S_{12}\ (4.257618) \quad (11-15)$$

根据上述分析，该改进 STRIPAT 模型适合我国碳排放在经济建设以及城市化进程发展中的关联因素解释，接着研究实施针对修正解释变量 P_2、G_1、S_{11}、S_{12}所刻画的城市化进展水平、经济增长规模、能源强度、能源一次结构，其中，为消除价格波动影响，所有时序价格都以 1978 年作为基期年份折算，即 1978 年 =100 亿元人民币，人均 GDP 以 1978 年为基期年份计算，即人均 GDP =100 元/人，结合公式（11 -14）实施选取时序年份后未来 11 年碳排放强度预测，预测结果如表 11 -10 所示。

表 11 -10　　改进 STRIPAT 模型的碳排放强度预测

年份	人均 GDP（万/人）	城市化率（%）	单位 GDP 能源消费量（吨煤/万元）	煤炭的一次性能源占比（%）	碳排放强度（吨碳/万元）
	G_1	P_2	T_{11}	T_{12}	I
2010	1443.13	47.41	160.67	70.34	104.48
2011	1548.55	48.21	158.79	70.56	101.97
2012	1654.78	49.11	155.46	70.24	99.78
2013	1759.81	49.97	152.23	70.17	97.68
2014	1867.11	50.21	150.89	70.13	95.61
2015	1970.21	51.28	147.65	70.08	93.71
2016	2076.07	52.21	145.23	70.02	91.91
2017	2181.43	53.32	142.41	69.98	90.78
2018	2287.76	54.21	139.87	69.97	89.89
2019	2391.78	55.78	137.26	69.91	87.89
2020	2497.89	55.99	134.43	69.55	85.68

表 11 - 10 中显示预测 2020 年碳排放强度约为 85.52 吨碳/万元，比对哥本哈根气候大会中国至 2020 年碳排放强度比 2005 年下降 40% ~45% 的承诺目标，仅仅完成其 73.01% ~82.14%；类似的，表 11 - 10 预测 2015 年碳排放强度为 93.70 吨碳/万元，比对中国“十二五”规划，仅仅占完成目标的 64.35%。经过预测，改进后 STRIPAT 模型证实了现阶段我国碳排放强度仍然偏高，特别是其中的产业技术以及能源消费结构等制约着碳排放的削减，而人口总规模、产业结构、生态化效应等均牵制了碳排放在经济与城市化建设中的进一步约减。

第五部分

低碳经济发展国际化

第十二章

国外低碳经济发展模式

第一节　英国低碳经济发展模式

一、提出“低碳经济”发展理念

英国为联合国气候变化框架公约规定下附件一国家，作为首次提出“低碳经济”概念的国家，英国在国际范围内第一个实施温室气体减排交易系统，在温室气体减排领域，英国处于领导地位。《京都议定书》规定英国的减排责任为在2008~2012年，其温室气体排放量应较之于年时减少鉴于英国政府认为减排的成本不仅是可接受的①，减排工作包括很多“无悔措施”②，而减排工作的实施将获得相当大的效益，甚至包括与减排无关的其他效益（Eyre，2001）。英国自1970年起，经济与人口持续增长，但单位碳排放量却呈现下降趋势，并且已达到脱钩状态。为达到如此艰巨的减排目标，英国采取了多方面的减排政策，包括整合行政管制与经济引导工具等温室气体减排政策。

英国政府坚信采取国内行动减排温室气体具有重大意义。自1960~

① Stern N. The Economics of Climate Change：The Stern Review [M] Cambridge，UK：Cambridge University Press，2006.

② 所谓“无悔措施”，是指在没有减缓气候变化政策措施的情况下，企业和政府出于节省能源成本或减少污染等目的减少温室气体排放，因而不仅没有直接的减排成本，而且还会有相应的降低能源开支或社会损失的收益。

1995 年京都会议以来，英国一直在研究相关政策。目前，英国政府和相关部门正在继续这种应对全球气候变化的积极态度，实施政策措施综合计划，包括改善能源使用效率，刺激投资和降低成本等相关措施实施排放交易制度一鼓励新的高效的发电来源削减交通部门的排放提高民间部门能源效率提高《建筑物法规》的能效要求继续削减农业和林业排放确保工业部门扮演领导角色等。

二、发展碳排放贸易

碳排放贸易是英国低碳经济发展模式的重要特色，其主要内容如下。

英国温室气体排放贸易（UK-ETS）计划是英国政府控制气候变化战略的一部分，涉及众多的部门，在世界范围内同类计划中为首例。UK-ETS 计划的建立启动了英国的减排贸易。该计划的制订过程中，政府和企业形成伙伴关系，其中涉及许多组织的参与。UK－ETS 计划的思路是“边做边学”，在开发国际市场前获得温室气体排放贸易的经验，以保证英国的竞争优势。

参与该计划主要有下面三条途径：（1）直接参与。参加者自愿承诺排放限值，作为回报，政府给予资金奖励。（2）协议参与。参加者使用排放贸易，帮助其获得根据气候变化税协议所签署的目标。（3）项目参与。

1. UK-ETS 计划直接参与

直接参加者承担一绝对的排放上限。这意味着它们必须将特定部门所有商业活动的排放限制在一定的数量，并低于基准年的排放量。很明显，承担这一绝对的排放上限有一定的风险，考虑到风险的存在，政府分拨了 2.15 亿英镑的预算作为奖励资金，用于鼓励公司加入排放贸易。

直接参与形式的一计划发起于 2002 年 4 月。在此以前的 2002 年 3 月，召开了一场拍卖会，来分配奖励资金。在拍卖会上，有 34 个组织共享了 2.15 亿英镑的奖励资金，作为回报，它们将在今后 5 年减排 4 百万吨当量的二氧化碳温室气体。该计划是自愿性的，并对所有能源用户开放，但不包括《气候变化协议》中规定的电力部门用户以及交通和民用用户。一旦公司签署一个排放目标，它们就有法律义务加入该计划。如果不能实现最初确定的目标，则将受到惩罚，而且仅在某些情况下，才允许其退出该计划。减排情况进行年度测量和报告。奖励资金在受到确认排放满足预定目标时每年发放一次。参加者可以通过减少自身的排放这实现排放指标，也可以从其他参加者处购买排放指标。ETS 期望自愿参加方式能够吸引一些公司在市场上进行指标交易，这样将对进行了减排的公司有利。也有一些人认为，贸易市场上可能会出现指标过度供给的情况，迫使市场价降下来。

加入计划获得的效益：（1）分享奖励资金。（2）能够确保得到减排的财政奖励。几个已经自愿参加计划的公司已经取得了明显的减排量。（3）有机会学习如何使用自愿环境进行排放贸易。（4）公关效益。

2. UK-ETS 计划协议参与者

《气候变化协议》（CCA）参加者可包括工业、商业组织，它们通过参与协议将气候变化税降低 80%，作为对进行减少排的承诺回报。但是如果企业不能实现减排目标，企业将失去气候变化税的完整折扣。对于能源密集型工业来说，气候变化税折扣意味着几百万英镑的收获。通过排放贸易，可以保证达到预定目标。

英国政府相关部门将按照《气候变化协议》目标对涉及企业及单位进行排放行为的评估。那些不能满足预定目标的公司，需要到排放贸易市场上去购买指标，才能继续享受气候变化税的折扣。随着协议期限的来临，排放贸易量将增加，价格也可能会上涨。那些能够具有良好策略来应付风险的公司，将有最佳的机会来充分利用各种市场机遇。在 44 个部门协议中，2 个部门钢和航空已经承诺了绝对排放上限。其他部门同意达到能效目标，即每吨产品的排放量，如碳吨产品。承担了绝对排放上限的部门可以与直接参加者进行自由贸易。而那些同意达到能效目标的部门则可以在它们自己间进行贸易，或通过“门户连接”与直接参加部门进行贸易。门户连接机制可以预防总排放由于相对的减排而上升如果相对排放减少，但产量增加导致总排放也上升。《气候变化协议》每两年确定一次“新目标”。协议参加者的排放贸易为每两年一次。参加《气候变化协议》的公司如果希望从 UK-ETS 计划购买指标，则可直接购买，可通过经纪人或与对方公司直接进行双边贸易。这些指标随后输入英国国家登记处的达标账户。参加《气候变化协议》的公司如果希望从卖出指标，首先必须对其排放行为进行独立认定。这可能形成一个额外成本障碍，特别是对于进入市场的小型企业而言更是如此。政府和认定公司正在寻找减低费用而不致影响环境整体性的方法。

3. UK-ETS 计划的项目参与者

当前英国政府正在制订项目参与者机制，以使单个项目获得指标。英国贸易工业部正在确定 UK-ETS 计划参加者的规则。项目参加机制目的是鼓励那些不属于直接参与者与协议参与者的单位进行减排。这些部门可能包括（1）电力部门通过提高发电输配效率以实现减排，但要避免重复计算终端用户所实现的减排量。（2）交通由于难以确定减排发生的界限，交通排放未被放入到 UK-ETS 计划之中，但是，可建立单个项目，来足够严格地确定减排量，并纳入计划。这些可包括汽车效率提高或交通模式的转换等。（3）终端用户诸如合同能源管理公司等组织可根据为客户安装能效设备所实现的减排量来进入到该计划中。通过将大量的个别减排行为组合在一起，可以克服财政和管理上的烦琐。

三、可再生能源发展

英国政府十分重视可再生能源的发展，颁布了《可再生能源强制条例》，要求电力供应商必须购买一定比例的可再生能源销售给客户。《可再生能源强制条例》适用于所有的持证供电商，意味着那些新的电力供应商和份额较低的小型公司都必须满足要求。

该计划允许某些变动。供应商可以有几种选择：一是从认证的电厂购买可再生能源后将其供应给英国客户。需要供应商证明其行为满足上述条例的要求，提供管理机构给电厂颁发的“可再生能源义务证书”。二是独立地购买“可再生能源义务证书”。供应商不必将实际的绿色动力纳入自己的销售，但需要支付一笔相当于英国其他地方可再生能源的环境价值的费用。三是向政府购买可再生能源指标。购买价格由政府制订，为《可再生能源强制条例》的上限价格。

可再生能源在降低碳排放量方面也将起到重要作用，同时通过开发更清洁的技术，产品及工艺来提高能源的可靠性，改善行业竞争能力。到 2003 年，英国有 3% 的电力供应来自可再生能源。目前英国政府已经制定的目标：只要成本能被消费者接受，到 2010 年英国可再生能源的发电量占总发电量的 10%。与此同时，为了达到 2050 年减少 60% 的二氧化碳排放量的目标，英国需要增加 30% ~40% 的可再生能源发电。

对于发展可再生能源，英国有自己的优势。例如，英国拥有充足的可再生能源（高速的风能，强大的潮汐能，以及活跃的生物质能等），占欧洲可再生能源总量的1/3。然而依照目前的技术，利用可再生能源发电的成本普遍高于其他发电形式，因此必须改进技术来降低成本。另外，煤价的上升导致其他形式发电成本上升。在不久的将来，可再生能源电价与其他形式发电电价将会越来越接近。

四、碳减排技术推广应用

2005年6月，英国贸工部和环境、食品和农村发展部联合发布了《用于化石燃料的碳减排技术发展战略》。碳减排技术战略涵盖了所有化石燃料，这是为了适应天然气在英国能源系统中的地位，同时鼓励开发面向英国出口市场的技术（如中国、印度等发展中国家）。该战略技术范围包括：先进的烟道脱硫技术，氢气运输、储藏和实用技术。碳减排术也涉及燃料电池和氢的开发项目。燃料电池用于长期高效发电厂（如三重循环概念混合的燃料电池、燃气轮机和蒸汽轮机），先进的发电循环中结合燃料电池或气化工厂的电和氢的联合生产研究。煤炭地下气化技术与二氧化碳收集和储存集合起来实现二氧化碳减排英国地质调查局探明陆上有相当丰富的煤储量（大约170亿吨）可用于地下煤的气化，而且海底大陆架也可能在巨大的储量（如北海南部）。重点是定向钻井技术和提高煤气采收率法。为了实现在2050年之前将二氧化碳排放量减少60%左右，并在2020年取得切实进展，以及保证可靠的能源供应等目标，英国采取了必要的策略。

2005年英国率先建立了3500万英镑小型示范基金，制定了《减碳技术战略》，在2007年预算中宣布将支持建立第一个CCS技术的大规模示范项目。2007年5月发布的《能源白皮书》更是确定了计划的细节，宣布开展一项竞赛。英国政府为这场CCS竞赛计划设定的目标是2014年实现大约90%的捕获和埋存比例。根据该计划，英国政府对CCS示范项目的成本资助可以达到100%（不包括电厂建设成本）。

五、立法应对气候变化

英国2007年3年通过《气候变化法案（草案）》（以下简称《法案》），《法案》要求到2050年减少碳排放达到60%（与1990年相比），这也显示出英国政府治理气候变化的决心。《法案》为英国政府推动低碳经济、评估政府政策是否能促成全球达成的2012年后温室气体减排协议的目标，提供了一个框架。同时英国政府大力推行《能源效率标准》和修订新的《建筑物监管条例》来提高能源使用效率，减少二氧化碳排放量。《法案》与之前的《能源效率标准（I）》相比具有以下特点：（1）促使供应商积极提高能源效率；（2）供应商必须保持节能趋势；（3）改善住宅的节能条件，例如改善墙壁的不透风性能；（4）供应商可以提早开始行动。简言之，《能源效率标准（II）》在强调现有的节能承诺的基础上，将引入新的激励机制鼓励革新，使供应商达到节能50%的目标。

第二节　欧盟国家低碳发展模式

欧盟将低碳经济看作“新的工业革命”，采取了一系列有力的措施推进低碳产业发展，期望能够带动欧盟经济向高能效、低排放的方向转型，并在全球应对气候变化行动中充当急先锋，力图发挥领导者的角色。欧盟不仅提出的口号最响，行动也走在了其他国家和地区之前。从排放指标的制定，到科研经费的投入、碳排放机制的提出、节能与环保标准的制定，再到低碳项目的推广等，欧盟率先出击，步步为营，推出了全方位的政策和措施，统领各成员国大力发展低碳产业。

一、明确的减排目标制定

2007年3月，欧盟27国领导人通过了欧盟委员会提出的欧盟一揽子能源计划。根据计划，欧盟到2020年将温室气体排放量在1990年基础上至少减少20%，将可再生能源占总能源耗费的比例提高到20%，将煤、石油、天然气等一次性能源消耗量减少20%，将生物燃料在交通能源消耗中所占比例提高到10%，以及在2050年将温室气体排放量在1990年的基础上减少60%~80%。这一目标的制定，在欧盟气候和能源政策方面具有里程碑意义。

2008年12月，欧盟峰会在布鲁塞尔举行，欧盟各国最终敲定气候变化妥协方案。该协议要求欧盟到2020年将其温室气体排放量在1990年水平的基础上减少20%。而该目标的实现有赖于27国完成各自的国内减排目标，而且要在整个欧洲碳交易机制的范围内进行。2013年后的第三阶段欧洲排放交易体系规定，污染性工业企业和电厂等，可购买碳排放许可权。方案还规定：到2015年，将汽车二氧化碳排放量减少19%；各国设定限制性目标，从而使到2020年，欧盟可再生能源使用量占欧盟各类能源总使用量的20%；鼓励使用“可持续性的”。

到2020年生物燃料将能源效率提高20%。新方案还包括了提供12个碳捕获和存储试点项目——利用创新技术收集电厂排放的二氧化碳并将其埋入地下。这些试点项目资金将来源于碳交易收益。预计到2020年，碳交易能带来几百亿欧元的收入。

二、科研计划

2007年底，欧盟提出了战略能源技术计划，这是欧洲建立新能源研究体系的综合性计划。该计划包括欧洲风能启动计划，重点是大型风力涡轮和大型系统的认证（陆上与海上）；欧洲太阳能启动计划，重点是太阳能光伏和太阳能集热发电的大规模验证；欧洲生物能启动计划，重点是在整个生物能使用策略中，开发新一代生物柴油；欧洲二氧化碳捕集、运送和贮存启动计划，重点是包括效率、安全和承受性的整个系统要求，验证在工业范围内实施零排放化石燃料发电厂的生存能力；欧洲电网启动计划，重点是开发智能电力系统，包括电力贮存；欧洲核裂变启动计划，重点是开发第Ⅳ代技术。

2008年2月，欧盟运输、通信和能源部长理事会在布鲁塞尔通过了欧盟委员会提出的《欧盟能源技术战略计划》，同意在以下方面采取措施：在能源工业领域增加财力和人力投入，加强能源科研和创新能力；建立欧盟能源科研联盟，以加强大学、研究院所和专业机构在科研领域的合作；改造和完善欧盟老的能源基地设施以及建立欧盟新的能源技术信息系统；建立由欧盟委员会和各成员方参加的欧盟战略能源技术小组，以协调欧盟和成员国的政策和计划。该计划将鼓励推广包括风能、太阳能和生物能源技术在内的“低碳能源”技术，以促进欧盟未来建立能源可持续利用机制。

三、碳排放交易市场建设

2005年，欧盟启动了排放交易机制，涉及的工业部门覆盖发电和供热企业、炼油企业、金属冶炼加工企业、造纸企业和其他高耗能企业（如水泥生产企业）。按照这一机制，各成员方应制订每个交易阶段二氧化碳排放的“国家分配计划”，为有关企业提出具体的减排目标，并确定如何向企业分配排放权。该机制共分为三个交易阶段，即2005～2007年、2008～2012年和2013～2020年。2006年3月，欧盟委员会发表《欧盟能源政策绿皮书》，提出强化对欧盟能源市场的监管，开放各成员国目前基本封闭的能源市场，制订欧盟共同能源政策；鼓励能源的可持续性利用，发展可替代能源，加大对节能、清洁能源和可再生能源的研究投入；加强与能源供应方的对话与沟通，建立确保能源供应安全的国际机制；在与外部能源供应者的对话中，欧盟应“用一个声音说话”。

四、碳税及财政补贴政策

欧盟碳预算政策分为两个阶段，一是实现《京都议定书》第一承诺期（2008～2012年）的碳预算和实现2020年减排目标（2013～2020年）的碳预算。碳税是通过对化石燃料产品，按碳含量比例进行征税，以减少化石燃料消耗和二氧化碳排放。欧盟是最早建立碳税制度的地区，20世纪90年代，瑞典、荷兰、丹麦等北欧国家率先实行碳制度。芬兰为全球第一个通过开征碳税来控制二氧化碳排放的国家，芬兰于1990年时率先宣布对各种燃料及电力征收碳税，当时对每顿的碳当量征收4.1欧元，此后税率稳定上升。丹麦最早于1992年首先对家庭征收碳税，1993年沿用到工业部门，但仍给予能源密集产业税收优惠，除了免缴能源税和电力税以外，碳税亦仅需缴纳一般税额的30%～50%。丹麦的环境税很注意税收循环回馈，即环境税的收入用来降低非工资劳动成本、补贴能源效率的投资，以及当企业与丹麦能源局达成能源效率协议时对这些能源密集型企业进行补贴。1999年德国、英国和意大利等国家也开始相关碳税制度。欧盟低碳财政补贴政策主要用在可再生能源领域，即通过财政补贴促进欧盟可再生能源的发展，这包括英国通过对供电企业补贴，强制要求可再生能源电力供应占比。德国对太阳能发电的补贴，丹麦对生物质能发电的鼓励和刺激等①。

五、标准与立法

2006 年 10 月，欧盟委员会公布了《能源效率行动计划》，这一计划包括降低机器、建筑物和交通运输造成的能耗，提高能源生产领域的效率等 70 多项节能措施。计划还建议出台新的强制性标准，推广节能产品。2007 年 1 月，欧盟委员会通过一项新的立法动议，要求修订现行的《燃料质量指令》，为用于生产和运输的燃料制定更严格的环保标准。从 2009 年 1 月 1 日起，欧盟市场上出售的所有柴油中的硫含量必须降到每百万单位 10 以下，碳氢化合物含量必须减少 1/3 以上。同时，内陆水运船舶和可移动工程机械所使用的轻柴油的含硫量也将大幅降低。从 2011 年起，燃料供应商必须每年将燃料在炼制、运输和使用过程中排放的温室气体在 2010 年的水平上减少 1%，到 2020 年整体减少排废 10%，即减少二氧化碳排放 5 亿吨。

六、项目投资

2008 年 12 月，欧盟各成员方一致同意，发起了“欧洲经济复苏计划”。50 亿欧元中的一半将用来资助低碳项目，其中，10. 5 亿欧元用于 7 个碳捕获和储存项目，9. 1 亿欧元用于电力联网（协助可再生能源联入欧洲电网），还有 5. 65 亿欧元用于开发北海和波罗的海的海上风能项目。2009 年 3 月，欧盟委员会宣布将在 2013 年之前投资 1050 亿欧元支持欧盟地区的“绿色经济”，促进就业和经济增长，保持欧盟在“绿色技术”领域的世界领先地位。款项全部用于环保项目以及与其相关的就业项目，其中 540 亿欧元将用于帮助欧盟成员方落实和执行欧盟的环保法规，280 亿欧元将用于改善水质和提高对废弃物的处理和管理水平。

① 张亮：《欧洲国家环境税制度对中国碳税政策的借鉴与启示》，载于《环境与发展》，2017 年 4 期。赛迪智库：欧盟、英国、美国、日本、韩国工业低碳发展政策以及碳市场建设大盘点［N/OL］中国碳交易网：http：//www. tanjiaoyi. com/article－19020－1. html［2016/10/10－2018/06/24］。

第三节　日本低碳经济发展模式

日本是一个能源资源缺乏的国家。日本能源的特点之一是能源电力化突出，日本把各类能源变换为电力的比率在世界发达国家中是最高的；二是过分依赖石油，石油在能源消费总量中超过了50%。但是近几年来，日本大力发展新能源的开发技术，石油消费量呈现逐步降低的趋势，大气污染也相应减少，距离《京都议定书》规定的2010年的温室效应气体排放标准越来越近。

一、能源需求的节能安排

通过实施《节能修正法》将原有的能源管理指定工厂作为一类能源管理指定工厂。在工厂里，为了切实有效地合理利用能源，并有计划地加快能源合理利用的研究，日本将以完成长期计划作为义务。而且，关于一类能源管理指定工厂，日本政府已执行以中型能源消耗工厂等为对象的二类能源管理指定工厂制度。为了提高铁路的能源利用效率，实施有关设备引进的法人税税额扣除或特别退还制度。随着提高船舶能源利用效率的技术研发的进行，通过运输设施调整事业团的船舶共有建造制度的弹力化，促使造船业向能源利用效率高的船舶转变。为了普及绿色能源汽车及低公害车，日本政府不断增加天然气加气设备等燃料供给设施。在远程工作方面，政府将继续对有关通信设备采取减税措施，并进行用的信息通信系统开发，加快普及远程工作方式。另外，通过保护城市水资源、调整公园绿地以推进水资源与绿化的网络化，并对地下水热利用设施进行了调整，推进地下水再利用事业的发展。为普及节能性高的住宅建筑，政府继续引进住宅建筑高效能源系统。

二、能源供给的原子能布局

推进原子能布局。今后为加快不排放二氧化碳的原子能发电厂的建设，政府将继续完善以原子能为中心的布局地域振兴政策，并切实地推进原子能开发计划。加快新能源引进。到1999年日本太阳能发电容量约为20.9万千瓦。为实现太阳能发电的市场自立化，政府正在实行住宅太阳能发电系统的辅助制度。到1999年为止，风力、废物发电容量已分别达到8.3万千瓦和97.5万千瓦。推进电力负荷平均化对策。今后，日本政府将进一步普及白天利用夜间电力进行空气调节的蓄热式空调系统，以及利用气体进行空调的冷气设备。

三、工业生产中的减排安排

在工业过程中推进抑制二氧化碳排放的对策。在生产工程中，扩大使用二氧化碳排放较少的混合水泥，使其生产比例大幅提高。在废物处理中推进抑制二氧化碳排放的对策。为减少废物的焚烧量，控制二氧化碳排放，政府加快调整了废物再利用设施等。到2010年一般废物的二氧化碳排放量要减少5%，再利用量从11%增加到24%，最终处理量减半。同期内，工业废物的二氧化碳排放量要控制在12%。再利用量要从41%增加到47%，最终处理量削减约一半。推进木材资源的有效利用。在开发低成本制造高品质木材制品技术的同时，政府加快开发间伐利用技术、木材资源利用技术以及调查木材资源新用途等。今后，在可利用木材资源的各个领域，为推进木材资源的有效利用，政府将进行技术开发及普及指导。

四、植树造林推进碳汇

为提高作为二氧化碳吸收源、碳贮藏库的机能，日本政府通过对所有民有与国有森林的治理、保护以及森林环境调整，实施了健全且具活力的林业调整。今后，政府将对荒废耕地等适当地进行造林、保育和间伐等森林调整。依靠地方及城市居民，进一步推进山林等的保护与利用。推进都市绿化。例如，在按照《绿色计划》推进绿化的同时，政府在地方公共团体制定的《绿色基本计划》中所设定的绿化重点地区，调整了绿化重点地区。今后，将着手制定新的《绿色政策大纲》，综合推进绿化保全、创造与利用的对策。到2002年城市内道路绿化率要达到51%。

五、加强研发创新的环境与能源技术

日本政府进行了超高效率太阳能发电技术的开发。在超临界流体利用技术方面，进行了基础性标准技术开发。进行新制钢工程技术、新一代炼焦技术的开发，以及超高温材料、燃料电池用煤气制造技术等的研究开发。今后，超高效率太阳电池的转换率要提高到30%以上。关于作为二氧化碳的固体化技术而实施的二氧化碳的海洋隔离技术，今后政府将确定评价二氧化碳注入海洋所产生的环境影响的技术。

六、建立地球观测体制

根据气候物质循环模式，结合气候变化的定量评价及土地利用的变化，对陆地生态系统温室气体的产生和吸收及其影响评价等，政府进行了相关研究。而且，政府对有关地球变化预测的基础科学以及地球变暖预测技术的提高也进行了研究。今后，随着有关地球变暖等气候变化的科学知识的积累，政府将以地球变暖预测技术的提高为目标。为了开发利用观测地球变化的环境观测卫星，观测温室效应气体，政府将继续研发大气观测传感器等。另外，政府对大气和海洋进行了温室效应气体、气候、高层气象和海面水位的观测等，今后将继续观测和监视这些动向，并与国内外有关机构积极进行数据交换。

第十三章

低碳经济国际合作与低碳贸易

第一节　全球气候治理中的国家或国家集团

WTO 总干事拉米和 UNEP 执行主任阿希姆施泰纳共同认为：气候变化危机带来巨大的生存挑战，因此多边合作加以应对是至关重要的。在可持续发展观念深入人心的今天，气候变化成为当前国际范围内可持续发展面临的最大挑战。由于气候变化是一个跨越国境的全球范围的环境问题，而且应对气候变化的措施具有很强的正的外部性效应，各国具有强烈的“搭便车”的动机，所以应对气候变化的措施也必须在多边谈判和合作的框架内达成才会有效。正因为如此，世界各国通过国际合作，在诸如国际多边合作框架内进行全球气候治理，才是有效减少二氧化碳排放，缓解全球变暖，同时降低成本，促进经济发展的关键所在。在全球合作气候治理的问题上，由于不同国家地理位置不同，及全球气候变化对其影响不同，导致在全球气候变化过程中对一国的核心利益影响也不同。由于全球气候变化给不同国家带来的影响不同，不同国家在面对气候变化问题上的态度就有所不同，甚至截然相反，不同的国家态度能够具体表现在国际气候治理谈判与构建的过程中。由此有必要首先对持有不同态度的国家或国家集团及其态度进行简要介绍。

气候变化问题作为一个环境问题，实质上是揉进了政治和经济方面的许多问题。由于减缓和适应气候变化对经济发展的不同深远影响，国家（集团）之间在许多关键问题上还存在严重的利益分歧。政治、经济、技术、人文习惯、环境等诸多方面均会影响到一国应对气候变化的国家意志，并强烈的表现在国际气候谈判过程中。

根据 IPCC 气候变化模式对世界未来 100 年由于温室气体浓度继续增加而引起的气温变化和降水变化预测结果分析，假定温室气体排放每年增加 1% 的速度增长条件下，俄罗斯和加拿大的温度增长最为明显，同时这两国的降水量也将明显增加，导致未来诸如此类的高纬度国家气候将向暖湿方向发展。如此，从长远看，气候变暖将给高纬度国家带来更好的农业生产条件，气候变化影响可能利大于弊。

与高纬度国家对气候变化影响的良性预期相反，一些可能遭受气候变化不利影响较大的国家往往在气候变化问题上采取比较激进的立场，这也是情有可原，可以理解的。例如，太平洋小岛国 AOSIS，尽管是发展中国家，但面对海平面上升的严重威胁，一直强烈呼吁全球采取更为积极的减排行动。斐济代表以泪洒哥本哈根大会的方式向全球发出了催人泪下的柔性抗议，图瓦卢则以宣布举国搬迁计划的方式向发达国家发出严重抗议。

欧洲国家基于气候变化的科学预期，普遍认为全球以增温为主要特征的气候变化现象将严重影响到欧洲大陆，特别是西欧优越的冬暖夏凉的气候环境。故包括德国、英国、荷兰、比利时等国家在内的西欧和北欧国家对气候变化影响特别关注，积极推进国际气候进程。

事实上，全球气候变化对北美大陆的超级大国——美国的气候环境影响并不大。一方面，减缓二氧化碳排放对美国所产生的最大影响在于，减缓温室气体排放势必改变美国长期以来所形成的高耗能、高消费的生活习惯。另一方面，自小布什政府执政以来，美国国内经济疲弱，奥巴马政府上台又遇到全球金融危机的影响，而美国经济是建立在对资源、能源及相关产出品的高消耗与消费基础上的，一旦遏制以二氧化碳为代表的温室气体排放，势必提升其经济发展成本，削弱美国经济复苏的动力，考虑到目前美国身负大量债务，经济长期不振，美国政府不愿轻易加税以及深陷阿富汗战争泥淖的美国现实，减缓温室气体排放增加生产成本，削弱美国经济竞争力，减缓美国经济复苏的任何举措都是美国政府所不愿做的。当然，美国越来越多的有识之士已经认识到减缓温室气体排放，在全球气候变化大背景下发展低碳经济不仅仅是被动应付气候问题的事情，而构成了引领全球新经济革命，控制全球经济政治战略指导权的关键所在。比之于小布什政府消极的气候政策，奥巴马政府所代表的新气候政策多多少少向积极的气候政策靠近了一步。

总体而言，当前国际气候谈判格局分为两大阵营、三股力量。两大阵营分为南、北阵营，即历史排放多、当前人均排放高、资金技术实力强的发达国家和历史排放少、当前人均排放低、资金技术相对匮乏的发展中国家。三股力量为欧盟、美国和“77 国集团 + 中国”。

第二节　国际气候合作——《联合国气候变化框架公约》

一、历程回顾

迄今为止，国际气候合作已走过了近 30 年的历程，从双边、地区性合作直到如今全球性合作均取得了巨大的成就。其中，《联合国气候变化框架公约》（UNFCCC）缔约方大会，又被广泛称为联合国气候大会，在全球气候谈判，推进全球气候治理方面做出了卓越的成就。《联合国气候变化框架公约》（以下简称《公约》）是联合国政府间谈判委员会就气候变化问题达成的公约，于 1992 年 6 月 4 日在巴西里约热内卢举行的地球首脑会议上通过。《公约》于 1994 年 3 月 21 日正式生效。目前，公约已拥有 189 个缔约国。公约第一次缔约方会议（COP）于 1995 年在德国柏林召开。历届缔约方会议历程如下：

自 1995 年 3 月 28 日首次缔约方大会在柏林举行以来，缔约方每年都召开会议。第 2 至第 6 次缔约方大会分别在日内瓦、京都、布宜诺斯艾利斯、波恩和海牙举行。

1997 年 12 月 11 日，第 3 次缔约方大会在日本京都召开。149 个国家和地区的代表通过了《京都议定书》，它规定 2008 ~ 2012 年期间，主要工业发达国家的温室气体排放量要在 1990 年的基础上平均减少 5.2%，其中欧盟将 6 种温室气体的排放削减 8%，美国削减 7%，日本削减 6%。但是 2000 年 11 份在海牙召开的第 6 次缔约方大会期间，世界上最大的温室气体排放国美国坚持要大幅度减少它的减排指标，因而使会议陷入僵局，大会主办者不得不宣布休会，将会议延期到 2001 年 7 月在波恩继续举行。

2001 年 10 月，第 7 次缔约方大会在摩洛哥马拉喀什举行。

2002 年 10 月，第 8 次缔约方大会在印度新德里举行。会议通过的《德里宣言》，强调应对气候变化必须在可持续发展的框架内进行。

2003 年 12 月，第 9 次缔约方大会在意大利米兰举行。这些国家和地区温室气体排放量占世界总量的 60%。

2004 年 12 月，第 10 次缔约方大会在阿根廷布宜诺斯艾利斯举行。

2005 年 2 月 16 日，《京都议定书》正式生效。目前，已有 156 个国家和地区批准了该项协议。2005 年 11 月，第 11 次缔约方大会在加拿大蒙特利尔市举行。

2006 年 11 月，第 12 次缔约方大会在肯尼亚首都内罗毕举行。

2007 年 12 月，第 13 次缔约方大会在印度尼西亚巴厘岛举行，会议着重讨论“后京都”问题，即《京都议定书》第一承诺期在 2012 年到期后如何进一步降低温室气体的排放。15 日，联合国气候变化大会通过了“巴厘岛路线图”，启动了加强《公约》和《京都议定书》全面实施的谈判进程，致力于在 2009 年年底前完成《京都议定书》第一承诺期 2012 年到期后全球应对气候变化新安排的谈判并签署有关协议。

2008 年 12 月，第 14 次缔约方大会在波兰波兹南市举行。2008 年 7 月 8 日，八国集团领导人在八国集团首脑会议上就温室气体长期减排目标达成一致。八国集团领导人在一份声明中说，八国寻求与《联合国气候变化框架公约》其他缔约国共同实现到 2050 年将全球温室气体排放量减少至少一半的长期目标，并在公约相关谈判中与这些国家讨论并通过这一目标。

哥本哈根世界气候大会全称是《联合国气候变化框架公约》，第 15 次缔约方会议暨《京都议定书》第 5 次缔约方会议，这一会议也被称为哥本哈根联合国气候变化大会，于 2009 年 12 月 7～18 日在丹麦首都哥本哈根召开。12 月 7 日，192 个国家的环境部长和其他官员们在哥本哈根召开联合国气候会议，商讨《京都议定书》一期承诺到期后的后续方案，就未来应对气候变化的全球行动签署新的协议。这是继《京都议定书》后又一具有划时代意义的全球气候协议书，毫无疑问，对地球今后的气候变化走向产生决定性的影响。这是一次被喻为“拯救人类的最后一次机会”的会议。最终，联合国气候变化框架公约第十五次缔约方会议和京都议定书第五次缔约方会议于当地时间 19 日下午在丹麦首都哥本哈根落幕。会议达成不具法律约束力的《哥本哈根协议》。《哥本哈根协议》维护了《联合国气候变化框架公约》及其《京都议定书》确立的“共同但有区别的责任”原则，就发达国家实行强制减排和发展中国家采取自主减缓行动作出了安排，并就全球长期目标、资金和技术支持、透明度等焦点问题达成广泛共识。哥本哈根气候大会所通过的不具约束力的协议，也证明了气候谈判与全球气候治理过程所遇到的巨大难度，体现了其中错综复杂的国际关系。

二、国际气候合作阶段分析

科学家很早就揭示了温室效应的存在和它的重要作用，警告大气中温室气体浓度的上升会使温室效应增强，对生态系统和人类社会带来严重威胁。如果从1990年国际气候谈判启动算起，迄今为止，国际气候制度的演进大约经历了以下几个阶段①。

第一阶段：1990～1994年，国际气候谈判开始启动，这标志着一场旷日持久、错综复杂的国际环境、经济、政治较量拉开帷幕。1992年，里约会议通过《联合国气候变化框架公约》并开放签署，1994年3月21日，气候公约生效，该公约从法律上确立了一系列基本原则和最终目标。

第二阶段：1995～2005年，《京都议定书》谈判和批准过程。为了落实气候公约的目标，公约第1次缔约方大会（COP1）决定启动议定书谈判；1997年，在日本京都召开的第3次缔约方大会（COP3）通过《京都议定书》，首次为附件I国家（发达国家与经济转轨国家）规定了具有法律约束力的定量减排目标，并引入排放贸易（ET）、联合履约（JI）和清洁发展机制（CDM）三个灵活机制。

第三阶段：2005～2007年，后京都谈判艰难上路。2005年2月《京都议定书》生效后，国际上有关后京都问题的讨论如火如荼。2005年12月，在加拿大蒙特利尔召开的公约第11次缔约方会议暨议定书第一次缔约方会议（COP11/MOP1）通过大会决定，采用“双轨制”正式启动后

---

① 部分内容参考引用以下资料：“风云变幻20年：气候变化谈判历程和气候大会展望”［N/OL］．中华人民共和国中央人民政府，http：//www.gov.cn/gzdt/2011－11/23/content_2001150.htm［2011/11/23－2018/7/10；“盘点历届气候大会成果”。网易，http：//news.163.com/17/1110/09/D2SCI16V00018AOQ_all.html［2017/11/10－2018/7/10］．

京都谈判，即在议定书下成立特设工作组（AWG）谈判附件Ⅰ国家第二承诺期的减排义务，同时为了美国等非议定书缔约方能够参与谈判，在气候公约下启动为期两年的促进国际应对气候变化长期行动的对话。2006年11月在肯尼亚内罗毕召开的议定书第二次缔约方会议根据议定书相关规定又启动了针对议定书相关义务的审评，被看做是推进后京都国际气候谈判的“第三轨”。

第四阶段：2007～2009年，形成“巴厘岛路线图”。经过艰难谈判，2007年底在印尼巴厘岛召开的《公约》第13次缔约方大会上通过了“巴厘路线图”，各方同意所有发达国家（包括美国）和所有发展中国家应当根据《公约》的规定，共同开展长期合作，应对气候变化，重点就减缓、适应、资金、技术转让等主要方面进行谈判，在2009年底达成一揽子协议，并就此建立了公约长期合作行动谈判工作组。自此，气候谈判进入了议定书二期减排谈判和公约长期合作行动谈判并行的“双轨制”阶段。

第五阶段：2009～2010年，促成《哥本哈根协议》诞生。2008～2009年，各方在议定书二期减排谈判工作组和公约长期合作行动谈判工作组下，按照“双轨制”的谈判方式进行了多次艰难谈判，但进展缓慢。到2009年底，当100多个国家首脑史无前例地聚集到丹麦哥本哈根参加《公约》第15次缔约方大会，期待着签署一揽子协议时，终因各方在谁先减排、怎么减、减多少、如何提供资金、转让技术等问题上分歧太大，各方没能就议定书二期减排和“巴厘路线图”中的主要方面达成一揽子协议，只产生了一个没有被缔约方大会通过的《哥本哈根协议》（以下简称《协议》）。《协议》没有被缔约方大会通过，也不具有法律效力，但却对2010年后的气候谈判进程产生了重要影响，主要体现在发达国家借此加快了此前由《议定书》二期减排谈判和《公约》长期合作行动谈判并行的“双轨制”模式合并为一，即“并轨”的步伐。哥本哈根气候大会虽以失败告终，但各方仍同意2010年继续就《议定书》二期和巴厘路线图涉及的要素进行谈判。

第六阶段：2010～2012年，通过了《坎昆协议》。在2010年底墨西哥坎昆召开的气候公约第16次缔约方大会上，在玻利维亚强烈反对下，缔约方大会最终强行通过了《坎昆协议》。《坎昆协议》汇集了进入“双轨制”谈判以来的主要共识，总体上还是维护了《议定书》二期减排谈判和《公约》长期合作行动谈判并行的“双轨制”谈判方式，增强国际社会对联合国多边谈判机制的信心，同意2011年就《议定书》二期和巴厘路线图所涉要素中未达成共识的部分继续谈判，但《坎昆协议》针对《议定书》二期减排谈判和《公约》长期合作行动谈判所做决定的内容明显不平衡。发展中国家推进《议定书》二期减排谈判的难度明显加大，发达国家推进“并轨”的步伐明显加快。

第七阶段：2012～2014年，德班平台建立。2012年，《联合国气候变化框架公约》第17次缔约方会议暨《议定书》第7次缔约方会议在卡塔尔多哈举行，通过了《多哈修正》：最终就2013年起执行《议定书》第二承诺期及第二承诺期以8年为期限达成一致，从法律上确保了《议定书》第二承诺期在2013年实施。加拿大、日本、新西兰及俄罗斯明确不参加第二承诺期。会议通过了《联合国气候变化框架公约》长期合作工作组成果、德班平台以及损失损害补偿机制等方面的多项决议。所建立的德班增强行动平台特设工作组将主要负责制定一个适用于所有《公约》缔约方的法律工具或者法律成果，各缔约方要在工作组工作的基础上，从2020年开始根据该法律工具或者法律成果探讨如何减排，降低温室气体排放。2013年11月，《联合国气候变化框架公约》第19次缔约方会议暨《京都议定书》第9次缔约方会议在波兰首都华沙举行。会议主要取得三项成果：一是德班增强行动平台基本体现“共同但有区别的原则”；二是发达国家再次承认出资支持发展中国家应对气候变化；三是就损失损害补偿机制问题达成初步协议，同意开启有关谈判。2014年12月，《联合国气候变化框架公约》第20次缔约方会议暨《京都议定书》第10次缔约方会议在秘鲁首都利马举行，该会议进一步细化了2015年协议的各项要素，为各方进一步起草并提出协议草案奠定了基础。

第八阶段：2015年至今，形成新的具备法律约束力的《巴黎协议》。2015年12月，《联合国气候变化框架公约》近200个缔约方在巴黎气候变化大会上达成《巴黎协定》。这是继《京都议定书》后第二份有法律约束力的气候协议，为2020年后全球应对气候变化行动作出了安排。按规定，《巴黎协定》将在至少55个《联合国气候变化框架公约》缔约方（其温室气体排放量占全球总排放量至少约55%）交存批准、接受、核准或加入文书之日后第30天起生效。《巴黎协定》是继1992年《联合国气候变化框架公约》、1997 年《京都议定书》之后，人类历史上应对气候变化的第三个里程碑式的国际法律文本，形成 2020 年后的全球气候治理格局。《巴黎协定》获得了所有缔约方的一致认可，充分体现了联合国框架下各方的诉求，是一个非常平衡的协定。协议体现共同但有区别的责任原则，同时根据各自的国情和能力自主行动，采取非侵入、非对抗模式的平价机制，是一份让所有缔约国达成共识且都能参与的协议，有助于国际间（双边、多边机制）的合作和全球应对气候变化意识的培养。2017 年 11 月，联合国气候变化框架公约第 23 次缔约方大会于 11 月 6～17 日在德国波恩举行。这次会议的主要任务是按照《巴黎协定》的要求，为 2018 年完成《巴黎协定》实施细则的谈判奠定基础。2018 年可谓是“后巴黎”时代的第一个关键年份，因为参与联合国气候谈判的国家必须在两个关键问题上取得具体进展：规则手册和塔拉诺阿对话（Talanoa Dialogue）。规则手册将为《巴黎协定》的实施提供操作性指导。在 2015 年巴黎气候大会上，尽管各国已依据《巴黎协定》提交了 2025 年或 2030 年的气候目标，但易受气候影响的“脆弱国家联合”呼吁各国尽快增强雄心和行动。认识到这一必要性，各国同意在 2018 年对各自行动的总体进展进行评估，并利用评估结果以判断如何在 2020 年提升国家自主贡献（依据《巴黎协定》，各国的内部目标应每五年增加一次）。上述对话被称之为塔拉诺阿对话①。塔拉诺阿对话为各国政府和其他利益攸关方提供了一个相互学习和激励的机会，一方面可以展示不同国家和机构在向低碳经济转型方面取得的进展，另一方面也可展示不采取气候行动的风险。塔拉诺阿对话的作用要到 2020 年才能充分显现，届时所有国家都提交更新后目标。目前各国提交的气候承诺远不能达到温升控制 1.5～2℃的要求。除了规则手册和塔拉诺阿之外，未来两年内还有一系列关键事件将为提升气候雄心奠定基础。目前各国正在波恩进行技术性磋商，以确保规则手册编制工作的顺利推进，并推动如“损失和损害”等其他棘手问题的解决。

---

① 塔拉诺阿对话最初称为促进性对话（facilitative dialogue），其后在斐济担任 COP23 主席国时改称为塔拉诺阿对话。在斐济语中，塔拉诺阿指的是讲故事或交谈。塔拉诺对话于今年初正式启动，各国政府以及相关组织、机构和企业皆可通过公开的在线平台提交材料。

三、《京都议定书》的内容和意义

《京都议定书》(Kyoto Protocol),又译《京都协议书》《京都条约》,全称为《联合国气候变化框架公约的京都议定书》,是《联合国气候变化框架公约》(United Nations Framework Convention on Climate Change, UNFCCC)的补充条款。是1997年12月在日本京都由联合国气候变化框架公约参加国三次会议制定的。其目标是"将大气中的温室气体含量稳定在一个适当的水平,进而防止剧烈的气候改变对人类造成伤害"。1997年12月条约在日本京都通过,并于1998年3月16日至1999年3月15日间开放签字,共有84国签署,条约于2005年2月16日开始强制生效,到2009年2月,一共有183个国家通过了该条约(超过全球排放量的61%),值得注意的是世界最大的碳排放国家美国虽然在议定书上签字但并未核准生效,之后又于2001年首先退出了《京都议定书》。

《京都议定书》要求工业国家需要在2008~2012年相对于1990年水平平均减少5.2%温室气体排放。为了达到这个目标,每个国家都有责任去完成各自的目标,如欧盟整体减排8%、日本减排6%等。《京都议定书》同时规定,包括中国和印度在内的发展中国家可自愿制定削减排放量目标。除了立法管制国家温室气体排放量,《京都议定书》还设计了多方面的贸易机制,促进国家之间合作减排,如清洁发展机制(CDM)和联合执行机制(JI)等。清洁发展机制(CDM)通过资助发展中的国家的减排项目,来增加发达国家的可排放量,如加拿大为中国的能源效益计划提供资金、日本资助摩洛哥发展可再生能源等,这些项目应当为发展中国家的可持续发展作出贡献。联合执行机制则容许工业国家为各国的减排目标而合作,如设立国家间碳排放市场进行排放权交易。

《京都议定书》是国际合作解决气候问题所踏出第一步,是国际上从倡议到实践的重要一步,但2012年第一执行期结束后的后续国际协议还未能确定。特别是仅占全球人口的3%~4%,而排放的二氧化碳却占全球排放量的25%以上,为全球温室气体排放量最大的国家的美国曾于1998年签署了《京都议定书》。但2001年3月,布什政府以"减少温室气体排放将会影响美国经济发展"和"发展中国家也应该承担减排和限排温室气体的义务"为借口,宣布拒绝批准《京都议定书》。2011年德班气候大会在经过了延期之后，终于形成对《京都议定书》第二承诺期的安排，大会要求主要由发达国家构成的《京都议定书》附件一缔约方从2013年起执行第二承诺期，并在明年5月1日前提交各自的量化减排承诺。对于绿色气候基金，大会确定基金为《公约》框架下金融机制的操作实体，成立基金董事会，并要求董事会尽快使基金可操作化。然而，美国和日本、加拿大等不仅拒不考虑第二承诺期的减排指标，对《京都议定书》本身也持消极态度，美国甚至不是《京都议定书》缔约方。尽管如此，《京都议定书》作为世界范围内第一步具备法律约束力的气候协议，推动了人类改善气候变化的进程，所设计的清洁发展机制、联合履约和排放交易市场成为世界各国基于国情需要推动减排与经济发展双赢的有效模式，为人类低成本、高效益推动温室气体排放、实现经济绿色转型提供了宝贵的经验，为后京都时代建立了基础，为《巴黎协议》的签订提供了可资借鉴的经验。

四、后《京都议定书》时代的困局①

后京都谈判需要考虑的首要问题是如何巩固现有联盟和扩大联盟。已经批准《议定书》的国家由于国际社会其他国家对《议定书》生效的各种威胁行动及退出，已经动摇了其减排行动的信心。其中，减排最积极的欧盟，其内部原来就存在不同意见，东扩之后要在所有成员之间达成共识就更困难了。美国的退出更是对《议定书》生效的极大打击，甚至连美国的盟友日本也在此事件上对美国颇有微词。而日本则对于《议定书》第二承诺期也抱有反对意见。美国一再强调没有中国、印度、巴西等发展中大国参与减排的国际协定对于美国来说是“不公平的”。可见巩固现有联盟不易，扩大联盟更难。概括来看，决定未来国际气候制度走向的主要因素有三个方面：一是各国的政治意愿。它取决于复杂的国际政治关系，其核心在于气候变化对该国利益的影响。二是科学和经济上的不确定性。必须承认目前科学界对气候变化的研究还未达成共识，不同的研究成果甚至有相反的结论，如此，基于不同国家意志考虑，不同国家可以借用有利于自己的科学研究成果来为本国的气候政策背书。

① 《2018气候谈判开启“塔拉诺阿对话”》，中国低碳网，http：//www.ditan360.org/news/Info－160288.html［2018/5/4－2018/7/10］。

要人类社会在尚不确定性条件下做出关系命运的重大选择，比之于恢复经济的短期紧迫任务，巨大的变数产生也是情理之中。三是协调各国利益分歧机制。未来设计出的国际气候制度必须具备灵活的制度框架，允许不同国家从自身需求出发，采取不同的履行义务的方式，如此才能巩固及扩大气候治理联盟。目前来看，《巴黎协议》的签署来之不易，《巴黎协定》制定了“只进不退”的棘齿锁定（ratchet）机制。各国提出的行动目标建立在不断进步的基础上，建立从2023年开始每5年对各国行动的效果进行定期评估的约束机制。考虑到各国间的学习机制与包容性，巴黎协定建立了塔拉诺阿对话机制。“塔拉诺阿”是斐济语，意为不要互相指责，要互相信任，以集体利益为重。塔拉诺阿对话的意义是在国际社会还存在不同理解和期待的情况下，盘点各缔约方在实现《巴黎协定》中提到的长期目标的集体进展，并为各国准备“国家自主贡献”（NDCs）提供信息。2017年6月1日，美国现任总统特朗普宣布美国将退出《巴黎协定》，这一决定引发了社会各界的强烈反应。美国国内对特朗普退出《巴黎协定》分歧巨大。例如，苹果、Facebook、谷歌、惠普、微软、英特尔、Adobe都在Twitter上转发了一封针对此问题的公开信，声明将继续积极采取行动应对气候危机，遵守《巴黎协定》的相关条款，降低温室气体排放总量，大力发展可再生能源经济，为了全人类的安全而努力，并表示特朗普政府的行为阻碍了美国的发展。截至2017年6月3日，美国10位州长以及华盛顿特区市长加入了“美国气候联盟”（United States Climate Alliance），包括纽约州、加利福尼亚州等，以表达对特朗普政府这一举措的不满，和维护《巴黎协定》的决心。欧盟、中国坚定支持《巴黎协定》，成为推动气候谈判的主力。种种迹象显示，减缓温室气体排放，推进气候治理日益成为全人类的共识并因此构成推动气候谈判的坚固民意基础。然而技术性难题仍尚待解决。目前来看，《巴黎协定》的实施细则成为下一步各国谈判的焦点，如何推动《巴黎协定》实施细则制定以及通过塔拉诺阿对话机制来设定《巴黎协定》2020年减排目标，将成为提升气候谈判雄心奠定基础。

第三节　国际气候谈判对立的基本格局及其实质

一、南北对立的基本格局

南北对立的基本格局一直以来是国际气候谈判国际间的基本格局。南北对立的实质仍是发达国家与发展中国家的对立关系。自1991年联合国启动国际气候公约谈判开始，发展中国家就强调发达国家在气候变化问题上的历史责任，其依据是发达国家自工业革命以来温室气体排放的历史责任问题，发展中国家认为由于发达国家优先工业化所导致的历史上过量排放以二氧化碳为代表的温室气体是导致目前全球气温增高的主要原因。由此，发达国家在气候变化问题上承担历史责任是应当且必需的，联合国气候公约应在相关条款中明确体现相关责任，并进而明确南北公平和“共同但有区别责任”原则。发达国家则基于目前排放的现实出发，认为目前以中国、印度为首的发展中大国必须做出减排承诺，否则发达国家的减排势必沦为无用功，其依据是包括中国、印度在内的发展中大国的温室气体排放量占据国际温室气体排放量的巨大比例，且排放量不断加大。

发达国家与发展中国家之间在减排义务上的谈价还价其实质是对各集团及其集团内部未来发展空间的争夺。发展中国家当然希望争取未来的发展空间，不能因为时间问题，使得发展中国家丧失掉以前发达国家所拥有的发展空间。发达国家同样不愿失去对未来全球战略的领导权，如此就不能将发展权拱手向让了。对未来发展权的争夺是全球减排义务分配争论不休的关键所在。

二、南北内部利益关系的重组分化

基于对发展权争夺的视角考虑，可以清晰地剖析南北集团内部利益关系方的重组分化。

在发达国家内部，以美国为首的伞形国家集团，包括俄罗斯、乌克兰国等组成。伞形国家集团或者还拥有较大的发展空间，或者由于其能源储备较为丰富，或者由于其能源使用效率较高，或者由于经济衰退从而握有大量“热空气”排放权。总而言之，上述伞形国家集团内部国情虽各不相同，但均赞成弹性机制，即通过排放贸易和吸收汇缓解本国减排压力。其共同点在于，弹性机制可以在全球气候治理与温室气体减排历程中，有效维护了伞形国家内各个成员国的利益。比如，世界最大的发达国家美国由于希望保持其发展权与发展空间，希望通过排放贸易和吸收汇等灵活机制来缓解来自本国的减排压力，其目的在于最大限度拓展未来自身的发展空间；俄罗斯、乌克兰等东欧国家则由于经济衰退，握有大量“热空气”排放权，本国经济内生化发展的动力不足，温室气体排放对其未来发展空间并不构成约束，相反，上述东欧国家则希望通过弹性机制的引入来通过“热空气”排放权的买卖来给本国换来可观的外汇收入。总之，正是由于弹性机制契合了包括美国在内的伞形国家集团的国家利益，才使其组成联盟并大力支持在全球气候治理过程中引入并大力发展弹性机制。

欧盟的经济发展处于较为成熟的阶段，经济的发展空间相对不大，人们普遍关注的是环境问题，对政府此方面的监督也较为积极。如此，欧盟国家普遍上重视的是以全球增温为主要特征的全球气候变化问题，唯恐破坏其区内冬暖夏凉的优越自然环境。事实上，衍生于气候变化问题的低碳经济概念及其研究与实践就是诞生于工业革命的发源地英国。北欧诸国，包括丹麦、芬兰、瑞典等国家则是低碳经济发展较好的国家。比利时、法国、卢森堡、法国等国也拥有较强的减排动力。世界先进且成熟的温室气体排放交易系统 ETS 系统就诞生于欧盟国家并成功运营多年，为国际社会所瞩目并学习之。相当稳定的经济发展态势，先进的技术支持与制度安排与重视环保的社会意识与风俗，使得欧盟站在了温室气体减排的最前沿，而且欧盟也是力主国（区）内有效减排的支持者。

在南方国家内部，主要以 77 国集团与中国等大国组成。77 国集团于 1967 年在联合国贸易与发展会议支持下成立，属于发展中国家联盟。77 国集团支持《京都议定书》中“共同但有区别责任”原则，认为发达国家对全球变暖负有历史责任，由于发达国家对全球变暖的历史责任，导致全球生态环境脆弱，并给发展中国家国内造成了包括异常灾害在内非传统安全威胁，要求发达国家对发展中国家提供资金以抵御灾害，保护环境。当然在发展中国家内部，由于中国与印度作为发展中大国，具备21世纪发展的优越的要素组合，但仍处于较为落后的经济状态与人民生活水平的不宽裕，在国内强大的经济发展压力下，依托宽广纵深的大陆地形，使客观上气候变化对其产生的负面影响不是过于强烈。而包括中印在内的发展中大国将发展视作未来政府的第一要务。如此，则在兼顾温室气体排放的条件下，中印等发展中大国势必仍以经济发展列为第一要务。实际上，在减少二氧化碳排放的情况下，能够最大限度地促进经济发展本身就是低碳经济所应具有的内在含义。低碳经济不是简单的减少碳排放的“低碳”，不是简单的环境工程领域关注的问题，也不是经济增长所代表的经济学所关注的问题。当然，比之于中国、印度等发展中大国，小岛屿国家也是发展中国家集团的重要组成部分，全球气候变化所导致的海平面上升已然对小岛屿国家人民的生存产生了巨大的威胁，毫不夸张地讲，小岛屿国家由于全球气候变化有家破人亡的，流离失所的巨大威胁。面对着国家灭亡，生灵迁徙的威胁，小岛屿国家必然在如此重大的威胁面前采取并支持出台气候政策。由于大国在全球气候治理中所扮演的举足轻重的地位，小岛屿国家迫切要求世界各国大力减排温室气体，当然这也包括中印在内的发展中大国的要求，确保最大限度的减少温室气体排放，确保国家生存安全。

三、国际上碳减排方案设计的关键影响因素

1. 全球公共物品与外部性影响减排方案设计

二氧化碳作为全球公共物品的属性决定了在不同区域的减排对于全球环境而言会产生同一的环境效应。由于减排必然产生减排成本，而环境效果却与未减排国家共同承担，这使得各国在减排行动上存在强烈的“搭便车”倾向。对于一国之内的环境问题，政府部门可以通过征税、行政管制等方式解决，但当前并不存在一个凌驾于主权国家之上的组织或法律可以强制一国执行解决气候变化问题的有关决议，而且气候变化及其治理过程伴随着重大的利益分配与调整问题，使得达成有效解决方案的基础极其薄弱，因为它要求必须满足所有参与主体的利益诉求，否则难以达到激励相容的基本要求。各国基于以上缘由，在向联合国气候大会所提交的减排方案中往往具有弱化自身的减排义务，最大化降低减排对于自身的经济社会冲击，而强化对别国减排义务的倾向。这构成了

全球减排方案难以形成的重要原因，各国通过所设计的减排方案的过程同时也成为向别国提出碳减排义务的过程。

2. 碳减排方案设计涉及的关键影响因素①

第一，是以历史排放还是现实排放作为减排方案设计的基础。众所周知，发达国家的高排放支撑着其整个工业化的进程，根据美国世界资源研究所的研究和统计，1850～2005 年的 155 年间，全球共计排放二氧化碳 11222 亿吨，发达国家共排放了 8065 亿吨，占全球总量的 72%。发展中国家基于这个理由，要求全球性的减排方案中应该正视发达国家对于历史上的二氧化碳等温室气体的排放责任，并要求发达国家率先并更多的承担减排义务。发达国家则认为包括中国、印度在内的发展中国家温室气体排放量在全球排放总量中占有了越来越大的比重，并将逐渐成为未来温室气体排放的主力。因此，在发达国家提出的减排义务分担方案中，往往反对仅以历史责任为标准来分配减排责任，他们要求发展中国家，尤其是发展中大国也承担强制减排责任。

第二，是否以人均排放量作为对比排放量的基础设计减排方案。发展中国家及不发达国家大多属于人口大国，强调人与人之间平等的发展权，认为应当将人均排放量作为减排方案设计遵循的重要基础。这既是对发展中国家发展权的保护，也是对作为平等个体人权利的捍卫。但发达国家认为，实际上包括中国、印度在内的发展中国家整体温室气体排放量已远远大于发达国家，对于全球环境产生不可逆的影响，他们更倾向于将国家作为对比排放量的单位，进而以所谓“公平原则”为依据要求发展中国家承担更多的减排义务。这样一来，发展中国家在国际竞争中就会永远的依附于发达国家②。

第三，减排能力能否作为减排方案设计的主要参考因素。由于经济发展水平不同，各国应对气候变化的能力存在极大的差异。发达国家无论是在资金还是技术上都遥遥领先于发展中国家，因而具备较强的减排能力。发展中国家认为发展经济与消除贫困仍然是其第一要务，按照公

---

① 陈贻健、陈敬根：《国际碳减排义务分担方案评析及完善》，载于《大连海事大学学报（社会科学版）》，2016 年第 6 期，第 33－40 页。

② 李开盛：《论全球温室气体减排责任的公正分担——基于罗尔斯正义论的视角》，载于《世界经济与政治》，2012 年第 3 期，第 39～56 页。

平原则，发达国家的排放中多为奢侈排放，而发展中国家则多为生存排放。① 因而，发展中国家应具有生存优先权。然而，另一种来自发达国家的声音则认为，将减排能力作为影响减排责任分担的要素缺乏法理上的支持。理由在于，正如贫穷不能使盗窃免责一样，缺乏减轻损害的资源以及能力匮乏不能成为应对气候变化责任的抗辩，基于能力或发展不足而取消减排义务长远看是对包括自身在内的人类社会与生物圈不负责任的体现②。

第四，碳排放转移是否需要纳入减排方案设计考虑因素之中。发达国家在完成工业化进程的过程中深深意识到工业化生产对环境造成的损害，因此纷纷将高排放、高污染的产业搬往发展中国家，使得发展中国家成为发达国家的代工厂。这一举措固然带动了发展中国家的经济发展，使得出口成为中国等发展中国家经济发展的重要引擎，但这些活动同时也带来了大量的碳排放。例如，与中国对美国、日本等大部分发达国家的商品贸易顺差相伴而生的是“碳贸易顺差”，也就是说，中国生产出口货物所造成的碳排放量要高于其所进口货物的生产在国外造成的碳排放量，由此可以得出的结论是：进出口贸易实际上增加了中国的碳排放量。

四、国际气候谈判过程中不同国家的态度

以气温增高为主要代表的气候变化的影响，以及对气候变化减缓和适应气候变化的影响均具有利益不均衡性。气候变化的影响是具有区域性特点的，一方面，气候变暖可能给一些地区带来发展机遇，却可能给另一些地区带来灭顶之灾。如上文所述的加拿大地区，气候变暖带来了更好的农业生产条件，而对太平洋小岛国（如 AOSIS）和低海拔国家（如孟加拉国）来说，海平面上升直接就是国家生死存亡的问题。另一方面，减排也给不同国家、地区或经济部门带来了利益的不均衡。例如，石油输出国组织（OPEC）担心减少温室气体排放会减少对石油消费的影

---

① 杜志华、杜群：《气候变化的国际法发展——从温室效应理论到〈联合国气候变化框架公约〉》，载于《现代法学》，2002 年第 5 期，第 145 ~ 149 页。

② Kotov V., Nikitina E. Norilsk Nickel: Russia wrestles with an old polluter [J]. Environment: Science and Policy for Sustainable Development, 1996, 38 (9): 6 – 37.

响，这势必会影响到石油输出国组织成员国的经济发展。发展中的大国当然要求发展的权利，不愿过早地参与限排或减排。发达国家则把发展中国家有意义的参与作为批准《京都议定书》的最低条件（主要是美国）。

如上文所述，国际气候谈判的发展进程，大体经历了三个阶段。第一阶段谈判过程中，发展中国家团结一致，强调发达国家在气候变化问题上的历史责任，要求在公约有关对策实施条款中明确体现南北间的公平和“共同但有区别责任”的原则，其目的在于要求发达国家做到权力与义务的平衡，毕竟发达国家已经率先实现了发展并是发达国家历史上的发展排放了过量的温室气体，并通过累计效应影响到了现在全球气温变化。第二阶段则仍依旧维持了南北对立的基本格局，但内部矛盾开始显现，在反对为发展中国家增加新义务的斗争中。第3阶段谈判过程中，《联合国气候变化框架公约》第3次缔约方会议（即京都会议）通过了《京都议定书》，在为附件1国家（发达国家和转轨国家）制定了具有法律约束力削减目标的同时，也引入了三个灵活机制，灵活机制的引入使得发展中国家集团内部出现利益分歧，其原因在于部分发展中国家（如巴西、墨西哥等国）由于本国大量的碳汇或过剩碳排放权，使可以通过灵活机制获取相当可观的国家利益，于是，出现发展中国家集团内部分化的趋势。

从气候变化国际谈判中主要利益集团的力量对比来看（见图13－1），围绕《京都议定书》的批准生效，气候变化国际谈判中呈三足鼎立之势的欧盟—美国（进而伞形集团）—发展中大国，后京都时代气候谈判的结果如何取决于这三股力量的较量与妥协。

首先，欧盟（EU）是国际气候谈判的最初发动者，一直是全球减排最主要的推动力量，并希望担当谈判领导者的角色。欧盟当然希望自身历经千辛万苦所推动的国际气候谈判达成的《京都议定书》能够获得批准生效，而不是半途而废。欧盟积极推动国际气候谈判也有利用自身在减排成本方面的比较优势，抬升国际市场竞争力方面的考虑，对手主要针对美国。美国作为世界最大的温室气体排放国，1990年排放量占全球总排放量约1/4，占附件Ⅰ国家排放量之和的近36.1%。早在京都会议之前，美国众议院就通过了一项决议，为其批准《京都议定书》设定了前提条件，包括“海外减排机制”和主要发展中国家“有意义的参与”

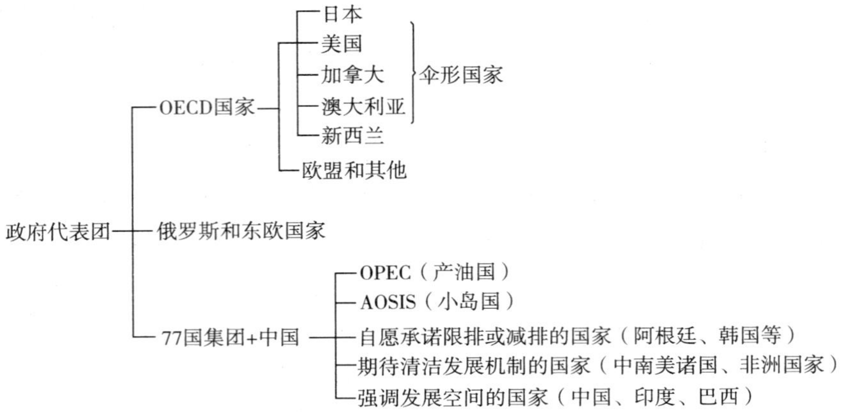

图 13－1　参加缔约方会议的不同国家集团

等。在美国，社会各界（政府、学术界、工业界、环境团体）对美国减排成本还未达成共识。民主党出身的奥巴马政府上台后其气候政策比之于保守的共和党小布什政府略为积极，但所提出的《美国清洁能源与安全法案》（ACES）仍强调排放贸易的重要性，并将短期目标设置较低，易于实现。以美国为代表的“伞形”国家集团注重灵活机制的作用，主张对灵活机制的应用不加任何限制。美国、日本、加拿大等少数发达国家执意推销所谓的“抵消排放”和“换取排放”方案，并试图以此代替减排。即不想真正减少本国温室气体的排放，而是以现有植被或新植植被吸收二氧化碳的能力抵消本国的超标排放，或者在发展中国家实施 CDM 项目，来换取在本国继续大量排放温室气体的指标。

其次，日本作为 1997 年京都会议的东道主，在调和各方意见分歧方面发挥了很大作用，表现了相对灵活的积极态度。当然，作为岛屿国家的日本也认识到气温升高，海平面上升对其所产生的包括海岸线侵蚀，沿海工业遭受冲击等各种非传统安全威胁。日本政府经过试算所确定的温室气体减排目标是在 1990 年基础上减少 2.5% 的排放。而 6% 的温室气体减排承诺目标（出于东道国的考虑）如何来实现确实是个难题。日本政府一方面主张提高清洁能源与可再生能源利用比例，另一方面则主张最大限度地利用吸收汇和京都机制。

最后，发展中国家方面，1998 年 11 月，在阿根廷召开的国际气候公约第四次缔约方会议，通过了《布宜诺斯艾利斯行动计划》。会上，一直以整体出现的发展中国家集团围绕如何履行《京都议定书》义务显现出分化的征兆，但就确保南北间义务分担的公平性问题仍保持了空前的团结。从 COP4 的交涉过程可以看出，发达国家具有明确的战略和团结力，而发展中国家却分裂为 3 个集团：第一集团，自愿承诺削减目标的国家，如阿根廷和韩国，它们是减排目标全球化的推进者；第二集团期待 CDM 的国家。这些国家把 CDM 作为获取外汇的渠道，期望 CDM 尽早实施能给本国带来经济收益，如南美的墨西哥和巴西，以及最不发达的非洲国家；第三集团对于作为共有资源的大气的交易主张公平性和权利的国家，如中国和印度，不希望承诺减排义务，要求为经济起飞赢得环境发展空间。

第四节　碳排放的国际合作

一、碳排放国际合作的纽带：《京都议定书》三种灵活机制

《联合国气候变化框架公约》强调："应对气候变化的政策和措施应当讲求成本效益，确保以尽可能低的费用获取全球效益"。1997 年 12 月，《联合国气候变化框架公约》第三次缔约方大会通过了全球第一个规定温室气体减排数量的国际协议——《京都议定书》。2005 年 2 月 16 日《京都议定书》正式生效。正是基于成本与效益角度考虑，《京都议定书》规定了三种灵活机制，即清洁发展机制（clean development mechanism，CDM）、联合履约（joint implementation，JI）与国际排放贸易（international emission trade，IET/ET）。通过引入上述三种灵活机制，奠定了全球气候治理的基础性工作，为碳市场的发展打下基础。也为国际合作提供了机制与操作可能。

基于各国国情不同，《京都议定书》区分了附件 I 国家与附件 II 国家，其中附件 I 国家以发达国家与经济转型国家为主，附件 II 国家则以大多数发展中国家为主。如上文所述《京都议定书》是全球第一个规定全球温室气体排放数量的国际协议，在《京都议定书》硬性条件约束

下，每个国家的碳排放权利与碳排放空间对该国构成了一种稀缺的资源，这一资源是该国发展权与发展空间的一种重要代表。由于二氧化碳并不类似于二氧化硫等地区性污染物，其高度扩散性导致其对全球性的影响远大于对污染源地区的影响，其影响也是长期性的。事实上，在世界上任何一个地方排放二氧化碳为代表的温室气体均会对地球产生相同的增温效应，由此，温室气体的排放和减排就具有了可替代性。另一方面，由于碳减排需要成本，但是每一个国家的减排成本却又是不同的，所以在相同减排额度的情况下，追求减排成本的最小化就构成了国际社会追求的目标。这样，作为一种资源，碳排放权就形成了一种产品，其本身内化凝结了一定的价值，并可通过资源配置的方式确保实现减排成本效益比最小化。显然，引入灵活机制所构造的清洁发展机制、联合履约与国际排放贸易正是基于以上原理所构造的。

清洁发展机制、联合履约和国际排放贸易共同构成了国际碳市场的主要组成部分。由此，一个国家当然有明显的两种渠道来实现减排：一是通过自己努力实现减排目标，即自身减排；二是通过进入碳市场购入排放额度。显然，边际排放成本与排放额度价格决定了国家考虑选择上述渠道中的第一个或第二个。其前提是一国的允许排放额度是不足以满足其温室气体排放量的。在被约束的碳排放市场内，一国势必会考虑减排成本、排放额度价格、甚至罚款之间的比例关系。如果一国的减排成本高于购买的排放额度价格，该国将进入排放市场购买排放额度。同时，拥有过剩排放额度的国家则通过出售排放额度换取一部分利润。在成熟且规范化的碳排放市场内，最终会形成一个均衡价格，在该均衡价格下，所有企业的边际减排成本都是相等的，如此则保证了通过碳市场可以最低成本实现给定的减排目标。《京都议定书》之所以区分附件Ⅰ国家与附件Ⅱ国家，其目的就在于对有硬性碳排放约束的国家集团与无硬性碳排放的国家集团之间及其内部通过引入灵活机制，实现碳排放成本效益的最优化。

二、清洁发展机制介绍

清洁发展机制（CDM），是指《京都议定书》中引入的灵活履约机制之一。核心内容是允许其缔约方即发达国家与非缔约方即发展中国家进行项目级的减排量抵消额的转让与获得，从而在发展中国家实施温室气体减排项目。对发达国家而言，清洁发展机制提供了一种灵活的履约机制；而对于发展中国家，通过清洁发展机制项目可以获得部分资金援助和先进技术（见图 13－2）。

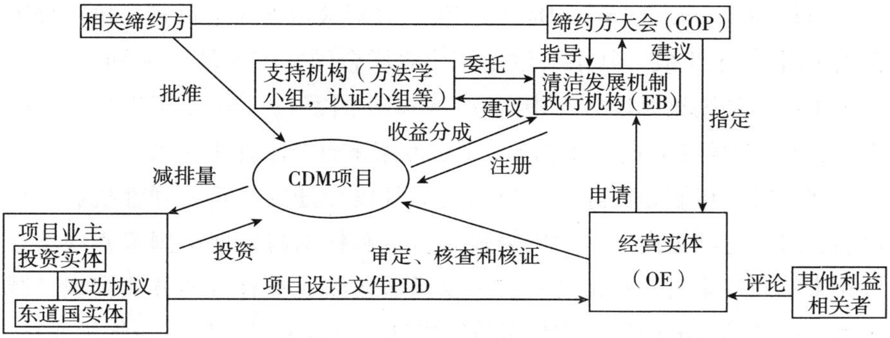

图 13－2　清洁发展机制运行

资料来源：杜姣、万玉秋、张汉文：《清洁发展机制实践及理论研究进展》，载于《环境保护科学》，2007 年第 4 期，第 121～124 页。

清洁发展机制的参与方主要由附件Ⅰ内的发达国家与附件Ⅱ内的发展中国家构成。清洁发展机制的设计原理为：该机制下允许附件Ⅰ国家在非附件Ⅰ国家的领土上实施能够减少温室气体排放或者通过碳封存或碳汇作用从大气中消除温室气体的项目，并据此获得“经核证的减排量”，即通常所说的 CER。附件Ⅰ国家可以利用项目产生的 CER 抵减本国的温室气体减排义务。CDM 项目必须满足：（1）获得项目涉及的所有成员方的正式批准；（2）促进项目东道国的可持续发展；（3）在缓解气候变化方面产生实在的、可测量的、长期的效益。CDM 项目产生的减排量还必须是任何“无此 CDM 项目”条件下产生的减排量的额外部分。

参与 CDM 的国家必须满足一定的资格标准。所有的 CDM 参与方必须符合三个基本要求：自愿参与 CDM；建立国家级 CDM 主管机构；批准《京都议定书》。此外，工业化国家还必须满足几个更严格的规定：完成《京都议定书》第三条规定的分配排放数量；建立国家级的温室气体排放评估体系；建立国家级的 CDM 项目注册机构；提交年度清单报告；为温室气体减排量的买卖交易建立一个账户管理系统。CDM 包括几方面的潜在项目：（1）改善终端能源利用效率；（2）改善供应方能源效率；(3) 可再生能源；(4) 替代燃料；(5) 农业（甲烷和氧化亚氮减排项目)；(6) 工业过程（水泥生产等减排二氧化碳项目，减排氢氟碳化物、全氧化碳或六氟化硫的项目)；(7) 碳汇项目（仅适用于造林和再造林项目)。

执行理事会负责监管 CDM 的实施，并对成员方大会负责。执行理事会由 10 位专家组成，其中 5 位专家代表联合国官方区域（非洲、亚洲、拉丁美洲、加勒比海地区、中东欧、OECD 国家)；1 位专家来自小岛国组织；2 位专家来自附件 I 国家；2 位专家来自非附件 I 国家。

清洁发展机制是国际社会应对全球气候变迁的最重要弹性机制。该机制通过发达国家向发展中国家输入资金和技术与发展中国家开展项目合作来实现双重目标：帮助发达国家灵活地以成本有效的方式实现其减排承诺；帮助发展中国家实现可持续发展，并采取措施以减缓气候变化。清洁发展机制不但具有抑制温室气体排放的功能，还能为参与国带来巨大商机，所以成为各国政府与企业重点发展的工作。

三、联合履约机制介绍①

联合履约是指发达国家缔约方 A 与 B 之间通过项目级的合作，减排能力较强的发达国家递约 A 将其所实现的减排额度，可以转让给发达国家缔约方 B，但是同时必须在转让方的“分配数量”配额上扣减相应的额度（见图 13－3)。《京都议定书》第六条规范了联合履行，系附件 I 国家之间在监督委员会（Supervisory Committee）监督下，进行减排单位核证与转让或获得，所使用的减排单位为“排放减量单位”（emission reduction unit，ERU)。联合履约机制要满足以下几个条件：(1) 任何这类项目须经有关缔约方批准。不管联合履约项目具体是由缔约方还是缔约方境内的企业法人、其他组织实施，必须经过相关缔约方的批准，也就是说相关缔约方对是否实施联合履约项目有充分的自主权和决定权。(2) 任何这类项目须有削减源的排放或增强汇的清除，这一削减和增强是对任何以其他方式发生的削减和增强的补助。

① 韩耀斌：《简析联合履约机制》，载于《商业文化》，2007 年第 9 期，第 182～184 页。

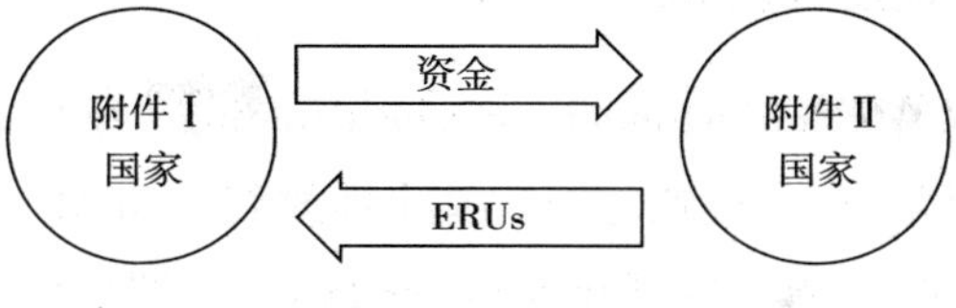

图 13－3　联合履约机制示意

联合履约项目转让和获得减排单位的合格性要求：(1) 该缔约方必须是《京都议定书》的缔约方，仅是 UFNCCC 的缔约方是不够的。(2) 接受《京都议定书》关于遵约程序和机制的规定，受其有关规定的约束。(3) 按照《京都议定书》第七条第四款规定的分配数量核算方式，根据《京都议定书》第三条第七款和第八款的规定确定了其分配数量。(4) 按照第五条第一款和按照该款确定的指南中的要求，有一个估计所有非《蒙特利尔议定书》管制的温室气体的人为排放量和人为汇清除量的国家制度。(5) 按照《京都议定书》第七条第四款和该款确定的指南中的要求，有一个国家登记册。(6) 业已根据第五条第二款和第七条第一款就《京都议定书》附件 A 部门/源类别温室气体的排放提交了现有最近一份年度清单，并且继续提交其年度清单。(7) 根据第七条第一款和按该款确定的指南中的要求提交了关于分配数量的补充资料，并按照第三条第七款和第八款对分配数量做了任何增减，包括根据第七条第四款和按该款确定的指南中的要求就第三条第三款和第四款之下的活动提供了补充资料。(8) 按照第十七条附件的第六至九条保持其承诺期储备。

关于执行《京都议定书》第六条的指南（以下简称《指南》）中对联合履约项目的实施规定了两种核查程序。第一个程序是：若被认为符合这份指南中第十八款所列的资格要求，项目所在的缔约方可按照第六条第一款 b 项，将通过第六条项目实现的人为排放量的减少或人为汇清除量增加核定为以其他方式减少排放量和增加清除量之外的额外效果，据此核查，所在的缔约方可按照分配数量核算方式的有关规定发放适当数量的减排单位。第二个程序是：在东道国达到所有合格性要求之前开始联合履约项目的运作。但是，在有能力发布和转让减排单位之前，东道国需至少满足与其分配数量相关的合格性要求以及设立其国家登记册。

四、国际排放贸易机制介绍①

国际排放贸易（lnternational emissions trading，IET），是《京都议定书》中引入的灵活履约机制之一。国际排放贸易机制（IET）指的是一个发达国家，将其超额完成减排义务的指标，以贸易的方式转让给另外一个未能完成减排义务的发达国家，并同时从转让方的允许排放限额上扣减相应的转让额度。

国际碳排放交易主体的需求方包括承担《京都议定书》减排承诺以及自愿承担减排义务的政府和企业。国际碳排放交易主体的需求方具体可分为以下三类：一是在《京都议定书》下承担减排责任的政府。二是中介机构。中介机构一般从发展中国家买入减排单位，然后选择在交易所出售来赚取差价。三是自愿性减排市场买方。国际碳排放交易主体的供给方主要是广大发展中国家，以及虽然承担减排义务，但仍具有剩余减量单位出售的发达国家。国际排放交易市场的供给方可分为以下三类，（1）转型期国家，如中东欧国家；（2）发展中国家；（3）可以出售减排配额的发达工业化国家。供需方之间的关系如图13－4所示。

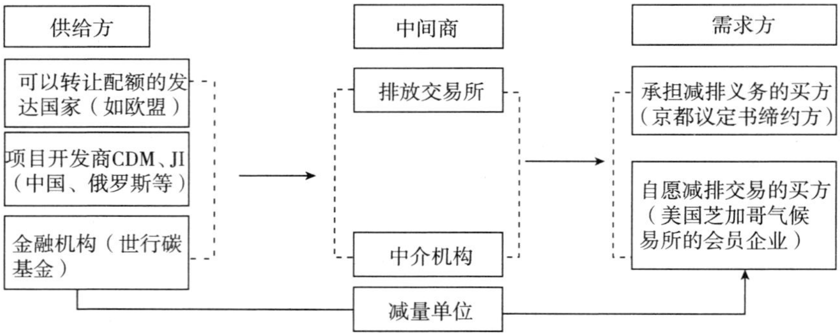

图13－4　国际排放交易市场参与方关系

资料来源：李丽萍：《国际碳排放交易机制研究》，中南大学硕士论文，2011年。

国际排放交易属于排污权交易的一种。根据世界银行定义，它是指一方凭购买合同向另一方支付以使温室气体排放减少或获得既定量的温

① 李丽萍：《国际碳排放交易机制研究》，中南大学硕士论文，2011年。

室气体排放权的行为①。

广义上讲，国际排放交易的交易对象包括二氧化碳、甲烷、氧化亚氮、全氟化物、六氟化硫等温室气体。现阶段国际排放交易市场上进行的主要是二氧化碳排放权交易，故而被称之为碳交易市场。该市场下买方可通过碳排放交易达到减排承诺及减缓气候变化的双重目的。支付形式由以下一种或多种组成：现金、股权、债券、可自由兑换的债券或凭证、提供对等偿付服务（如提供减排技术）等。

国际碳市场的机构从减排强制程度、辖区范围和贸易标的物三方面予以分层，如13－5所示。

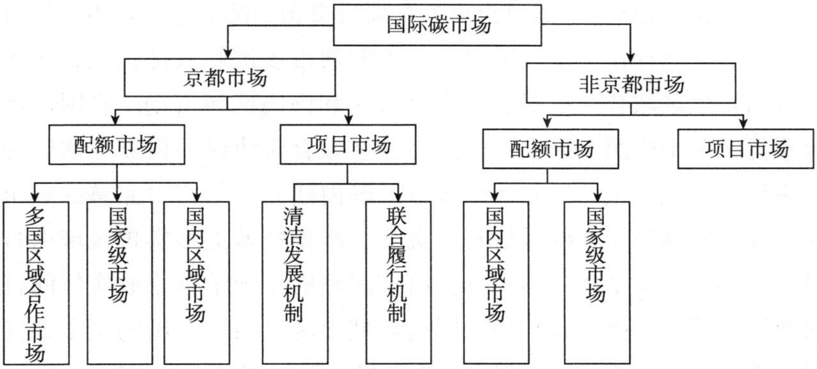

图13－5　国际碳市场结构

根据减排强制程度可分为强制性和自愿性两类。强制性减排交易是一种以行政命令为主导、市场机制为手段的贸易行为。自愿减排交易则是一种建立在基于法律约束的自愿承诺之上的贸易行为。国际碳排放市场按照减排强度划分为京都市场和非京都市场。非京都市场由非《京都议定书》缔约方建立的碳排放交易市场，属于自愿减排交易市场。

京都市场和非京都市场按照贸易标的物不同分为配额市场和项目市场。由于碳排放贸易标的物为碳排放权，而碳排放权可分为两类：排放配额和基于项目的减量单位。因此，京都市场和非京都市场下按照贸易

① Karan Capoor & Philippe Ambrosi. State and Trends of the Carbon Market. The World Bank Institute（Eds）。2006，2007，2008.

标的物种类可分为配额市场和项目市场。配额市场是指专门买卖由管理者所确立、分配或拍卖的排放配额市场。基于配额的市场通过设定绝对排放上限和密集度目标，建立市场，使得参与者能够以最低减量成本达成减排承诺。管理者可采取某种分配原则规定参与者排放上限，并发行等量排放许可给参与者，参与者则在衡量减排成本与市场交易成本孰高孰低基础上，选择是否通过温室气体减排技术的投资或碳排放交易市场来达到其个别的温室气体减排承诺的目的。

项目市场是指专门从一个经核实减排的项目中产生的排放信用市场。项目制的交易标的是个别温室气体减排计划所产生的减排额度，如清洁发展机制（CDM）项目产生的经核实的减排量及联合履约机制（JI）产生的减量单位（EDU）。需要指出的是项目市场和配额型市场不是绝对划分的，二者之间存在交集。项目市场和配额市场按照减排辖区大小不同又可分为多国区域合作市场、国家级市场和国内区域市场。多国区域合作市场是指两个或两个以上的国家达成区域合作协议并设立专职管理机构，由该管理机构主导，在多国区域范围内建立一个相对完整的碳市场体系，确保各缔约方的碳排放权、资金、减排技术能够实现区域内自由流动。国家级市场是在一国内部，由该国政府主导下各排放实体间进行碳排放贸易形成的国内碳市场。国内区域市场是指以一国的某个地区为交易范围，在该地区行政部门主导下各排放实体间进行碳交易。

如前文所述的清洁发展机制和联合履约即是基于项目的市场，而基于配额（又被称为排放许可证）的市场主要为国际排放交易。清洁发展机制与联合履约作为基于项目的机制，前者是在附件 I 国家与附件 II 中国家之间展开；后者是在附件 I 国家内部之间展开，主要是附件 I 国家内部的发达国家与经济转型国家之间展开合作。其相同机理均是高减排成本国提供资金、技术，在低减排成本国实施减排项目，高减排成本国可获得项目活动产生的经核实的减排量，以抵消自己承担的部分减排量，低减排成本国则获得资金及先进绿色技术，双方各有所需，实现双赢。如前文所述配额市场与项目市场并非绝对划分，两者之间存在交集。附件 I 国家之间也并非仅能通过基于项目的联合履约建立减排合作关系。事实上，目前大力开展并倡导的是在附件 I 国家之间进行碳排放交易的排放交易机制，比如前文所说的国际排放贸易（IET/ET）。碳排放贸易正是一种基于限额预贸易机制，属于排放权贸易的一种。

参考文献

［1］庇古：《福利经济学》，华夏出版社 2007 年版。

［2］才凤敏：《引导低碳消费的政策分析及工具选择》，载于《南京工业大学学报（社会科学版）》，2003 年第 3 期。

［3］陈晓春、张喜辉：《浅谈低碳经济下的消费引导》，载于《消费经济》，2009 年第 4 期。

［4］陈贻健、陈敬根：《国际碳减排义务分担方案评析及完善》，载于《大连海事大学学报（社会科学版）》，2016 年第 6 期。

［5］陈迎：《中国在气候公约演化进程中的作用与战略选择》，载于《世界经济与政治》，2002 年第 5 期。

［6］陈志恒：《日本构建低碳社会行动及其主要进展》，载于《现代日本经济》，2009 年第 6 期。

［7］董丽：《我国环境与资源税费制度的现状与缺陷》，载于《青海环境》，2006 年第 12 期。

［8］董小林主编：环境经济学，人民交通出版社 2005 年版。

［9］杜姣、万玉秋、张汉文：《清洁发展机制（CDM）实践及理论研究进展》，载于《环境保护科学》，2007 年第 4 期。

［10］杜婷婷、毛锋、罗锐：《中国经济增长与 CO_2 排放演化探析》，载于《中国人口·资源与环境》，2007 年第 2 期。

［11］杜志华、杜群：《气候变化的国际法发展：从温室效应理论到〈联合国气候变化框架公约〉》，载于《现代法学》，2002 年第 5 期。

［12］段红霞：《气候变化经济学和气候政策》，载于《经济学家》，2009 第 8 期。

［13］高学文：《海洋碳汇中碳金融发展前景与对策》，载于《中国国际财经》，2018 年第 4 期。

［14］顾钰民著《马克思主义制度经济学》，复旦大学出版社 2005 年版。

［15］郭新力：《国外绿色税制建设及对我国的启示》，载于《林业经济》，2006 年第 4 期。

［16］韩耀斌：《简析联合履约机制》，载于《商业文化》，2007 年第 9 期。

［17］郝发义：《具有可操作性的碳足迹计算方法及具体实践》，载于《印刷技术》，2008 年第 16 期。

［18］胡广阔、李春梅、惠树鹏：《基于改进 STRIPAT 模型在碳排放强度预测中的应用》，载于《统计与决策》，2016 年第 6 期。

［19］环境保护部环境与经济政策研究中心：《发展低碳经济是必然选择．日本建设低碳社会的启示》，http：//www. 022net. com/2009/10 – 14/465668243184002 – 2. html。

［20］黄海：《发达国家发展低碳经济政策的导向及启示》，载于《环境经济》，2009 年第 11 期。

［21］黄英娜、张天柱、张锡辉：《生命周期成本评估的意义及理论依据》，载于《生态经济》，2005 年第 3 期。

［22］姜霞：《中国林业碳汇潜力和发展路径研究》，浙江大学博士论文，2015。

［23］焦念志、李超、王晓雪：《海洋碳汇对气候变化的响应与反馈》，载于《地球科学进展》，2016 年 7 月第 7 期。

［24］李华、陈飞平：《中国森林碳汇交易市场分析》，载于《农业与技术》，2018 年第 9 期。

［25］李开盛：《论全球温室气体减排责任的公正分担——基于罗尔斯正义论的视角》，载于《世界经济与政治》，2012 年第 3 期。

［26］李丽萍：《国际碳排放交易机制研究》，中南大学硕士论文，2011。

［27］李威：《WTO 与 UNEP 联合报告：〈贸易与气候变化〉》，载于《世界贸易组织动态与研究》，2009 年第 9 期。

［28］李忠民：《发展经济学：中国经验》，高等教育出版社 2011

年版。

［29］李忠民：《中国低碳发展研究》，经济科学出版社 2017 年版。

［30］李忠民、庆东瑞：《经济增长与二氧化碳排放脱钩实证研究：以山西省为例》，载于《福建论坛（人文社会科学版）》，2010 年第 2 期。

［31］李忠民、姚宇、庆东瑞：《产业发展、经济增长与二氧化碳排放脱钩关系的实证研究——以山西省建筑业为例》，载于《统计与决策》，2010 年第 1 期。

［32］林云华：《国际气候合作与排放权交易制度研究》，中国经济出版社 2007 年版。

［33］刘敏：《低碳经济背景下构建湖南低碳消费生活方式研究》，载于《消费经济》，2009 年第 10 期。

［34］刘天峰：《法国明确 2010 年将开征碳税》，载于《中国税务报》，2009 年 9 月 9 日。

［35］刘小川、汪曾涛：《碳税的国际比较及其对我国的启示》，载于《中国税务报》，2009 年 5 月 27 日。

［36］刘忠文：《生命周期评估——开展环境管理的重要工具》，载于《环境保护科学》，1998 年第 6 期。

［37］路超君：《中国城市低碳发展阶段与路径研究》，河南大学博士论文，2016 年版。

［38］路国强：《国际上与气候变化有关的排放贸易体系》，载于《环境保护》，2007 年第 6 期。

［39］罗纳德·H. 科斯：《财产权利与制度变迁：产权学派与新制度学派译文集》，格致出版社 2014 年版。

［40］马会领、陈大宇：《对我国水电发展现状、问题的浅析和建议》，载于《水力发电》，2017 年第 12 期。

［41］马建平：《贸易与气候变化的关联机理分析》，载于《当代经济管理》，2009 年第 12 期。

［42］马建英：《中国"气候威胁论"的深层悖论——以"内涵能源"概念的导入为例》，载于《世界经济与政治》，2009 年第 3 期。

［43］诺斯：《经济史中的结构与变迁》，上海三联书店 1991 年版。

［44］帕累托：《普通社会学刚要》，东方出版社 2007 年版。

［45］曲如晓、马建平：《贸易与气候变化：国际贸易的新热点》，

载于《国际贸易》，2009 年第 7 期。

[46] 任奔、凌芳：《国际低碳经济发展与启示》，载于《上海节能》，2009 第 4 期。

[47] 任晓松、赵涛：《中国碳排放强度及其影响因素间动态因果关系研究—以扩展型 KAYA 公式为视角》，载于《干旱区资源与环境》，2014 年 3 月第 3 期。

[48] 萨缪尔森、诺德豪斯：《经济学》，中国发展出版社 1992 年版。

[49] 赛迪智库：《欧盟、英国、美国、日本、韩国工业低碳发展政策以及碳市场建设大盘点》，中国碳交易网，http：//www.tanjiaoyi.com/article－19020－1.html［2016/10/10－2018/06/24］。

[50] 山口重克主编：《市场经济：历史·思想·现在》，社会科学文献出版社 2007 年版。

[51] 邵锋祥、屈小娥、席瑶：《陕西省碳排放环境库兹涅茨曲线及影响因素——基于 1978－2008 年的实证分析》，载于《干旱区资源与环境》，2012 年第 8 期。

[52] 沈阳著：《比较：制度经济和产权理论》，中国书籍出版社 2013 年版。

[53] 宋得勇、卢忠宝：《我国发展低碳经济的政策工具创新》，载于《华中科技大学学报在（社会科学版）》，2009 年第 3 期。

[54] 宋德勇、卢忠宝：《中国碳排放影响因素分解及其周期性波动研究》，载于《中国人口·资源与环境》，2009 年第 3 期。

[55] 唐丁丁：《日本发展低碳经济的启示》，载于《世界环境》，2009 年第 5 期。

[56] 王锋、吴丽华、杨超：《中国经济发展中碳排放的驱动因素研究》，载于《经济研究》，2010 年第 2 期。

[57] 王军：《气候变化经济学的文献综述》，载于《世界经济》，2008 年第 8 期。

[58] 王绮、魏冶：《基于非经济生物量的中国耕地碳汇空间分布研究》，载于《资源开发与市场》，2017 年第 8 期。

[59] 王玮玲：《西方低碳城市治理机制研究》，上海交通大学硕士论文，2011。

［60］王元璋著：《马克思恩格斯经济发展思想导论》，新疆人民出版社 1998 年版。

［61］王云忠等著：《马克思市场经济资源配置理论研究》，经济科学出版社 2010 年版。

［62］魏一鸣、刘兰翠、范英、吴刚等著：《中国能源报告（2008）：碳排放研究》，科学出版社 2008 年版。

［63］魏一鸣、刘兰翠、廖华：《中国碳排放与低碳发展》，科学出版社 2017 年版。

［64］魏颖、马军：《发展我国草原碳汇的公共政策研究》，载于《内蒙古农业大学学报（社会科学版）》，2013 年第 6 期。

［65］吴宣恭等著：《产权理论比较——马克思主义与西方现代产权学派》，经济科学出版社 2000 年版。

［66］吴易风主编：《马克思主义经济学与西方经济学比较研究》，中国人民大学出版社 2009 年版。

［67］席勒主编：史世伟等译：《秩序理论与政治经济学》，山西经济出版社 2006 年版。

［68］谢菲菲、王海燕：《食品供应链可持续发展的生命周期评估法》，载于《物流技术》，2005 年第 3 期。

［69］徐国泉等：《中国碳排放的因素分解模型及实证分析：1995—2004》，载于《中国人口·资源与环境》，2006 年第 6 期。

［70］薛进军：《中国低碳经济发展报告（2011）》，社会科学文献出版社 2011 年版。

［71］亚当·斯密：《国富论》，译林出版社 2011 年版。

［72］央视国际：《资源制约何以破解？》，载于《光明日报》，2004 年 09 月 20 日。

［73］杨红娟、李明云、刘红琴《云南省生产部门碳排放影响因素分析》，载于《经济问题》，2014 年第 2 期。

［74］杨楠楠：《以生命周期评估为方法论的服装产品碳足迹评估》，载于《毛纺科技》，2014 年第 9 期。

［75］杨瑞龙主编：《社会主义经济理论》，人民出版社 2008 年版。

［76］杨杨、杜剑：《低碳经济背景下欧盟碳税制度对我国的启示》，载于《煤炭技术》，2010 年第 3 期。

[77] 姚宇、韩翠翠：《Kaya 公式的扩展和产业低碳化发展研究——以陕西交通运输业为例》，载于《陕西行政学院学报》，2011 年 11 月第 4 期。

[78] 曾嘉：《低碳消费初探》，载于《湖南财经高等专科学校学报》，2010 年第 4 期。

[79] 张莉，陈云：《低碳经济与纺织可持续发展（四）——产品碳足迹核算与生命周期评估》，载于《印刷》，2011 年第 3 期。

[80] 张亮：《欧洲国家环境税制度对中国碳税政策的借鉴与启示》，载于《环境与发展》，2017 年 4 期。

[81] 张宇、孟捷、卢荻主编：《高级政治经济学》，经济科学出版社 2002 年版。

[82] 赵玉焕：《多边贸易体制在应对全球气候变化中的作用》，载于《世界贸易组织动态与研究》，2009 年第 9 期。

[83] 中共中央编译局：《马克思恩格斯选集》（第 3 卷），人民出版社 1995 年版。

[84] 中共中央编译局：《马克思恩格斯选集》（第 1 卷），人民出版社 1995 年版。

[85] 中共中央编译局：《资本论》，人民出版社 2004 年版。

[86] 中国科学院可持续发展战略研究组：《2009 中国可持续发展战略报告》，科学出版社 2009 年版。

[87] 2050 中国能源和碳排放研究课题组：《2050 中国能源和碳排放报告》，科学出版社 2009 年版。

[88] 2050 中国能源和碳排放研究课题组：《2050 中国能源和碳排放报告》，科学出版社 2009 年版。

[89] 中国社会科学院城市发展与环境研究所著：《重构中国低碳城市评价指标体系：方法学研究与应用指南》，社会科学文献出版社 2013 年版。

[90] 钟茂初、张学刚：《环境库兹涅茨曲线理论及研究的批评综论》，载于《中国人口·资源与环境》，2010 年第 2 期。

[91] 钟水映、简新华：《人口、资源与环境经济学》，北京大学出版社 2017 年版。

[92] 周宏春：《世界碳交易市场的发展与启示》，载于《中国软科

学》，2009 年第 12 期。

［93］周乃君主编：《能源与环境》，中南大学出版社 2008 年版。

［94］朱守先、梁本凡：《中国城市低碳发展评价综合指标构建与应用》，载于《城市发展研究》，2012 年第 9 期，第 93～98 页。

［95］庄贵阳：《温室气体减排的南北对立与利益调整》，载于《世界经济与政治》，2000 年第 4 期。

［96］庄贵阳、陈迎：《国际气候制度与中国》，世界知识出版社 2005 年版。

［97］庄贵阳著：《低碳经济：气候变化背景下中国的发展之路》，气象出版社 2007 年版。

［98］Action Plan for A chieving a Low-carbon Society［EB /OL］. http：// www. kantei. go. jp/foreign /policy/ondan2ka/final080729. pdf, 2008 －07 －29.

［99］Ang，B. W. ，Zhang，F. Q. ，Choi，K. H. Factorizing changes in energy and environmental indicators through decomposition［J］. Energy，1998，23（6）：489 －495.

［100］Baker，S. ，Eckerberg，K. Governance for sustainable development in Sweden：the experience of the local investment program［J］. Local Environment，2007，12（4）：325 －342.

［101］Brazil，Proposed Elements of a Protocol to the UNFCCC，presented by Brazil in response to the Berlinmandate，1997（FCCC/AGBM/1997/MISC. 1/Add. 3），Bonn：UNFCCC. http：//unfccc. int/cop4/resource/docs/1997/agbm/misc01a3. htm. Accessed on July 2，2009.

［102］Bruvoll，A. & Larsen，B. M. ，2002，Greenhouse Gas Emissions in Norway：Do Carbon Taxes Work?，Research Department.

［103］Bryner，G，2007，The Idea of a Carbon Tax，Utah climate policy symposium.

［104］Bulkeley，H. ，Kern，K. Local government and the governing of climate change in Germany and the UK［J］. Urban Studies，2006，43（12）：2237 －2259.

［105］Development Centre of OECD. The World Economy［R］. OECD，2006.

[106] Drouet, L. et al. Evaluation of a Swiss Carbon Tax With the Computable General Equilibrium Model, GEMINI-E3, Research Lab on the Economics and Management of the Environment. 2006.

[107] Ehrlich, P. R., Holden, J. P. A bulletin dialogue on the "closing circle": critique: one-dimensional ecology [J]. Bulletin of the Atomic Scientists, 1972, 28 (5): 16 –27.

[108] Elkins, P. & Baker, T., 2001, Carbon Taxes and Carbon Emissions Trading, Journal of Economic Surveys, 15 (3).

[109] European Parliament. 2008. Texts Approved by the European Parliament of Europe's Climate and Energy Package. Brussels. December 2008 Hubert, M. King 1956.

[110] Fan Ying, Liu Lan-cui, Wu Gang, Tsai Hsien-tang, Wei Yiming. Changes in Carbon Intensity in China: Empirical Findings from 1980 –2003 [J], Ecological Economics, 2007, 62: 683 –691.

[111] Hansen J, et al. 2007. Dangerous human-made interference with climate: a GISS model study. Atmos. Chem. Phys., 7: 2287 –2312IPCC. 2007a.

[112] Hanson, C & Hendricks Jr., J. R., 2006, Taxing Carbon to Finance Tax Reform.

[113] Human Development Report 2007/2008-Fighting Climate Change: Human Solidarity in a Divided World.

[114] IPCC. 2007. Climate Change 2007: Synthesis Report. Geneva: IPCC.

[115] Juknys Romualds. Transition Period in Lithuanis-do We Move to Sustainability? [J]. Journal of Environmental Research, Engineering and Management, 2003.

[116] Karan Capoor, Philippe Ambrosi. State and Trends of the Carbon Market. The World Bank Institute (Eds), 2006, 2007, 2008.

[117] Kotov, V., Nikitina, E. Norilsk Nickel: Russia wrestles with an old polluter [J]. Environment: Science and Policy for Sustainable Development, 1996, 38 (9).

[118] Ministry of Economy, Trade and Industry (METI) of Japan. 2006. New National b Energy Strategy. Tokyo. May 2006.

[119] OECD/IEA, 2003, Policies to Reduce Greenhouse Gas Emissions in Industry, Successful Approaches and Lessons Learned: Workshop Report.

[120] OECD. Indicators to measure decoupling of environmental pressure from economic growth [R]. Paris: OECD, 2002.

[121] P Baer, T Athanasiou, S Kartha and E Kemp-Benedict. The Greenhouse Development RightsFramework: The Right to Development in a Climate Constrained World, 2008 (revised second version). http://www.ecoequity.org/docs/TheGDRsFramework.pdf. Accessed on July 2, 2009.

[122] Stern, N. The Economics of Climate Change: The Stern Review [M]. Cambridge, UK: Cambridge University Press, 2006.

[123] Stern N. 2008. Key Elements of a Global Deal on Climate Change. The London School of Economics and Political Science (LSE). April 30, 2008.

[124] Streets, D. G., Jiang, K. J., et al. Recent Reductions in China's Greenhouse Gas Emissions [J]. Science, 2001, 294: 1835-1837.

[125] Tapio P. Towards a theory of decoupling: Degrees of decoupling in the EU and the case of road traffic in Finland between 1970 and 2001 [J]. Journal of Transport Policy, 2005, (12).

[126] UK Energy White Paper: Our energy future-creating a low carbon economy [R]. 2003.

[127] UK En P. Baer, T. Athanasiou, S. Kartha and E. Kemp-Benedict. The Greenhouse Development Rights Framework: The Right to Development in a Climate Constrained World 2008 (revised second version). http://www.ecoequity.org/docs/TheGDRsFramework.pdf.

[128] Yoichi Kaya., Impact of Carbon Dioxide Emission on GNP Growth: Interpretation of Proposed Scenarios [R]. Presentation to the Energy and Industry Subgroup, Response Strategies Working Group, IPCC, Paris, 1989.

[129] York, R., Rosa, E. A., Dieta, T. Bridging environmental science with environmental policy: plasticity of Population, affluence and technology [J]. Social Science Quarterly, 2002, 83 (1): 18-34.

[130] York, R., Rosa, E. A., Dieta, T. STIRPAT, IPAT and ImPAT: Analytic tools for unpacking the driving forces of environmental impacts [J]. Ecological Economics, 2003, 46 (3): 351-356.

后　记

《低碳经济学》是我们学术团队在低碳经济发展领域的又一重要的研究成果。这个学术团队是我带领的，由一批青年教师和博士生、硕士生组成的一个学术研究小组，成立于2004年7月。该团队以“中国发展经济学”为研究重点，强调从多个维度推进经济发展理论的中国化和解决中国现实问题。低碳经济发展是我们学术团队重点研究领域。二十多年来，在对中国发展经济学的探索研究中，我们逐步认识到对中国这样的发展中大国，如何降低能源消耗和推进经济高速发展，应当作为中国发展的双重目标，并贯彻在中国特色经济发展实践之中。鉴于此，2007年我带领学术团队开始了低碳经济发展研究，该团队也因此成为国内最早从事该领域研究的学术团队之一。我们的研究以低碳经济发展的中国含义为起点，试图从经验、理论、实证和政策机制等不同层面去阐述低碳经济发展对中国发展的意义、中国如何实现低碳经济发展等。截至目前，我们学术团队先后承担了国家社科基金项目《2020年我国实现减排目标的路径研究》、陕西省软科学重大课题《陕西省低碳目标实现的路径研究》等研究课题，出版了《中国低碳经济发展研究》等多部著作，在《中国人口、资源与环境》《经济学动态》等期刊上发表学术论文60余篇，论文引用率已经超过千余次，所建立的弹性脱钩因果链分析方法（LYQ）已被众多学者采用。

本书由我和姚宇确定全书逻辑架构和写作思路，由我们的学术团队成员共同编写完成，最后由我、姚宇和庆东瑞对全书进行了统稿。各章具体写作人员：第一章李忠民、姚宇；第二章姚宇；第三章庆东瑞、姚宇；第四章陈向涛、姚宇；第五章姚宇、王玮；第六章尹英琦、庆东瑞；

第七章陈向涛、姚宇；第八章姚宇、于江波；第九章庆东瑞、姚宇；第十章韩翠翠、姚宇；第十一章庆东瑞、姚宇；第十二章庆东瑞、陈向涛；第十三章庆东瑞。

在本书中我们汲取了大量学者专家的研究成果和各方面相关材料，有的已列在参考文献中，还有不少的可能没有列入，在此一并对各位专家、学者的真知灼见表示衷心的感谢！对经济科学出版社责任编辑范莹表示真诚致谢！

李忠民

2018 年 11 月